Aliciak[illegible]
FILCCS
Nov. 99

CONTINENTES

Los últimos espectadores del acorazado Potemkin

Ana Teresa Torres

Los últimos espectadores del acorazado Potemkin

Monte Ávila Editores Latinoamericana

1ª edición, 1999

Ilustración de portada
Chop Suey, 1929
Edward Hopper,
Óleo sobre lienzo
81,3 x 96,5 cm
Colección del Sr. Barney A. Ebsworth y Sra.

Apartado postal 70712, Caracas, Venezuela
Telf.: (58-2) 265.6020 - Telefax: (58-2) 263.8508
E-mail: maelca@telcel.net.ve
http://www.monteavila.com

ISBN 980-01-1072-0
Hecho el Depósito Legal Nº lf50019988003158

Realización de portada:
Henry Mendoza (Monte Ávila Editores)

Montaje electrónico:
Pedro Acosta

Impreso en Venezuela en Anauco Ediciones, C.A.
Printed in Venezuela in Anauco Ediciones, C.A.

Hay un contrapunteo constante entre la Vida y la Muerte,
entre la decadencia y la gloria, pero siempre el signo espejeante
de la memoria asume los riesgos, y no se resigna.

Reloj a contracorriente. MILAGROS MATA GIL

Si la memoria adolece de esa fragilidad, entonces la literatura
sería una falsificación con derecho...
una falsificación que invadiría el lugar de la vida,
al menos de la vida que *fue*.

Juegos bajo la luna. CARLOS NOGUERA

Aceptar nuestro olvido, puesto que el olvido forma
parte del orden de las cosas. Aceptar nuestro recuerdo,
puesto que, en secreto, la memoria se esconde
en el fondo del olvido.

Peregrina y extranjera. MARGUERITE YOURCENAR

En recuerdo de Gastón, mi interlocutor perdido

Agradecimientos

Póstumo, a quien fue mi marido,
Gastón Carvallo López de Ceballos,
por haberme dejado sus memorias grabadas
con las cuales reconstruí muchos episodios esenciales
para esta novela.

A la familia Pantin Ganteaume,
sin cuya compañía no hubiese podido conocer
escenarios indispensables,
y a Silda Cordoliani, quien, después
de una lectura generosa y precisa, sugirió
ciento cuarenta y dos correcciones,
de las cuales incorporé ciento dieciséis.

1

NO HABÍA ESCAPATORIA, yo sería el testigo forzoso del despliegue de los escombros de la alegría y la tristeza de su vida en aquel bar llamado La Fragata. Acudí a la cita sabiendo que era absurdo porque ya había perdido el interés, si es que en algún momento lo tuve, de escuchar a una desconocida divagar acerca de un proyecto que seguramente no llevaría a cabo. Al llegar, dudé, volví sobre mis pasos como quien se ha metido en una calle sin salida o ha equivocado la dirección, y luego regresé, entré en el bar y busqué la mesa en la que quizá no estaría. Al fondo, sentada, estaba la mujer que había conocido la noche anterior. Entonces, con gran seguridad en mis gestos, me dirigí hacia ella.

Llevaba un impermeable oscuro, de mala calidad, que no recuerdo si tenía la noche anterior, unos zapatos más bien toscos y un maletín gastado. No puedo dejar de observar los maletines gastados ni los impermeables de mala calidad. Inmediatamente pienso que lloverá muy fuerte, que del maletín se saldrán unas hojas que se desparramarán y perderán para siempre, que los toscos zapatos tropezarán bajo la lluvia. Me desanimaba pensar que mientras ella hablase, yo intentaría reconstruir su probable atractivo de años atrás, cuando en verdad no podía evitar la descripción que ya había detallado de aquella mujer con maletín. Por otra parte, detesto la conmiseración.

Me pregunté qué posibles razones me situaban en una obligación adquirida sin mi consentimiento o cuando menos mi aprobación. Repasando lo sucedido la noche anterior, recordaba que había salido de una reunión o fiesta o saco de gatos, con algunos tragos de más, lo que es francamente inusual en mi rutina, pero en este caso así había ocurrido. Sentía una mansa tristeza por todos ellos, y por mí mismo, por todos los que nos desplazábamos solitarios en las calles oscuras y abandonadas, quizá más abandonados que las propias calles, y, vuelvo a decir, tristes, para acogernos en nuestras televisiones y nuestras sábanas. La noche terminada, la fiesta terminada, los ojos abiertos a la noche terminada. Todo nos había dejado y eso nos unía, nada nos quedaba, sólo la conciencia de nuestro espurio destino. Miré el reloj con un deseo impreciso de seguir la noche, y cuando me acercaba a mi casa de pronto me vi frente a un bar que nunca había oído mencionar ni tampoco frecuentado, pero que permanecía abierto, y entré en él sin mucha esperanza, pensando encontrar unos mesoneros implacables que volteaban las mesas dejándoles las patas hacia arriba como antipáticas arañas, o bien, enfurecidos, servir un último vaso en la barra, mientras limpiaban afanosamente alrededor para indicar el cierre inmediato. Pero ya los mesoneros no estaban y sólo pude distinguir a tres personas: una mujer, con el pelo mal teñido de rubio, que acariciaba la máquina registradora y revisaba cifras con unos lentes de media luna; parecía haberse quitado el vestido que colgaba del pomo de una puerta y llevaba ahora una bata como de andar por casa. Un hombre, presumiblemente el marido, que secaba vasos y los colocaba frente a la barra, y al fondo la figura de una mujer sentada en una mesa que conservaba el mantelito rojo, a diferencia del resto, a las que ya el dueño se los había retirado y cuidadosamente doblado. Me acerqué a él con discreción porque no me gusta molestar y le pregunté muy dubitativamente si podía servirme algo. A su vez me miró con tono de pregunta y le contesté, un whisky con agua. Lo sirvió de inmediato mientras yo trataba de percibir el grado de irritación que mi presencia pudiera ocasionar, y estuve a punto de comunicarle que no buscaba quedarme más de lo razonable ni era un borracho inoportuno, sino sólo un hombre solo que quería tomarse un último trago de madrugada para olvidar, como lo hace todo el mundo, algún fracaso.

Soy lo que se dice un personaje bastante corriente, que nunca ha querido darle a su vida un sello de particularidad, ni mucho menos pertenezco a la raza de los que cuando beben se hacen locuaces o pendencieros o graciosos o quieren embargar a los demás con historias que consideran insólitas, por su grado extremo de desgracia o de humor o de jactancia, sino alguien que se atribuye modestamente el haber recorrido las experiencias comunes de un hombre de mi edad. Mis intenciones no sobrepasaban ese trago que quería tomar antes de encaminarme a mi casa con la misma tranquilidad con que había entrado, sin esperar nada del azar ni de la noche, ni mucho menos de él, y si había empujado la puerta del bar era para no encerrarme todavía en la mínima dimensión del estudio con balcón que transitoriamente había alquilado hacía diecisiete transitorios años. Pero no soy el tipo de persona que lanza sus pensamientos a los demás, aunque sí es cierto que puedo producirlos con gran rapidez, tanto así que me fueron interrumpidos por un gesto del dueño, algo sorpresivo o que por lo menos no esperaba. El hombre, una vez servido mi vaso, salió del mostrador y lo depositó en la mesa que ocupaba la mujer. El problema de ser discreto es que a uno pueden sucederle este tipo de situaciones. Mi hermano, de inmediato y con gran espontaneidad, le hubiera explicado que prefería estar solo en la barra. Seguramente el hombre le hubiera dejado el vaso enfrente sin comentarios y sin importancia, como corresponde a esos ademanes triviales que permanentemente realizamos. Pero yo no me parezco a mi hermano, eso es claro; tengo una mansedumbre, una ductilidad que ha permitido a la vida irme colocando en las más diversas posiciones, no del todo deseables, y siempre he sospechado que la vida me ha vivido, en vez de lo contrario, como supongo debe ser. Pero cuando terminé estos pensamientos estaba ya sentado en la mesa frente a mi vaso y a la mujer.

En una pequeña cocina de gas la mujer de la caja registradora freía unos huevos, sin prestarme ninguna atención, lo que me hacía sentir cómodo, como si formara parte del mobiliario. Por un momento me cruzó una idea vulgar, quiero decir vulgarmente lógica, y supuse que el dueño había creído entender que yo buscaba compañía femenina, y que la mujer sentada en la mesa estaba en el acuerdo. Esta hipótesis, que no era totalmente arbitraria, se desvanecía frente a la mujer que continuaba sin mirarme, y que por su aspecto no parecía estar relacionada con ningún tipo de comercio y menos el de su compañía. Pero no soy alguien que se atribuya capacidades que no tiene, y desde luego estoy seguro de no haber adivinado nada en la vida. Soy de los que consultan los horarios de tiendas y transportes porque no dejo a la intuición el más mínimo detalle, aunque eso tampoco me ha evitado ningún error. Lo que quiero subrayar es que indago las señales evidentes de las cosas y las personas antes de tomar alguna iniciativa. Por otra parte, si buscaba compañía femenina, no era desde luego la de ella; quizás otra que se me había quedado en algún recodo al que era difícil volver por razones que no parecen del caso explicar, y desde su ausencia, que no sabría si calificar de decisiva, inmotivada, irremediable o torpe, las mujeres que había encontrado me parecían apéndices muy colaterales de mi existencia, por lo que había dejado de sentir el apremio de incluirlas dentro de mis propios pasos, limitándome a algunos instantes que podría llamar placenteros, aunque quizás el placer sea otra cosa, pero creo que es bastante claro lo que quiero decir sin más detalles. Ese tipo de instante no me parecía que sería evocado por la mujer que se sentaba frente a mí, o mejor dicho, frente a la cual me habían sentado, o para ser aún más exacto, la mujer que, como yo, era sentada. En ese momento pensé que la violencia que para mí constituía el hecho de estar allí contra mi voluntad era igualmente determinante para ella y me surgió un odio callado contra un dueño de bar que decidía así sobre el destino de nuestras vidas. Pero ya dije que soy de naturaleza tranquila y no tenía ganas de perderme en una explicación que no conduciría a nada; al fin y al cabo mi intención había sido tomarme otro trago, como en efecto estaba haciendo, y pronto me iría a mi apartamento de acuerdo con lo que había previsto.

La mujer me sorprendió con una pregunta. La sensación de estar sentado al lado de una siniestra muñeca de cera (todas las muñecas de cera son siniestras, creo) o de un objeto abandonado allí, me había hecho olvidar que podía hablar.

—¿Vive usted cerca?

La hipótesis según la cual la mujer estaba enlazada comercialmente con el negocio cobraba fuerza y eso comprobaba una vez más que mi destino es muy coherente, con desenlaces del tipo cajita de música, de melodía repetida y eternamente similar.

—Sí —le contesté—, a dos cuadras.

Caí en cuenta entonces de que, aunque situado muy cerca de mi apartamento, nunca había tropezado con el bar porque para dirigirme a mi trabajo sigo la calle de la izquierda y el bar queda hacia la derecha.

—Yo, en cambio, vivo muy lejos.

Me pareció que lo decía para que le preguntara dónde pero la verdad es que inquirir sobre direcciones me parece muy aburrido, especialmente una dirección a la que no pensaba ir nunca, y además, cuando me las explican, siento una ceguera espacial total y no logro imaginarme las izquierdas y derechas o las cuadras más arriba o más abajo, de lo que resulta que prefiero las avenidas principales para cualquier tipo de movilización. Observé que no tenía para nada ese tipo falsamente seductor que podría esperarse, si es que estuviera tanteando las posibilidades de un encuentro, que como prospecto resultaría poco brillante porque daba la impresión de ser una mujer bastante despeinada por los aires de la vida, y yo tampoco puede decirse que luzco como un galán. Tengo, eso sí, un tono desaliñado y medio abandonado que evoca en algunas mujeres un maternalismo que las lleva a comprarme camisas más modernas y corbatas más vistosas, y tengo también un ligerísimo defecto en la pierna izquierda: cojeo como recuerdo de una polio infantil; es casi imperceptible pero también contribuye a ese deseo de prodigarme cuidados.

Me pareció que había llegado el momento de entablar un falso diálogo acerca de por qué estábamos donde estábamos pero no me era fácil, sobre todo porque no lo sabía, y tampoco, para decir la verdad, me importaba mucho. Le dije, sin embargo, que había entrado en el bar no sólo por querer tomarme un whisky sino porque el nombre de La Fragata me resultó atractivo.

—Yo nunca he conocido una fragata de verdad, o quizá sí y lo ignoro porque con frecuencia hemos sabido de objetos que no podemos describir por desconocer su nombre, y de esa manera atraviesan ante nosotros como fantasmas vacíos en espera de nominación. Así, por ejemplo, lo que verdaderamente constituye una fragata para mí es la imagen de Errol Flynn y Maureen O'Hara en una película de corsarios por los años cincuenta. Veo claramente a Errol Flynn con una camisa blanca desgarrada subiéndose al palo mayor con una bella mujer de pelo rojo y largo, también falsamente sucia y rota, entre los brazos, y escucho la música de fondo en un acorde triunfal dentro de un título que pudo ser *El corsario de los siete mares*. Veo la silueta esplendorosa del barco desafiando el naufragio, a los corsarios malos, a los tiburones y otros peligros diversos, hasta que finalmente la fragata se hunde en las rocas de un acantilado, que es el final de todas las fragatas que para mí existen.

Son bellos objetos que cruzan el mar para siempre, traspasando los pliegues de la existencia hasta su total desvanecimiento, el colapso estruendoso del que quedarán los despojos del viaje en los que un buen observador podrá encontrar las señales de la belleza perdida. Contemplar la belleza es siempre contemplar la muerte, dijo alguien, pero no recuerdo quién.

Quedé detenido porque no esperaba que la mujer me dirigiera esas palabras, y le contesté que me parecía recordar la película, aunque en verdad no creo haberla visto.

—Ser la mujer de Errol Flynn en ese momento era la posibilidad de trascender todo lo real. ¿Usted se imagina un orgasmo en el palo de una fragata? Era el momento del clímax donde los corsarios malos atacaban a los corsarios buenos, y él la salvaba a ella del peligro, ¿de cuál peligro sería?, del peligro de desaparecer de la existencia, quizás. Él la elevaba no sólo en el aire sino sobre la vida, la llevaba a la condición de heroína por encima del mar, a fuerza de la absoluta imposibilidad de que Errol Flynn, con un cuchillo entre los dientes, sostuviese con un brazo a Maureen O'Hara mientras la fragata se hundía y reaparecía, se levantaba por un lado y se ocultaba por el otro. Una fragata debe ser bastante inservible hoy en día. ¿Dónde estará la fragata de Errol Flynn? Podría quizá verse el cascarón, y a su lado los palos reposando sobre una arena blanca, y en su interior con seguridad habrá un cofre de joyas, de colores muy rojos y verdes, como son las joyas de los piratas que Errol Flynn nunca encontró. Pero ha muerto la fragata, desfragatada para siempre, ha perdido su belleza desarticulada, corroída, horadada, descolorida, quebrada, ensañada de la vida que se odia en su propio espejo y lo rompe, insatisfecha de su imagen. Nunca más sus velas espléndidas se estremecerán en el espacio irreal del mar, nunca más ese momento de belleza destructiva en que la fragata vencida por el oleaje zozobra contra las rocas, ese instante de pasión que es querer vivir irrumpiendo del naufragio, de querer morir contra la vida. La vida como una gran roca contra la cual estamos dispuestos a deshacernos de amor y a dejar en ella las marcas fútiles de lo que fuimos; morir contra la vida a fuerza de querernos vivir, y que todos los pedazos salten hacia una playa eterna que los recogerá en un abrazo infinito y odioso, final de la fragata estallada de su propia vida contra la muerte arenosa y tranquila, que de ahí en adelante retendrá el movimiento que una vez surcó los mares del Sur o del Caribe, y quedará así en las imágenes de otros. Siempre, curiosamente, la muerte organiza nuestras vidas pero pertenece a los otros, a aquellos que serán sus espectadores, afectados o indiferentes, pero finalmente dueños de nuestro acabamiento, como ahora recuerdo yo el final de la película mientras Errol Flynn descansa en una villa californiana (¿dónde se murió Errol Flynn?) y se toma un gin tonic en una silla de extensión frente a una piscina de agua templada, gordo y envejecido, contemplando no sé qué porque nunca he estado en una villa en California, ni espero estarlo.

—Yo tampoco —le dije con calor—, yo tampoco quiero morirme nunca en California.

Nos reímos a la vez.

—¿Por qué habríamos de morir en California, en la villa de un actor retirado, frente a una piscina de agua templada? Se ha dejado contagiar de mis evocaciones, porque no me da usted la impresión de ser alguien con villas ni castillos —se rió de nuevo la mujer.

Al hacerlo mostraba las arrugas de su edad incierta pero implacable, mirándome a mí, que soy poco discernible entre las multitudes, dado mi aspecto bastante común, y tuve el desacierto de querer continuar allí sentado.

—Usted está comprobando ahora la imposibilidad de la fragata, y como nos pasa siempre, quiere recomponerla, recuperar su tensión, el despliegue de sus velas. Quiere encontrar en mí lo que era antes del naufragio, pero he ahí precisamente la trampa. Usted también habrá protagonizado sus escenas que han ido cayendo en las bajadas de telón, dejándonos como actores principalísimos que somos, en permanente búsqueda de nuestro autor, pero reencontrarnos en ellas sería tan ridículo como preguntarle a Errol Flynn (en el caso improbable de que estuviese vivo) si sostiene ahora su amor por Maureen O'Hara (en el caso de que fuera ella), o preguntarle al dueño de este bar por qué nos sentó juntos, o más aún, preguntarnos a nosotros por qué hemos coincidido esta noche, detalle que en pocos días olvidaremos o confundiremos con otros encuentros, parcialidades que nos sitúan como las señales a los barcos en la oscuridad. Usted encuentra la tentación del tiempo perdido y quiere entrar en mis recuerdos pero yo no puedo permitírselo porque es lo único que verdaderamente poseo, y eso no todos los días sino cuando ellos me buscan desde la neblina, como hoy Errol Flynn. En esas piezas esparcidas apenas quedan los escombros de la vida, derribada y alterada, que a veces imprevisiblemente nos asalta.

Decirle que entrar en su tiempo perdido era el más lejano de mis propósitos me pareció una crueldad. Por otra parte, el extraño tono de su conversación me había divertido, puesto que resultaba un claro indicador de que debía estar completamente borracha. Lo más prudente era dar por terminada aquella estrambótica situación.

No recuerdo bien si ella salió primero del bar o fui yo. Cuando llegué a mi apartamento había amanecido y me vestí con ropa limpia para ir al trabajo. No soy de los que se excusan por cualquier cosa ni de los que cambian sus planes al encontrar un imprevisto. Quiero decir que el cansancio o la perplejidad no me resultan móviles suficientes para modificar el curso de mis actos y por eso he sido siempre consecuente con mis obligaciones y nunca he dado bandazos ni hecho movimientos en falso; sigo mis pasos como los he predeterminado, por las avenidas rectas sin torcer en los cruces. En este caso, sin embargo, antes de salir de La Fragata, había cedido a la curiosidad y le había preguntado a qué se dedicaba.

—Tengo varios meses trabajando en un proyecto pero no logro la sensación de algo terminado —me contestó—. Voy a emprender un viaje y a mi vuelta daré el acabado final. Sé que falta algo que de alguna manera resuelva el vacío en que ahora me encuentro, pero no puedo hallarlo dentro de mí. Pienso que un cambio de ambiente y de ideas podría proporcionármelo, necesito encontrar un recurso de cierre para poderle dar un sentido al resto. Busco una imagen perdida, creo que es más o menos eso.

—¿Puedo ayudarla? —dije estúpidamente como si se tratara de buscar unos anteojos que se hubiesen caído de la mesa.

—No, no creo, es decir, no lo sé. No tengo la menor idea de qué papel ocupa usted en todo esto, salvo la jugarreta que nos hizo el dueño del bar al sentarnos juntos. ¿Se le ocurre por qué lo hizo? Yo lo observé cuando usted entraba, observé detenidamente la situación y pude ver cómo se desarrollaba el breve intercambio de palabras que sostuvo con él, y cómo sin dudar un momento, hizo que nos sentáramos juntos.

La noté no sólo sobria sino tan sorprendida como yo de nuestro encuentro y decidí opinar algo sensato.

—Creo que están cerrando y no quieren que se ensucien más mesas, quizá no es más que eso, el sentido común. Pero ya que nos hemos conocido... —Me interrumpí porque me pareció una tontería decir que ya que nos habíamos conocido deberíamos seguir haciéndolo. En verdad no creo que el hecho de haber encontrado a alguien indique la conveniencia de entrar en su vida o permitir que ese alguien lo haga en la nuestra. Ella se dio cuenta de mis dudas y se sonrió.

—Hagámosle un homenaje al azar, después de todo, cuántas cosas importantes no nos han sucedido por azar. Es más, pienso que todos nuestros vínculos no son más que un azar que hemos decidido perpetuar, y que también azarosamente otro ha decidido perpetuar con nosotros. Usted, de pronto, sentado en esta mesa, podría ser la imagen furtiva de una persona a la que nunca volveré a ver y que nunca me habrá visto, pero podría ser también alguien significativo, alguien que interviene, que habla en mi vida, cuyas palabras operan algún efecto en mí. Es cuestión a veces de segundos lo que decide que hayamos conocido o no a alguien. Cuando usted entró yo estaba pidiendo la cuenta, el dueño no vio mi gesto porque en ese momento la puerta se abrió y eso llamó su atención. Me obsesiona la idea de un dios insensato que puede decidir tanto sobre nosotros.

Fue entonces cuando me preguntó si estaría dispuesto a continuar nuestra conversación, y para mi sorpresa, accedí. Establecimos una cita para el día siguiente, en el mismo sitio, más temprano.

2

AHORA TODAS LAS mesas tenían sus mantelitos rojos. Pude detallar mejor el decorado. Las columnas doradas imitaban sirenas envueltas en redes que disimulaban su consistencia de cartón; en el centro, la columna más importante tenía la forma de un tritón; al fondo, detrás de la barra, un cuadro de una fragata navegando en un mar verde contra un cielo morado justificaba el nombre del establecimiento. La mujer me estaba esperando, y cuando me senté a su lado, acto seguido sacó unos papeles del maletín y dijo:

—Éste es mi proyecto. Traduzco del inglés una novela titulada *La segunda muerte de Eurídice*. No le había dicho que soy traductora. He trabajado para editoriales muy conocidas.

Mencionó varias, algunas me sonaban, otras no, pero en ningún caso le creí.

—Últimamente he tenido que aceptar trabajos que se podrían calificar de deleznables, quiero decir novelas que no tienen ningún valor literario, libros de autoayuda, de curación esotérica. Tuve que hacerlo porque no me encomendaban ya ninguna traducción de importancia, pero no me avergüenzo de ello.

Intenté controlar el sobresalto que me había producido escucharla, pues Eurídice era —o es— el nombre de la que fue mi mujer. Ella captó la huida de mi mirada. Siempre tengo temor de que mi mirada delate mis pensamientos y no he logrado aprender a fingir una mirada opaca.

—Seguramente hay una Eurídice en su vida —dijo con una sonrisa en la que me resultó difícil descifrar si ella había leído mi recuerdo, o si, simplemente, hacía un comentario banal; en cualquier caso me irrita el tono monalisesco de algunas mujeres.

—¿Por qué lo dice? —me arriesgué a preguntarle.

—Porque todas las mujeres son Eurídice.

No me gustan las conversaciones que exigen habilidad, juegos de doble sentido, adivinanzas o filigranas verbales. Soy poco perspicaz, creo ya haberlo dicho, y soy de los pocos hombres que se aceptan a sí mismos como seres de inteligencia mediana. Desconfío de mi oculto pozo de sabiduría.

—Todos estos papeles —señaló el maletín— son la traducción de la novela.

Dejó un silencio que, obviamente, yo debía llenar con una nueva pregunta pero no lo hice. Me molesta que las personas me incluyan en su conversación, dándome el pie de letra que debo seguir para facilitar su monólogo. Probablemente sea ésa una de las razones por las que frecuento poco a mis amigos de antes. Aunque tampoco puedo decir que frecuento a mis amigos de ahora, y mucho menos que pretendo hacer amigos para mañana. La sensación de que aquella mujer pudiera estar intentando iniciar una amistad, me aburrió tanto que decidí dejar nuestro encuentro y miré el reloj.

—No me diga que se le hace tarde. No espero de usted una excusa tan burda.

Me pregunté por qué ella se permitía esperar algo de mí, y si nuestro encuentro, por llamarlo de alguna manera, le hacía concebir una falsa esperanza. Tengo clara conciencia de que el mercado de oportunidades es desleal con las mujeres, y de que para mí, aun cuando de una edad parecida y de muy dudoso atractivo físico, hay mejores opciones, si de distraer la soledad se trata. Sin embargo, no siento ninguna culpa por ese destino femenino y no me veo llamado a remediarlo. De modo que insistí en lo que ella había llamado una excusa burda y le dije que, en efecto, soy de costumbres metódicas y me levanto muy temprano.

—Mañana será un día cualquiera. Tendrá tiempo de vivir muchos días así, en cambio, esta noche es excepcional.

La palabra «excepcional» no forma parte de mi vocabulario. He llegado a amar mi propio fastidio, mi rutina tediosa, y he descubierto en mi aburrimiento matices insospechados. Probablemente mi hermano hubiese dicho que yo me resignaba a la mediocridad, o alguna frase por el estilo, sin embargo, andar los pasos que he trazado para distribuir mis horas ha llegado a ser un placer exquisito. Y tonto, por supuesto.

—Es excepcional —continuó sin darme tiempo a seguir mis reflexiones— porque tanto usted como yo no esperamos nada y a pesar de ello nos hemos citado como si de nuestro encuentro dependiese el más importante de los proyectos.

Tranquilizado por sus palabras, es decir, por la confesión de que no esperaba nada de mi modesta persona, ni de mis improbables dotes de galán otoñal, como diría una de mis jóvenes compañeras de oficina, miré de nuevo el reloj y comprobé que, en efecto, todavía era temprano. Tenía la sensación de que estábamos en La Fragata desde hacía un buen rato, pero en verdad había transcurrido apenas media hora, y aún los habituales del lugar no se habían hecho presentes. Así nos lo informó el dueño quien, sin que me hubiese dado cuenta, se había acercado a nuestra mesa para preguntarnos si estábamos bien atendidos. La mujer pidió más hielo y comprendí que la noche sería larga y, por la sonrisa estúpida del dueño, que no seríamos molestados, ya que él suponía de nosotros lo que cualquier observador supondría.

—En realidad he desistido por completo de cobrar este trabajo, me refiero a la traducción de la novela. Recibí hace unos días una llamada del editor diciéndome que me daba un plazo máximo de tres semanas para entregarla y es imposible que lo haga. Me siento liberada al saber que no lo podré cumplir.

—¿Entonces para que continúa trabajando en ella? —pregunté haciendo gala de mi sentido común.

—¿Todo lo que usted hace tiene un fin coherente?

No pude menos que reírme. Mis pasos metódicos son absolutamente coherentes, pero es evidente que el contenido de mis tareas cotidianas me parece cada día más inconsistente. Me serví un vaso y le pedí excusas.

—No soy tan imbécil como parezco.

—De eso estoy segura, pero usted disfruta en intentar parecerlo.

Nos reímos un buen rato y bebimos más. Como suele ocurrir bajo el efecto del alcohol, se me soltó la lengua y le hice un *briefing* de mi vida. Le dije que mi trabajo terminaba a las cinco, y que a esa hora, todos los días, salvo circunstancias muy especiales, alquilaba dos o tres videos para la noche; y que soy el director del departamento de contaduría en una empresa de seguros.

Ella no pareció interesarse en aquella declaración y continuó hablando de su traducción.

—Voy a leerle un fragmento —dijo autoritariamente.

Cuando Eurídice abandona la fiesta son cerca de las cinco de la mañana, y el pequeño chalet va perdiéndose como un punto oscuro en la noche. Las curvas son suaves y amplias. Eurídice aprieta el acelerador, quiere dejar atrás todos sus sentimientos, pensando que son fardos que podemos olvidar y que pertenecen a alguna escena de la cual es posible salir, algún texto que es posible dejar de recitar. Mientras conduce el automóvil piensa en Aristeo, quiere huir de un cierto brillo de sus ojos, de un cierto ángulo del rostro que la envenena como una serpiente emponzoñando a la víctima, hincados sus dientes en la carne, sosteniendo la pieza sin soltarla hasta que la última gota del líquido haya sido agotada. Oye la música mientras las parejas bailan y ve a Aristeo que le sonríe tímidamente desde una esquina. Se recuerda a sí misma intentando una conversación inútil con algunos que comentan películas o viajes, y luego, mirándose en el espejo del baño, repeinándose y retocándose la pintura de labios. Aristeo se acerca de nuevo y la invita a bailar. La carretera continúa el descenso de la montaña y el camino se oscurece como si la noche se negara a desaparecer. Eurídice tiene una sensación extraviada de estar dentro de un sueño sin fin, intentando avanzar contra la noche, que debería terminar pero, por el contrario, se prolonga; una inversión de tiempo que simulara anochecer en vez de despuntar, un callejón sin salida que profundizara su sensación de atravesar un pasadizo que conduce hacia una caverna. Entra en ella. Es arrebatada por las sombras.

—Mediocre, ¿verdad? —comentó quitándose los lentes.

—No leo muchas novelas —contesté.

Había comenzado a experimentar un desasosiego. Eurídice —mi propia Eurídice, quiero decir— es también una historia de pérdida, de evasión. No me refiero a algo tan común como el final de una relación amorosa. No. Eurídice es lo único extraño, lo único inesperado que me ha ocurrido en la vida, y ni siquiera mi madre supo la verdad.

Cuando regresé de Nueva York sin ella le conté lo que cualquiera hubiera creído. Que habíamos tenido una discusión, que la discusión se había agravado, que finalmente yo me había molestado tanto que me vine solo, y que después había decidido no verla más ni atender sus llamadas porque, en el fondo, estaba cansado de ella. Así resumí la misteriosa desaparición de Eurídice. Dije esto en alta voz, «la misteriosa desaparición de Eurídice».

—Oiga, es un buen título. Mucho mejor que el del autor. Lo voy a cambiar. En inglés es *The second death of Eurydice* y yo lo traduje literalmente, pero su idea me gusta más.

—Usted tenía razón, sabe, cuando dijo que en mi vida había una Eurídice, pero es una historia que nunca he puesto en palabras, es decir, nunca se la he contado a nadie.

Me serví otro vaso con cierto temor porque algo que me desagrada es la pérdida de lucidez. Sin embargo, sentía mis pensamientos claros, nítidos, como si estuviera bebiendo agua.

—Eurídice es una joven con la que me casé hace muchos años —me interrumpí al darme cuenta de que ya Eurídice no era una joven, en el caso de que aún estuviera viva—. Vivimos juntos aproximadamente un año, hasta que ella empezó a insistir en que quería pasar unas semanas en Estados Unidos para aprender inglés. Era hija de unos fracasados emigrantes italianos y no había tenido muchas oportunidades de educarse. Su padre murió cuando todavía estaba en el colegio y fue necesario que dejara de estudiar para ayudar a su madre en el negocio familiar, una ferretería. No había podido realizar su deseo de aprender inglés, de modo que me insistió tanto que yo estuve de acuerdo y se fue a un pueblo, cerca de Nueva York. Era un curso de seis semanas que quería pasar sola, pensaba que si yo la acompañaba no aprendería el idioma. Me pareció razonable y la dejé ir. Hablábamos por teléfono todas las semanas, y cuando ya estaba por terminar el curso, se fue a Nueva York a un hotel, por dos noches, hasta el día de su vuelta. Pensé que podríamos disfrutar unos días juntos y quise darle una sorpresa, de modo que viajé sin avisarle. Pero no la encontré. Al parecer había pagado la cuenta por la mañana y se había ido. Cuando llegué al hotel serían aproximadamente las cuatro de la tarde y un empleado iba a proceder a desocupar la habitación, yo lo acompañé. Sobre la cama había ropa revuelta, unos libros de gramática inglesa, un frasco de perfume, una agenda de teléfonos, un billete usado de tren a Boston, unas pastillas para la acidez, una pintura de labios rota. El empleado abrió las gavetas de la cómoda en la que quedaban todavía algunas piezas de ropa interior sucia. Me miraba en silencio, como si dudara entre irse o continuar en aquel espectáculo deplorable. Le di una propina para que terminara de irse pero el hombre se resintió. Me dijo que no era necesario. Le pedí disculpas, estaba muy nervioso. Bajé a la recepción y el gerente insistió en que la cuenta había sido pagada. Yo insistí en que si su salida hubiese sido premeditada no hubiera dejado efectos personales en la habitación, pero me contestaron que eso era habitual y que muchos clientes dejaban sus cosas porque compraban nuevas. Sin embargo, estuvieron de acuerdo en que lo más prudente era informar a la policía en la eventualidad de que hubiese sufrido un accidente. Cuando los detectives llegaron, solicitaron mi identificación y alguna foto de Eurídice, que no llevaba conmigo. Me preguntaron si tenía alguna hipótesis de dónde podía encontrarse y les repetí lo que ya había dicho al gerente del hotel, que ella había terminado un curso de inglés y que yo había venido a reunirme con ella, sin previo aviso. Esto les sonó raro y me pareció que intercambiaban una mirada de sospecha, pero pensé que era mejor no intentar una explicación inteligente de la que había sido una estúpida idea de mi parte. Les dije también que habíamos hablado el día antes sin que me comunicara ningún problema. Subimos de nuevo a la habitación y el policía la revisó cuidadosamente, guardó la agenda de teléfonos y el billete de tren usado. Me preguntó si me iba a alojar en el hotel y me advirtió que estuviera disponible para un interrogatorio. En un tono poco convincente añadió que iba a proceder a dar aviso a los hospitales.

Cuando terminé mi relato, la mujer me miró con esa forma que ya me resultaba conocida, de mirarme sin verme, y dijo:

—La ventana estaba abierta y flotaban las cortinas, afuera el aire se abría infinito, esparciendo el desaparecido cuerpo de Eurídice.

Nos quedamos un rato en silencio, me pareció que era el primer silencio que hacíamos desde nuestro encuentro de la noche anterior, y el silencio persistente me hizo sentir incómodo. Preferí rellenarlo y continué hablando sobre el final de las circunstancias de Eurídice en mi vida.

—En el departamento de policía me dieron a entender que suponían que Eurídice había salido del país en compañía de otro hombre.

Argumenté que de ser así, las autoridades de inmigración le habrían solicitado el comprobante de salida de los Estados Unidos, pero me contestaron que los funcionarios no eran tan eficaces como pudiera pensarse y muchos turistas salían del país sin entregar el comprobante, sobre todo si cruzaban la frontera en automóvil hacia Canadá o México. La línea aérea reportó que el pasaje de vuelta no fue utilizado. Desde Nueva York viajé a Roma y allí tomé un tren hasta el pueblo de su familia. La hermana, a quien yo no conocía, resultó ser un personaje muy desagradable. Inmediatamente intentó sacar provecho del asunto, intimidándome con la sospecha de que yo era un criminal que había matado a su hermana. La sospecha de que yo pudiera ser el asesino ya se le había ocurrido a la policía de Nueva York y fue aclarada con la comprobación de la hora de llegada de mi vuelo y la declaración del taxista que me había llevado al hotel, pero la hermana quería chantajearme y pretendía sacar algún beneficio económico de mi supuesta culpabilidad. La madre, por el contrario, se limitó a llorar por un buen rato; un pariente había leído en el periódico que en los Estados Unidos mucha gente desaparecía en las sectas satánicas y estaba convencida de que ése era el caso de su hija. Después se secó las lágrimas y procedió a hacer lo que estaba haciendo antes de que yo me presentara en su casa, es decir, siguió cortando unas papas que había sobre la mesa de la cocina. Me despedí de ellas y no he sabido nada más. Después, no recuerdo exactamente cuándo pero creo que pasaron dos años, recibí una carta del departamento de la policía de Nueva York en la que me comunicaban en pocas líneas que el caso había sido definitivamente cerrado, y que sólo si alguien aportaba evidencias de un crimen se abriría de nuevo la investigación. Ése es el fin de la historia de Eurídice.

—Es fantástico. Mucho mejor que el final de Richard Crooks.

—¿Quién es Richard Crooks? —pregunté un poco molesto. No soy dado a los dramatismos pero me irritaba el tono ligero con el que parecía haber tomado mi relato.

—El autor del libro que estoy traduciendo. Voy a cambiar el final de Crooks por su historia fantasmagórica, es mucho mejor.

Aquella mujer se me estaba volviendo insoportable. Me parecía que el whisky había hecho su efecto, o lo que era más probable, que con whisky o sin él, me encontraba frente a una persona completamente desequilibrada. No me gusta ser duro, ni mucho menos irónico, con las personas que me inspiran lástima, y ella, con su impermeable de mala calidad y su maletín gastado, me inspiraba mucha lástima. Probablemente toda aquella historia de que era traductora era falsa, y el fragmento que me había leído era de ella o copiado de cualquier libro. Volví a ver el reloj.

—¿Le parece que soy una impostora?

Negué firmemente porque no quería enredarme en una disquisición sobre mis apreciaciones.

—Usted me ha contado algo que nunca había hablado con nadie, o al menos eso me dijo. Usted sintió la necesidad de que la historia de Eurídice adquiriese cierta consistencia, la consistencia que le dan las palabras, y durante todos estos años no había encontrado un interlocutor adecuado, salvo la policía de Nueva York y dos mujeres embrutecidas que no entendieron nada. Usted me ha entregado la parte más importante de su vida porque el azar lo ha llevado a ello. Yo soy su única oportunidad de recuperar a Eurídice.

—Puede ser que tenga razón, pero ya, a estas alturas, no me interesa recuperarla. La he olvidado. Cuando le estaba contando la historia tuve la impresión de que le relataba una película. Mis sentimientos han desaparecido también, como usted dijo, en el aire infinito de la ciudad de Nueva York. No guardo por ella la menor nostalgia, únicamente la sensación de un espacio en mi vida, un hueco en su continuidad. Es más, para decirle toda la verdad de lo que siento, me parece que el hombre que la quiso no soy yo. Ese hombre que fue a Nueva York a buscar a su mujer y se encontró, de buenas a primeras, con una película de suspenso, él, un hombre anodino, a quien nada importante ha sucedido, ese hombre desapareció también.

Dije esto sin demasiado control de mis palabras. Me desagrada el hecho de que las personas se desnuden en público, y huyo minuciosamente de aquellas que pretenden una confesión, que, por otra parte, no me interesa. Aquella conversación me estaba avergonzando profundamente. Estaba entregando lo que suponía era mi más absoluta posesión, experimentaba cierto placer en hacerlo y, sobre todo, no me era posible impedirlo. Súbitamente algo cambió.

—Dígame una cosa —adopté una mirada más frontal, más agresiva, como creo hubiera hecho mi hermano—, ¿por qué carajo se siente en el derecho de meterse en mi vida?

Logré una carcajada. La mujer comenzó a reírse y su risa me hizo bien, disipó la insistente piedad que me producía su impermeable. Lo detallé y llegué a la conclusión de que ya lo había visto en una película de Fassbinder. *Desesperación*. Sí, desde 1938 no habían confeccionado otro similar.

Regresé a mi apartamento bastante confundido. Paso en mi oficina por ser un tipo callado, poco comunicativo, que rehúye los chistes habituales que se producen en el ambiente de trabajo. La compañía femenina que prefiero es la de aquellas mujeres que me garanticen un mínimo de exigencia por un modesto placer. Muchachas que, por obra de las dificultades económicas, están disponibles por un tiempo breve, y que, en lo posible, trato de alternar para evitar vínculos de larga duración. De producirse éstos, las exigencias económicas suelen aumentar, y del regalo de unos zapatos o un perfume puede pasarse insensiblemente a la operación de amígdalas del niño o al pago de unos alquileres atrasados, y francamente, no estoy dispuesto a ello. Mi hermano me hubiese reprochado eso que él llamaba «estilo de triste usuario de una prostitución de segunda». Se consideraba un profundo conocedor de la intimidad y alegría de los burdeles. Cuando era un adolescente sus diversiones barriobajeras me irritaban, y detestaba el olor a ron que dejaba en el baño cuando regresaba a casa al amanecer. Me aliaba a los reproches de mi padre, haciéndome el niño bueno en el que la familia depositaba sus esperanzas, y cuya relación con las mujeres se limitaba a interminables partidos de ping-pong con mis amigas, algún beso furtivo, y la esperanza de conocer a alguna que, como se decía entonces, estuviera dispuesta a meter la pata.

Aquella resurrección de Eurídice, producida ante mi reciente interlocutora —creo que es la mejor manera de designarla—, me parecía una vieja prenda que hemos guardado por mucho tiempo, con la seguridad de que no la usaremos más, pero también con el temblor de que deshacernos de ella sería un golpe demasiado seco. Me acosté a dormir con el firme propósito de no acudir a la cita que habíamos hecho para el día siguiente, y la seguridad de que sí iría. No soy alguien a quien le preocupe la paradoja o la contradicción.

3

LA NOCHE SIGUIENTE, la tercera en la que nos encontrábamos, me dirigí a La Fragata a la hora convenida. Tuve por un momento el temor de que ella no estuviera, y cuando vi la mesa vacía no pude ocultarme un sentimiento, aunque tenue, de decepción. El dueño se me acercó, apartó la silla y me preguntó, «¿lo de siempre?» Asentí, sin estar muy seguro, y volvió con una botella de whisky. No soy tacaño pero tampoco me gusta desperdiciar el dinero, de modo que le dije que no la abriera. Si ella no venía pensaba irme. Pero poco después se sentó a mi lado y se disculpó por el retraso, dándome una larga explicación que no me interesaba.

Como si estuviéramos en un congreso científico, pasó inmediatamente a leerme «los papeles». Tenía a su lado el maletín y afortunadamente no había traído el impermeable. Leyó durante un buen rato unos aburridísimos pasajes.

Existe una explanada, está cayendo el sol, se refleja en las estatuas que en su abandono parecen hombres y mujeres rotos, clavados en lo que queda del templo, mientras avanzan un pie amputado o una mano sin dedos. El templo se ha sobrevivido a sí mismo, a los hombres que lo levantaron, a los que creyeron en los dioses a los cuales alude. Si alguna vez alguien pensó que su cultura representaba lo eterno, en los ojos vacíos de las estatuas se contempla, por el contrario, la muerte. La piedra muerta nos duele con sus ojos cerrados, sostenida a sus clavos para no desmoronarse. Las estatuas llevan en sí las muestras de sus heridas en el tiempo, las huellas de sus combates, los signos del viento golpeando contra ellas la arenilla del suelo, la aridez del paisaje. Las estatuas han resistido y enseñan ahora las consecuencias de su lucha, el estrago de haber existido. Lo enseñan desde su muerte; ahora, después de su muerte, hablan. Ahora la muerte les concede la palabra.

—¿Qué le parece?

Quedé anonadado. —No sé nada de estas cosas —dije con timidez—. Eurídice, ¿no era una historia de amor?

—Contamos siempre historias de muertos, nos revolcamos siempre en la muerte. Para relatar la gesta de un pueblo es necesario que hayan muerto sus soldados y que los otros sean ya supervivientes. No hay historia sin muerte, la vida sólo permite relatar anécdotas, y las anécdotas no hacen, todas juntas, una historia. Una historia es hija de la muerte, aquello que queda después, el resto construido a partir de un punto final. ¿Está de acuerdo?

—Lo que me ha leído es... son unas consideraciones sobre el tiempo, la muerte, las estatuas griegas...

—¿Cómo sabe que son griegas? No lo dice.

—No lo dice pero la descripción es evidente.

—Mis recuerdos de Grecia son insuficientes para hacer una descripción, encuentro sólo breves imágenes, fotografías incompletas. Grecia, para mí, no es verdaderamente un paisaje o un país. Es solamente un fondo irreal al que debo dirigirme para encontrar la imagen de cierre que dé un sentido al resto. ¿Le gustaría ir a Grecia? —me preguntó en otro tono.

—Viajo poco.

—Yo quisiera volver —dijo con la atmósfera que ya había empezado a reconocer en su modo de hablar, una cierta forma de mirarme que me dejaba en la duda de si verdaderamente era a mí a quien se dirigía—. Sí, me es imprescindible volver, si no, no podré terminar nunca esta traducción.

Pienso que lo que las personas omiten es probablemente lo más importante y, por lo tanto, no lo pregunto porque no me gusta que me consideren un intruso. Detesto la intrusión. Mi hermano consideraba que era esa excesiva prudencia lo que entorpecía mi relación con las mujeres; «a las mujeres hay que salirles por donde no se lo esperen», decía. Pero mi hermano era un hombre con suerte y talento para la seducción, y yo, de seguir sus consejos, hubiera logrado menos aún de lo que a duras penas puedo llamar mi vida sentimental.

—¿Qué le parece? —insistió.

—No me llama mucho la atención, pero no me haga caso, sólo me gusta el cine.

Se rió con la risa que empezaba a gustarme.

—Lo escribí esta mañana. Crooks sitúa la acción en Grecia pero, francamente, me parece muy trillado en sus descripciones. Mucho sol, muchos olivos. Le he dado un toque personal al escenario.

No quise decirle que por malo que fuera el novelista Crooks la aventajaba.

—Pero no hay ninguna Eurídice en lo que escribió —dije tratando de desviar el tema.

—Eso viene después —se justificó como una niña regañada.

—Supongo que debe ser muy difícil traducir —era una estupidez amable.

—Nunca he sido traductora. Hablo inglés bastante bien porque mi padre fue diplomático y viví de niña en Trinidad. Pero nunca he traducido nada. Mentí porque no me gusta confesar mi verdadero oficio.

Hizo una pausa dramática:

—Soy ama de casa.

—Al menos, ¿existe la novela de Crooks?

—La novela de Richard Crooks existe y la compré en el aeropuerto, en el último viaje que hice. La puedo traer mañana para que lo compruebe. Y también es verdad que la estoy traduciendo, pero nadie me ha encargado que lo haga. Traduzco mientras espero la muerte.

Inmediatamente reconocí en su palidez y en otros signos de destartalamiento que mi interlocutora tenía un cáncer. Ya he dicho que soy poco imaginativo y que no hago hipótesis acerca de las personas porque generalmente me equivoco. Esta vez también.

—No tengo cáncer —contestó inmediatamente—, ni Sida. Creo que mi salud es razonablemente buena para mi edad y dejé de fumar hace varios años.

Me quedé en silencio para que justificara su frase y lo hizo.

—Espero la muerte porque vendrá. No hay nada especial en mi caso, y mientras tanto, es necesario hacer algo. Usted también la espera, pero lo hace de brazos cruzados.

Reconocí la voz de mi hermano. No soportaba mi pasividad, mi dejar hacer, mi permitir que las cosas pasaran. A veces sus críticas se me hacían insoportables, se sentía un ángel exterminador que el día del juicio final vendría a reclamarme mi estúpido destino.

—Me resulta un poco culturosa para su confesión de honesta y abnegada ama de casa.

—No dije que era honesta y menos abnegada. Dije solamente que era ama de casa y las amas de casa también pueden ser cultas, así como los contadores. ¿Es usted muy culto?

Le pedí excusas. Me había mostrado demasiado pugnaz y no me gusta herir a las personas. Me parece innecesario. Traté de enmendarme.

—¿De modo que según va traduciendo va reeditando el texto?

—No hay nada sacrosanto en un texto. No hay ninguna certeza que recuperar. Leo a Crooks y lo recuerdo a mi manera.

—Eso que escribió —intenté cambiar el tema—, supongo que alude a algún momento en que se sentía decepcionada.

—Alude a un momento que ahora me parece extraño. Era bastante joven. Traté simplemente de recordarme a mí misma, en una época pasada, pero al leerlo me di cuenta de que no lo había logrado. No me reconozco para nada en ese paisaje.

—Eso es lo que trataba de explicarle cuando le relaté la «misteriosa desaparición de Eurídice». Ya ese hombre no existe, yo me limito a recordar lo que le ocurrió.

En el acto me arrepentí de lo que acababa de decir. Sé que me había temblado la voz. Es un carraspeo nervioso que a veces no puedo dominar. Mi interlocutora lo agarró al vuelo.

—¿Le molesta recordarlo?

—Sí y no, como casi todo. Sobre todo me pareció una decisión absurda. Ella no necesitaba desaparecer de esa manera. Es verdad que no tenía nada importante que reclamar aquí. Su madre había vendido el negocio de la ferretería y regresó a Italia, no tenían parientes, podía muy bien desaparecer sin que nada la retuviese, salvo yo, pero, ¿por qué no decírmelo?, ¿por qué no volver con su familia?, ¿por qué no comunicarles que no quería vivir conmigo? A lo mejor lo hizo y yo no lo supe. Le dejé a su madre mi dirección pidiéndole que me avisaran si ella volvía, pero nunca llegó una carta. Le escribí después de un tiempo, pero tampoco tuve respuesta. La hipótesis de la policía es, por supuesto, la más fácil. Efectivamente, Eurídice se encontró con un amigo al que hacía tiempo no veía, me lo comentó en alguna conversación telefónica. No le di ninguna importancia porque detesto la figura del marido celoso, mencionó algo sobre ese encuentro, y que iba a viajar un fin de semana a Boston, donde él estudiaba. Eso justifica el billete de tren usado. Era también hijo de una familia italiana, muy amiga de la suya. No le presté mayor atención, le repito. Cuando ocurrió la desaparición la policía revisó su agenda de teléfonos, había muy pocos. El de la residencia donde se había alojado, el de una japonesa compañera de estudios, el de la tintorería, y alguno más sin importancia, también el de este hombre. Lo llamaron para prestar declaración y se comprobó que en esos días estaba en Boston.

—Pero ella pudo encontrarse con él más adelante.

—Juega muy bien al inspector.

—Estoy hablando en serio.

—Sí, pudo encontrarse con él después, pero la policía investigó su rutina. Vivía en casa de una familia que alquilaba habitaciones y pasó allí los meses que le quedaban hasta terminar sus estudios. Si se fue con alguien, no era él.

—Se encontraron después.

—No lo creo.

—Entonces, ¿cuál es su hipótesis?

—Yo creo que como era el último día salió a dar una vuelta, a comprar algo, y fue asesinada en un vulgar asalto callejero, pero a la policía de Nueva York no le interesaba perder tiempo en el asesinato de una joven «hispana», como dicen ellos, que había pasado seis semanas aprendiendo inglés.

—Pero, ¿por qué pagó el hotel el día antes?

—Eso no lo sé. Por cualquier razón.

—La única manera sería hablar con ese hombre, el amigo que encontró.

—Ni siquiera recuerdo su nombre. Di Lorenzo, Di Domenico, algo así. No, no creo que quiera jugar al policial.

—¿Qué estudiaba?

—Tecnología de alimentos. Era biólogo, daba clases en la universidad.

—Entonces, a lo mejor no es tan imposible localizarlo.

—A lo mejor no es imposible pero es inútil.

Se escuchó un teclado electrónico y una canción. El local se había llenado y las conversaciones subían de tono.

—No me había dado cuenta de que este bar tenía música —comenté ingratamente sorprendido.

—Los viernes es la noche de los aficionados —me contestó el dueño—. El que quiera agarra el micrófono.

Nos servimos otro vaso y dimos por terminada la conversación. La música no lo permitía.

Aquella noche regresé inquieto a mi casa. Soñé con Eurídice, lo que no me ocurría desde hacía muchísimos años. La vi frente a mi cama, hablándome, pero sus palabras eran incomprensibles. La policía no había sido muy entusiasta de la hipótesis del homicidio. La estadística decía que, en esos casos, el cuerpo aparecía en pocos días. No era tampoco un asesinato en serie, de esos cometidos por algún tipo de demente que oculta el cadáver para algún ritual perverso. Un asaltante que la hubiera matado en un atraco o violación hubiera huido dejándola muerta o herida en el lugar. En fin, recibí una clase de psicología criminal que dejaba como hipótesis más segura la ausencia voluntaria, y el criminólogo me insinuó que yo no quería aceptarla por motivos personales. Otra posibilidad era que hubiese viajado a Italia, y como las relaciones con su madre y hermana eran muy malas, quizá se quedó viviendo allí sin ponerse en contacto con ellas. No sé si para salir de mí era necesario recurrir a un procedimiento tan complicado, pero es posible que se sintiera incapaz de enfrentarme y se fue enredando en sus propios pensamientos. En todo caso, para mí aquello había terminado y tomé la determinación de comunicarle a mi interlocutora que no deseaba volver a tocar el asunto. No soy un hombre rencoroso, y fueran las que fuesen sus razones para esfumarse —en el caso de que estuviera viva— ya todo había pasado. Me considero recuperado de su pérdida, independientemente de sus causas, y sólo una leve nostalgia, tan leve como mi cojera, me recuerda su existencia y los sentimientos que alguna vez tuve por ella. Saber la verdad de lo ocurrido no me parece ya importante, desistí hace mucho tiempo. Finalmente, la única verdad es que ella desapareció de la existencia de un hombre que también ha desaparecido de la mía.

De modo que la noche siguiente le dije que no estaba dispuesto a continuar con la historia de Eurídice. Ella aceptó y leyó otro fragmento de la traducción.

Varios automóviles grises se dirigieron por la autopista hacia el cementerio. Era un día lluvioso, la lluvia caía finamente sobre la hierba, entre los mármoles. Un pequeño grupo de personas hizo un círculo alrededor de los enterradores. Entre ellos destacaban dos hombres vestidos de negro. Pocos minutos después estrecharon la mano del reverendo y volvieron a subir a los automóviles.

Eurídice, desaparecida, tantea entre las sombras algunas imágenes que todavía permanecen en el aire, pegándose de los ojos. Se adhieren con la fuerza o la prioridad que les da pertenecer a etapas más antiguas, como si el pasado fuera un amo implacable que quisiera prolongar su imperio más allá de sí mismo, negándose constantemente a sus sucesivas recomposiciones.

—¿Qué tal?

—Muy protestante —contesté—. La lluvia, los mármoles, el reverendo.

—Sí, es lo malo de Crooks. Es la segunda novela que le traduzco y siempre es lo mismo: falsas descripciones.

—Pensé que lo de traductora era mentira.

—Discúlpeme, fue una broma. Sí, soy traductora, tengo un título que lo acredita. A veces me gustan esos pequeños juegos.

—¿Que tienen como objetivo...?

—Nada. Es simplemente porque me molesta la idea de que nuestra identidad quede encerrada en un oficio, profesión o actividad, cualquiera que sea.

—Eso decía mi hermano. Se burlaba de mí llamándome «el contable». Estudié administración y cuando murió mi padre dirigí durante un tiempo su fábrica de muebles, luego la liquidé y entré a trabajar en la empresa de seguros. Es un trabajo maravilloso porque no me interesa absolutamente nada de lo que ocurre en él. Me limito a verificar los estados de cuenta de la compañía, para mí sólo existen unas cifras que deben cuadrar. Y si cuadran o no cuadran, tampoco me importa. En diecisiete años lo único que ha ocurrido es que, gracias a mí, se descubrió un pequeño desfalco. En la compañía me dicen «el contador», rara vez me llaman por mi nombre. Eso es algo maravilloso también. Desaparezco debajo del oficio. En cambio, cuando me ocupaba de los negocios de mi padre, me veía constantemente amenazado por mi identidad. Necesariamente era el hijo del patrón, los clientes y relacionados me llamaban por el apodo infantil que me daba mi familia. Llegó a hacerse insoportable. Tuve que esperar a que muriera mi madre para vender todo aquello; para ella, liquidar el negocio que a mi padre le costó tanto levantar hubiese sido una afrenta. Entonces, cuando lo hice, encontré este empleo de los seguros que me produjo una enorme tranquilidad. Le confesaré algo, tengo la impresión de haber desaparecido sin haber muerto, y es la posición más agradable que puede imaginarse.

—¿Como Eurídice?

—Quedamos en que no hablaríamos más del asunto —dije secamente. No me gusta ser descortés, y menos con las mujeres, pero estaba decidido a mostrarle a aquella desconocida que mi vida, por estúpida que sea, me pertenece, y dentro de ella, mi único misterio también.

—Me gusta mucho esa idea, la de desaparecer en vida. Me parece que todos lo hacemos, no somos nunca lo que pretendemos ser, y mucho menos lo que fuimos. Sin embargo, usted parece haber logrado a la perfección el oficio de ser otro.

No pude menos que reírme.

—Debe ser porque no me lo he propuesto. Puede ser un talento natural, un don innato. Además me han ayudado las circunstancias. Mi hermano murió hace muchos años. Nuestra familia es corta, y salvo unos primos lejanos a los que nunca veo, no tengo otros parientes. Está también mi sobrina, la única hija de mi hermano, pero se casó con un belga y viven en un sitio que nunca recuerdo cómo se escribe sin verificarlo. Le mando una postal en navidad y ella hace lo mismo. Mi mujer desapareció en Nueva York hace una pila de años. En fin, tengo todo dispuesto para el anonimato. Lo único que hacía falta era un empujoncito, no darle a mis antiguos amigos mi número de teléfono, evitar cuidadosamente los entierros de conocidos, frecuentar lugares anodinos y malos, y no repetirlos. El único donde creo que me conocen es éste, puesto que hemos venido cuatro días seguidos, además de la oficina y la tienda donde alquilo los videos. Cuando tomo vacaciones generalmente me quedo en mi casa, si acaso hago algún corto viaje, nunca al mismo sitio, en parte porque me aburre volver, y cuando tengo un encuentro con una mujer o voy a su casa o la llevo a un hotel, rara vez a mi apartamento. He destruido todas las fotos familiares, vendí todos los muebles y objetos que había en la casa de mis padres, y por supuesto, la casa también. Vivo alquilado, muebles y electrodomésticos incluidos; lo único que poseo es la televisión, el equipo de sonido y el de video. Regalo los libros que leo a una biblioteca pública porque en mi estudio no hay espacio para ellos, y los compactos que tengo son pocos porque sólo me gustan ésos. En fin, soy un extranjero en mi tierra. Si fuera víctima de la violencia urbana, creo que sólo la conserje del edificio donde vivo podría reclamar mi cadáver. La inscribí como beneficiaria de la póliza de seguro de vida que forma parte de mis derechos laborales, después de descontar los gastos del sepelio, por supuesto.

—Está preparado para la inmortalidad.

—Totalmente. Mi único deseo póstumo es que dejen mi lápida sin inscripción. Un número sería suficiente, si las autoridades del cementerio requieren algún tipo de identificación. ¿Qué más podría añadir? Soy o, mejor dicho, era muy dado a los crucigramas y pasaba las tardes resolviéndolos; pero me estaban aburriendo, casi siempre los que hacen los crucigramas emplean las mismas palabras clave, «emperador asirio, dios egipcio, afluente del Danubio». Había terminado por aprendérmelas y pensé que leer los escritos de mi hermano me distraería. No le había comentado eso. Mi hermano fue un político frustrado, fue un hombre muy frustrado, creo, y dejó unos escritos en una caja de zapatos; fragmentos, apuntes, bocetos de sus memorias, se titulan *La noche sin estrellas*. Lo que yo hago es ponerlos en un cierto orden; es como una autobiografía pero escrita por otro, no sé si eso existe pero es lo que hago, y los releo con frecuencia. He llegado a aprendérmelos muy bien, aunque se me olvidan los detalles porque su escritura es muy prolija. Me los entregó su hija después de su muerte. Supongo que destruir esos papeles le daba remordimientos y me encargó a mí de hacerlo, pero no lo hice. Quizás, al principio, por sentimentalismo, luego porque los había olvidado. La caja se había desaparecido pero el caso es que un buen día, hace poco, la conserje que de vez en cuando me hace una limpieza la sacó del fondo de un *closet*, y reencontré los papeles metidos en la misma caja de zapatos. Decidí entonces guardarlos en forma voluntaria. Los paso en limpio, los ordeno por épocas, les doy cierta coherencia. Ha sido una buena sustitución del crucigrama.

Mi interlocutora pareció mostrar un gran interés y prometí para la noche siguiente traer algunos fragmentos.

4

—ENCONTRÉ A Di Monaco —exclamó eufórica.

—¿Quién es Di Monaco?

—El hombre que estuvo con Eurídice, el que vivía en Boston.

Una de las características femeninas que más me desagrada es su capacidad de tomar iniciativas, fundada en la idea de que ellas tienen la solución de un problema que nadie les ha pedido que resuelvan. Comienzan por saber que su niño tiene frío y necesita un suéter, y terminan en situaciones como ésta. Pero me disgusta también la confrontación violenta, por lo que me limité a preguntarle cómo lo había encontrado.

—Tengo mis contactos —respondió haciéndose la misteriosa.

—¿Y qué dijo Di Monaco?

—Casi nada. Pero confirmó que él no vio a Eurídice el día que desapareció. Espero que no le moleste, al fin y al cabo ha pasado mucho tiempo, pero creo que sí tuvieron algo. No me lo dijo pero me pareció entenderlo.

—Comprendo.

—Sin embargo, Eurídice no huyó con él. De eso estoy segura. Di Monaco se sintió devastado cuando se produjo la desaparición. Él no cree en la hipótesis del asesinato. Tampoco que huyó con un amante ni que quiso desaparecer. Él piensa que pudo ser una red de trata de blancas.

—Muy lógico.

—¿Le molesta esta conversación?

—Muy aguda.

—Lo estoy haciendo para ayudarlo.

Guardé silencio para no decir algo grosero.

—Di Monaco está jubilado de la universidad. Vive en un pueblo bastante perdido y se dedica a la cría de patos. Me dijo que si usted quería ir a hablar con él, estaría muy contento de ayudar. Él no puede trasladarse, está bastante enfermo, creo que no vivirá mucho más, me lo comentó uno de sus hijos. Cáncer.

Me sentía anonadado. Y a la vez contento. Estaba comprobando una certeza. Haber permitido que aquella mujer entrara en mi intimidad era un error total.

—Quizá debería entonces ir al Medio Oriente. Allí estará Eurídice en el harem de un emir petrolero —le dije intentando poner fin a lo que me parecía un diálogo demencial. Me sentía ridículo, con mi portafolio en la mano, en el que guardaba los que a mi juicio eran los mejores fragmentos de *La noche sin estrellas*.

—Di Monaco piensa que ella regresó.

—El profesor Di Monaco, ¿en qué sustenta esta teoría?

—No me importa que se ponga irónico. Di Monaco cree que ella volvió al país con otro nombre hace unos veinte años más o menos. Cuando una mujer ha sido prostituta se siente irrecuperable y trata de empezar una nueva vida, pero ya no le es posible. Él cree haberla encontrado en un bar de prostitutas. Habló con ella pero negó conocerlo. Sin embargo, está seguro de que era Eurídice.

—Creo que debería reportar el caso a la Liga Internacional de Derechos de la Mujer —me levanté bruscamente para salir pero al llegar a la puerta tuve que volver. Afuera caía un aguacero.

Siempre he dicho que la vida me ha vivido, que las circunstancias me toman por pasto, y que termino en posiciones forzadas. Cuando llegué a la puerta del bar, el dueño me interceptó. Había observado nuestra conversación, al parecer yo había levantado la voz y eso le había llamado la atención. Me tomó por la espalda, me acompañó de nuevo a la mesa aconsejándome que esperara a que dejara de llover, y susurró algo acerca de la inconsistencia de las mujeres. Mi interlocutora se había levantado en ese momento, supongo que al baño. El dueño me trajo una copa, «por la casa», dijo, y me tomé de un trago aquel vino barato y ácido.

—Lamento que se haya molestado —dijo mi interlocutora, regresando a la mesa—. No era mi intención.

Decidí un silencio táctico hasta que la conversación cambiara de rumbo.

—Perdóneme lo de Di Monaco. Di Monaco no existe. Intenté encontrarlo, es verdad, pero Di Monaco murió hace unos años.

Insistí en mi silencio.

—Fui a la universidad y hablé con un colega suyo, habían sido amigos. Di Monaco tuvo que pedir la jubilación porque estaba muy enfermo y murió al poco tiempo. Hizo un postgrado en tecnología de alimentos en Estados Unidos, más o menos en la época en que sucedió lo de Eurídice. Debe ser el mismo.

—Es muy posible —contesté y volví al silencio, intentando que ella abandonara el tema. No quise preguntarle por qué había inventado el encuentro con Di Monaco. Supuse que formaba parte de la pequeña crueldad de la que todos somos capaces.

—Pase lo que pase, debe creer que yo soy su amiga —y me tomó una mano.

Aquella noche ella tenía su impermeable lastimoso, y verla con las canas pidiendo a gritos algún remedio, la pintura de labios un poco salida del surco, porque probablemente se había arreglado muy rápidamente mientras yo intentaba salir de La Fragata, me produjo ese sentimiento que odio de mí mismo. El que me insistía desde nuestro primer encuentro, la piedad. Pensé que ella había inventado aquellas anécdotas de Di Monaco —no creía ninguna de las dos— simplemente porque quería hacerme sentir que yo la necesitaba, que yo tenía algo que esperar de ella, que ella merecía algún espacio en mi vida; que algo, más allá de la casualidad, nos unía, y que el proyecto de encontrar a Eurídice podría dar sentido a nuestra relación. Estaba seguro de que, muerto Di Monaco, otras posibilidades de investigación acerca del caso Eurídice se presentarían.

—*¿Quién le tiene miedo a Virginia Woolf?* Eurídice es nuestra hija muerta.

No comprendí su comentario y dejé que tuviera su mano sobre la mía. Ya dije que el mercado de oportunidades es desleal con las mujeres. Aquella tarde yo había estado con una muchacha que frecuentaba mi oficina para venderle ropa a las secretarias, y me consideraba saciado. Por otra parte, a mi edad no es necesario un sexo tan constante. Una vez por semana es suficiente para mí. Estaba seguro de que ella tampoco imaginaba un encuentro erótico conmigo.

Por eso su mano sobre la mía me parecía únicamente una manera de estar.

Me encaminé hacia mi apartamento cuando dejó de llover. Decepcionado por la inutilidad de sus esfuerzos para que nos quedáramos, el dueño cerró la puerta detrás mí con un gesto de complicidad. Me pareció imposible convencerlo de que entre mi interlocutora y yo no estaba previsto nada que nos hiciera salir juntos.

Una vez en mi estudio, que está dividido en dos ambientes, me acosté en la cama, me desvestí, doblé mi ropa cuidadosamente, como siempre hago, y guardé los fragmentos de *La noche sin estrellas*, un poco decepcionado de que el problema de Di Monaco me hubiera impedido mostrárselos. Mi hermano murió hace bastante tiempo, y desde luego que el pesar de su desaparición es algo ya pasado, y con lo que me he reconciliado. Pero desde que sus escritos habían reaparecido en la caja de zapatos, después de haberlos olvidado, una cierta idea de lo inacabado me atormenta. Tampoco quisiera darle una gravedad que no tiene. La palabra «tormento» sugiere un sufrimiento mayor del que experimento. Quizá no sea más que la incómoda sensación que nos queda después de que una vida termina, en cuanto a la intrascendencia de la misma, en la imposibilidad de resumirla, una última ternura de saber que, finalmente, era una más de las posibles aventuras humanas. Mi hermano fue un hombre con ansias de trascendencia, eso nos diferencia radicalmente. Yo no he sufrido de esa enfermedad. Y tampoco he pensado nunca en la vida como búsqueda de placer o de felicidad. Yo diría que tengo la suerte de no haber esperado nada. Tampoco sé por qué ha sido así.

Antes de despedirnos, mi interlocutora me había advertido que al día siguiente no podríamos vernos. No dio ninguna explicación y me sentí algo molesto, pues de alguna manera se había creado entre nosotros un compromiso. La idea de que yo la esperaba y de que su ausencia me ocasionara una molestia, así fuese muy leve, me irritó aún más. Por otra parte, pensé que era muy poco lo que había contado de sí misma, y probablemente incierto. Me propuse decírselo en nuestro próximo encuentro pero no pude.

5

—¿Trajo usted la caja de zapatos? —me interrogó casi sin esperar a que me sentara.

—Traje unos fragmentos anteayer pero el problema de Di Monaco impidió que se los enseñara —contesté en un tono vagamente recriminatorio que ella no tomó en cuenta.

—Se refieren al general Pardo, a quien mi hermano llama en sus escritos «abuelo». No tengo de él ninguna imagen, no lo conocí. Murió cuando yo era pequeño, y sólo puedo vislumbrarlo a través de los breves comentarios que le escuché a mi madre. Me doy cuenta, sin embargo, de que mi hermano en esta composición del personaje mezcla recuerdos relatados y anécdotas vividas. El general Pardo, ciertamente, fue capataz de una hacienda de café en Aragua, cerca de Turmero, en la cual mi hermano pasó largas temporadas de niño y donde trabajó más adelante. Salvo eso, creo que ningún dato es absolutamente veraz, si de verificación se tratara, pero al mismo tiempo, al leerlo, experimento algo sin explicación razonable, y es la clara impresión de que habla de mi familia, de mi origen, de mi historia. Su espíritu, su esencia, me parecen verdaderos.

—Lea —ordenó.

Cuando era niño, mi abuelo era el encargado de la hacienda de una familia caraqueña que tenía posesiones en los valles de Aragua. En esa hacienda, La Candelaria, pasé muchas vacaciones pues mis padres, que vivían en Caracas, me mandaban allí con frecuencia. Mi abuelo era, o a mí me lo parecía, el hombre más importante de la región, y a pesar de su edad, pues ya era bastante viejo entonces, la recorría a caballo desde temprano en la mañana hasta el atardecer. Mi abuelo era el general Pardo, pero nada tiene que ver con las familias de ese nombre de origen sefardí.

Mi padre era hijo de isleños, y se casó muy joven con mi madre, la hija del general Pardo, que nunca llevó su apellido; así mismo ocurrió con otros muchos hijos suyos, a excepción de uno de ellos, Lucio Pardo, a quien todos llamaban «el hijo del General Pardo», y quien luego desapareció sin que se haya sabido más de él. A la familia de mi padre la conocí poco porque, siendo yo muchacho, mi padre tuvo con ellos una desavenencia de la que no le gustaba hablar. Era mi padre un hombre con la típica mentalidad de hijo de emigrante, sumamente trabajador y emprendedor, y desde que yo me acuerdo de mí mismo, ya tenía un taller de carpintería, que paulatinamente dio origen a una mueblería, y luego a una fábrica de cierta importancia que después de su muerte llevó mi hermano menor.

Mi madre, nacida en La Pastora, fue criada en la modestia y dignidad de la incipiente clase media; era una muchacha educada para ser lo que fue, una buena madre y una buena esposa. Como mi padre tenía un carácter violento, se acostumbró a no levantar la voz y a dejar que fuera siempre él quien hablara en la mesa. Sin embargo, fue ella la que dispuso que mis vacaciones transcurrieran en la hacienda, en lo que creo mi padre nunca estuvo muy de acuerdo. A su modo de ver, el general Pardo no era nadie, ni pensaba que contribuiría a mi futuro andar con los peones, pero a la vez, como durante mi infancia no tenían suficiente dinero para proporcionarme diversiones, aceptó aquel arreglo; tenerme libre, correteándole por el taller, lo incomodaba.

Del general Pardo se decía en la hacienda que era hijo natural de uno de los descendientes de la familia que desde la colonia había sido propietaria de La Candelaria. La familia siempre había negado esta circunstancia, pero el hecho es que desde niño fue a servir a su casa, en Caracas, y allí fue educado por ellos. Ocho o nueve años pasó el general Pardo, según él me contaba, como sirviente mandadero en aquella casa, hasta que regresó a la hacienda como peón de confianza. Si no era hijo del dueño, ciertamente existía entre ellos un gran afecto que se consolidó cuando, en una oportunidad, le salvó la vida; un hermano del que se suponía su padre enloqueció, y sin que mediaran palabras trató de matarlo con un machete. El general Pardo, que entraba en el corredor en ese momento, se percató de lo que ocurría, brincó sobre el atacante, lo derribó y logró reducirlo. Tendría para esa época unos veinte años, y en premio a su acto de coraje recibió un arreo de mulas, lo cual dentro de la Venezuela del último tercio del siglo pasado significaba un estatus relativamente importante. Así se hizo arriero.

Siendo arriero, en una de las revueltas de la época de Crespo, iba él con sus mulas cerca de Bejuma cuando se topó con un grupo guerrillero, un ejército revolucionario se decía, que lo reclutó más que por sus posibilidades militares por disponer de las mulas, y por ser, en su condición de arriero, un hombre muy baquiano de toda la zona colindante de las sierras de Carabobo. Dio la casualidad de que a los cuatro o cinco días de haber sido reclutado e incorporado a la tropa —un tanto a la fuerza pero también tentado por la aventura—, la pequeña partida a la cual pertenecía tuvo un encuentro con una fuerza enemiga más grande y fue derrotada. En la pelea murieron el que fungía de jefe o general y su segundo. La tropa quedó en completo desorden, razón por la cual el general Pardo, que aún no lo era, se convirtió en jefe. Logró reagruparlos, y a planazos los reorganizó e inició una retirada, dando así comienzo a su carrera militar. Pocos días después, entre reclutando y convenciendo, logró concentrar un pequeño ejército y se dirigió al valle de Chirgua, donde era muy conocido y podía fácilmente conseguir gente. Se llevó a veinte o treinta peones del valle, con lo cual su fuerza para aquella época se hizo respetable pues ya pasaba de los cien hombres.

Intervino activamente en la revolución y logró un puesto destacado. En las vicisitudes de la guerra civil fue crespista, y cuando Crespo retoma el poder le da cierta figuración. Ya para entonces era respetado como el caudillo del valle de Chirgua. Haciendo la guerra, y por razones que él explicaba con poca claridad (creo que era partidario de la candidatura presidencial del general Guerra en contra de la de Andrade), se distancia completamente de Crespo. No interviene en la persecución ni en la guerra contra el Mocho Hernández, en la cual pierde Crespo la vida, sino que se mantiene neutral, pero cuando poco después se alza Castro en los Andes y marcha sobre Caracas, Pardo decide de nuevo tomar posición.

Sin tener la menor idea de quién era Cipriano Castro, se suma a la Revolución Restauradora.

El valle de Chirgua y la hacienda La Candelaria quedan bastante cercanos a Bejuma, separados por una serranía, y por lo tanto cerca de Tocuyito. Cuando Castro va hacia allá, en su última batalla, Pardo pocos días antes se le une con su tropa, y al parecer la baquía del terreno le resultó de gran utilidad a Castro para acercarse en buenas posiciones. Decía que fue él realmente quien prendió al Mocho Hernández, aun cuando su superior jerárquico cargó con la gloria. Igualmente parece que demostró bravura, lo cual debe de haber sido cierto pues todos sus amigos y enemigos se la reconocían en grado sumo. El hecho es que después de Tocuyito, el general Pardo, que unas veces había sido crespista y otras «mochero», pasa a ser castrista. En esas circunstancias, cuando se producen los diversos levantamientos contra Castro, que son el preludio de la Revolución Libertadora de 1903, lucha al lado de las fuerzas gubernamentales a las órdenes de Gómez, y opera en la sierra de Carabobo y en la zona de Chirgua, Corte del Yaracuy, Alpargatón, que eran sus correderos. La eficiencia que demostró en esas campañas hace que Castro, reconociendo los méritos militares y el prestigio de un hombre lo suficientemente oscuro como para no hacerle sombra, y lo suficientemente valiente y baquiano como para serle útil, con don de mando y con un prestigio si no regional, local, lo nombra por mérito, jefe de un cuartel en Caracas, el cuartel de El Cuño. Sobre esto contaba una anécdota que pinta muy bien el carácter de la estratificación social de la época y el suyo propio, pues siempre fue un hombre muy digno.

El general Pardo llegó a Caracas como jefe del cuartel y se mandó a hacer su uniforme. Recuerdo haberle preguntado cómo eran los uniformes de la época y que él me contestó que cada cual se lo hacía más o menos a su gusto; fue al sastre, éste le mostró varios modelos, y así escogió el que le pareció más elegante y apropiado. Uniformado y jefe de cuartel en Caracas, lo primero que hizo fue ir de visita a la casa donde, de niño, había sido sirviente. Conversando y contando las peripecias de las campañas pasa el tiempo y llega la hora del almuerzo. Le piden que se quede a almorzar, a lo que él contesta, «no, miren, yo no puedo almorzar aquí porque yo he sido sirviente en esta casa durante muchos años y no puedo comer en la mesa con ustedes, pero soy general y tampoco puedo comer en la cocina. Así es que vamos a hacer una cosa, yo me voy a una fonda cerca del mercado, almuerzo y vuelvo para que sigamos conversando».

El general Pardo es uno de los pocos hombres que se mantiene fiel a Castro cuando el golpe de Gómez en 1908, y trata de oponer resistencia; mas el segundo comandante del cuartel y los otros oficiales que eran andinos están comprometidos con Gómez y lo hacen preso. Gómez, que había combatido como superior suyo, lo conoce y le tiene desconfianza, y por ello lo manda al castillo de Puerto Cabello. Estuvo preso con un par de grillos desde 1908 hasta 1923. Nunca supe su edad con precisión, pero si inició sus campañas a los veinte años en el último tercio del siglo XIX, debía tener unos cincuenta años para ese momento. Cuando sale de la cárcel regresa a Aragua y es nombrado administrador de la hacienda. Le regalan, además, una haciendilla de café que se llamó La Pardera. Esta actitud que la familia dueña de la hacienda tuvo para con él, confirma la hipótesis de que era hijo de quien se decía, como también parecía indicarlo su fisonomía. Era un negro alto, delgado, perfilado, de facciones blancas.

Pero no solamente su origen quedaba en la incertidumbre, también su descendencia. Con respecto a nosotros se tejían diferentes historias, paralelas e intercambiables. En una de las versiones mi madre era su hija, habida en una unión concubinaria cuando él estuvo en Caracas, de jefe del cuartel de El Cuño, pero, por intrincadas disputas familiares, mi abuela había decidido darle el apellido de otro hombre. En otra versión era lo contrario; mi abuela había casado con el general Pardo pero tenía una hija ilegítima de un pequeño comerciante caraqueño de La Pastora, quien le dio su apellido. En una tercera versión, el general Pardo, cuando vino a Caracas, trajo consigo a una niña, mi madre, y la había entregado a la mujer con la que convivió varios años en La Pastora, mi abuela, que en ese caso no lo fue biológicamente. No sé si olvido alguna otra explicación de nuestra relación con el general Pardo, pero, en todo caso, lo considero mi abuelo y para mí fue la figura más significativa de mi adolescencia, mi guía de la historia menuda de Venezuela y el maestro en mil triquiñuelas y ardides propios de la vida rural. Nunca pude sentir por la prosperidad de mi padre la admiración que me provocaba el general Pardo cuando me enseñaba a hacer un nudo de preso o me llevaba de cacería, montando a caballo con una agilidad pasmosa para un hombre de su edad.

—¿Cómo se llamaba el general Pardo?

—En mi casa siempre se refirieron a él por el apellido, decían Pardo, o el general Pardo, de modo que nunca supe su nombre. Tampoco se mencionaba mucho. Una vez, quizá porque mi hermano hizo algún comentario, yo le pregunté a mi madre, «¿tú eres hija de ese señor?» Ella tenía una forma muy peculiar de evadir las preguntas, y no volví a insistir. Mi padre tampoco lo mencionaba. Cuando mi hermano iba o venía de la hacienda, generalmente papá le preguntaba, «¿vas para allá?» o «¿vienes de allá?», o a lo sumo, «¿cómo están las cosas por allá?». *Allá* se convirtió en un término genérico que incluía desde la salud del general Pardo hasta la cosecha de café.

—En suma, se avergonzaban.

—En mi infancia yo pensaba que el general Pardo era un hombre muy malo. Creo que estaba influido por las lecturas de Salgari y me parecía que debía tratarse de un pirata, o de un malhechor que se había escondido en la hacienda. También imaginaba, a partir de las anécdotas que había escuchado relatar de la época de Gómez, que era un fugitivo político. En la medida en que era un tema tratado con tanto sigilo me parecía que algo siniestro se quería ocultar. Andando el tiempo pude comprender que mi madre había sufrido un proceso normal dentro de la psicología social venezolana. El general Pardo delataba su origen popular, su mezcla racial, y ella, casada con un isleño próspero, quiso declararse de clase media alta y blanca. Eso es todo, no la culpo por su pequeña vanidad. En cuanto a por qué mi abuela le dio el apellido de su segundo marido y no el del general Pardo, supongo que simplemente no se había casado con él. Esto es lo que yo creo, lo que reconstruí de este argumento telenovelesco. Y todo ese fragmento acerca del general Pardo, esa vida que parece tomada de una novela de la tierra, esa anécdota, seguramente inventada, de cuando rechaza comer en la casa de sus patrones, el martirio gomecista. En fin, la saga del general Pardo en la que sólo falta algún cuento milagrero, todo eso me hastía.

—¿De verdad usted encontró esos escritos o los escribió usted mismo?

—No veo qué interés podría tener en mentirle —le contesté sin disimular mi irritación. Me molesta que desconfíen de mí.

—Es que lo del manuscrito perdido y encontrado es un truco muy viejo. Tengo la impresión de haberlo leído cientos de veces.

Si algo no pretendo es ser original. Tengo muy clara conciencia de que mi vida es un recurso repetido, y de que todos mis pasos han sido ya ensayados por otros.

—Mi hermano —continué hablando como si no la hubiese escuchado— fue un héroe de la supervivencia. De la supervivencia de los mitos. Él quiso ser un héroe, un guerrero furioso, una espada incendiaria, un hombre que quería, «con los pobres de la tierra, su suerte echar». Su vida está llenas de anécdotas. Por el contrario, la mía es muy difícil de relatar. Creo que ya le conté todo lo esencial, y que con las secuencias que le di, usted puede imaginarse cómo ha sido. Cuando yo haya muerto, si alguien tuviera el improbable interés de consignar mi vida, o dibujarme a mí como personaje, resaltar algo, en fin, que pudiera darme alguna identificación, se vería en apuros. Nunca he hecho nada que llame la atención, no tengo ninguna frase célebre, nunca he sido protagonista de alguna situación memorable, no tengo cuentos divertidos o momentos estrambóticos. Ni siquiera un episodio que revele alguna cualidad o defecto demasiado definido, que marque algún rasgo de mi carácter, que enseñe alguna faceta particular de un ser distinto a otros.

—Tiene la anécdota de Eurídice. No todo el mundo pierde a su mujer en Nueva York sin volverla a encontrar nunca más. Creo que hay una película parecida, no recuerdo ahora el nombre, una película que protagonizó Harrison Ford. Era un médico norteamericano que iba con su esposa a París, a pasar unas vacaciones, y la mujer desaparecía en una historia de terroristas.

Recordé haberla visto. Polanski. Pero en mi caso la protagonista fue ella, yo me limité a servir de testigo de su desaparición.

Se levantó, y poniéndose su lastimoso impermeable, salió del local. Afuera unos gatos se engrifaban y se escuchaba el chillido que producían en la pelea. Unas latas amontonadas en la acera se resbalaron y se escuchó también su tintineo calle abajo. La calle es bastante empinada y empecé a bajarla a paso rápido, mientras mi interlocutora lo hacía en sentido opuesto.

No se había mostrado interesada en el retrato del general Pardo, que a mí, por el contrario, me parecía una de las claves en la comprensión de mi hermano. Pero, al fin y al cabo, ¿por qué aquella mujer debía interesarse en la comprensión de mi hermano? Parecía gustarle más el tema de la misteriosa desaparición de Eurídice, que a mí me estaba incomodando demasiado. ¿Por qué le había hablado a aquella extraña acerca de Eurídice? Mi único episodio interesante, mi única aventura, y la había arrojado así a la curiosidad de una desconocida. No quiero volver a hablar sobre ella.

Mi hermano. Eurídice. Recordarlos es lo único que tiene cierta emoción dentro de mi rutina. Tampoco me gusta hacerlo todos los días. Me saturan. Le dije a mi interlocutora que al siguiente día no podría ir a La Fragata, tenía previsto alquilar una película de asesinatos seriales.

6

PENSÉ QUE UN día de pausa en nuestros encuentros podría ser suficiente para abandonar el tema pero, evidentemente, estaba equivocado.

—La historia de Eurídice no está completa. Creo que debería dibujar mejor al personaje.

—Ya le conté cómo ocurrieron las cosas. —No quería volver a Eurídice y a la vez sabía que no podía impedirlo.

—Hasta ahora me ha parecido que necesitaba contar su misteriosa desaparición, ¿por qué no me habla de su aparición?

—Eurídice no era una persona demasiado interesante. Creo que lo único extraordinario de su vida fue su desaparición. Si no fuera así, a lo mejor nos hubiésemos divorciado y yo ni la mencionaría. Si tratara de describirla tampoco me resultaría fácil. No era ni hermosa ni fea, más bien una mujer del montón, con el atractivo que proporciona la juventud, una bonita figura a los veintitantos, pero que, evidentemente, en lo que iniciara la cuesta de los cuarenta se iba a redondear, a adquirir esa consistencia tosca que tenía la madre, esa pesadez de mujer mediterránea. Su rostro era agraciado pero sin ninguna característica especial. Como ella hubo cientos de muchachas, hijas de emigrantes italianos, en el barrio de Chacao donde vivía con sus padres, en la parte de arriba de la ferretería. Conservaba pocas fotografías de su infancia, sólo las inevitables; el día de la Primera Comunión, una más entre una veintena de niños que hacían la comunión en la parroquia; el día del matrimonio de la hermana mayor, ella debía tener unos quince o dieciséis años, con un vestido cursi a más no poder, atiborrado de encajitos, al lado de los novios. Era la madrina. Creo que poco después de esa boda murió el padre. Un infarto súbito cuando abría la reja del negocio. Estaba totalmente endeudado. Parece que jugaba mucho a los caballos y eso ocasionaba constantes pleitos familiares. La madre era de armas tomar y no vacilaba en lanzarle como proyectiles las ollas a la cabeza. Los amigos y algún vecino pagaron el entierro, y la madre y la hermana estuvieron trabajando hasta devolverles el último céntimo. Se sintieron muy humilladas por haber tenido que aceptar aquella muestra de solidaridad. Gente muy desconfiada, suspicaz. Había alguna fotografía más que me enseñó en esos momentos en que empezábamos la relación, cuando quería entregarme la propia vida como si fuera un don. Una foto solitaria, en la playa, una foto muy mal tomada, borrosa. Una niña jugaba en la arena con una palita y llevaba puesto un sombrerito, levantaba la cara en atención al fotógrafo, seguramente el padre. También otra de un cuadro familiar: los padres, la hermana, y unos amigos de los padres, con muchas botellas de vino sobre la mesa, almorzando en alguna *trattoria*, de tantas como se abrieron por los cincuenta; abrazada al padre, podía vérsela de unos cinco o seis años. Creo que ésas eran todas. Y luego, como mujer, ya le dije, un atractivo efímero que intentaba de resaltar comprando ropa con frecuencia, tratando de impresionarme con novedades, una blusa, una franela, un cinturón llamativo. Cuando la conocí no había terminado el bachillerato; creo que a medias hacía las facturas, a medias atendía a los clientes. Después de la muerte del padre, el cuñado se encargó de la ferretería y la despidió. Quizá no en términos tan duros pero más o menos con ese resultado. El negocio era pequeño, la competencia había crecido, las utilidades eran pocas. Estaba situado en un callejón, por detrás de la plaza, y sus habituales eran los del barrio. De modo que el cuñado consideró que no daban las ganancias para pagarle a ella un sueldo como aspiraba y le consiguió trabajo con un paisano, en una tienda de la avenida Urdaneta. Ella había concebido el proyecto de remodelar el negocio, repotenciarlo, y hacer de la pequeña ferretería de su padre un establecimiento de lujo en el que se vendieran los artículos importados más novedosos para atraer a la clientela rica de las urbanizaciones colindantes, pero tuvo que renunciar a este sueño porque ni el local ni su capital lo permitían, y comenzó a trabajar fuera de la casa.

Esto ocasionó una desavenencia tremenda entre la madre y el cuñado. La madre consideraba que su hija no debía trabajar en la calle, como si fuese un hombre, y trató de impedirlo, pero su código de honor tuvo que rebajarse a las circunstancias. El cuñado tampoco era un hombre competente y la ferretería iba cada vez peor. Éste no jugaba, como el padre, pero bebía y se ocupaba poco de los clavos y los tornillos. La madre lo acusaba de despilfarrar el patrimonio familiar —no sé si la aburro con este relato de infierno doméstico— y finalmente logró su propósito. La hermana se divorció y regresó a Italia. En eso, repentinamente y en forma incongruente, la madre decide volver también a su pueblo. Había muerto una tía o alguna parienta anciana en el pueblo de donde procedían, y quedaba desocupada una casa de la que la madre se había sentido despojada todos esos años. La casa donde yo las encontré cuando viajé a Italia para decirles lo ocurrido. Bien, Eurídice había supuesto que, al divorciarse la hermana, ella volvería al negocio de Chacao, y como tenía ciertos conocimientos de contabilidad, pensaba administrarlo mientras la madre y la hermana atendían al público. Había logrado un pequeño préstamo de su patrono para comprar mercancía, pero todo se dio al traste. La madre encontró rápidamente un comprador para el negocio, mejor dicho, un nuevo arrendador que pagara la llave del local, pues no era propiedad de ellos, y lo entregó. Dio por terminada la emigración y, vendiendo hasta el último clavo, compra el pasaje de avión y supone que Eurídice vuelve con ella. Aquí intervengo yo, puede decirse que tomo un papel protagónico en su vida. Eurídice me cuenta que tiene que regresar a Italia, no tiene suficiente dinero para vivir de su sueldo, ahora que ya no tiene casa. Ella nació aquí, Italia no representaba para ella más que un remoto país del cual sus padres procedían. Habla el italiano pero no lo escribe. Irse a un país desconocido le da miedo, odia a su madre, detesta a la hermana y, me confiesa, está enamorada de mí. Me siento un héroe que debe rescatar a la princesa de las brujas que quieren su infelicidad, y ante tanta desgracia junta como le ocurre a la heroína, le propongo matrimonio. Ella acepta de inmediato. Yo vivía para ese entonces con mi madre y consideré que la convivencia de los tres no tenía el prospecto de ser muy armónica, por lo tanto decido mudarme y alquilar un apartamento para empezar mi nueva vida. Mi madre tiene algunos reparos respecto a mi futura esposa pero, finalmente, decide sentirse feliz y comienza a abrigarse en la perspectiva de unos nietos. Mi hermano estaba exiliado por sus actividades subversivas, mi padre ya había muerto, de modo que mi madre desarrolló este proyecto familiar con bastante entusiasmo. Yo, por mi parte, trato de que ambas se vean lo menos posible. Entiendo que tienen una educación muy distinta, Eurídice es bastante tímida, no me parece que comprenderá bien el sentido del humor de mi madre, no creo que mi madre se interesará por la conversación de Eurídice, que casi siempre versa sobre asuntos que juzgará intrascendentes, y nos limitamos a almorzar en su casa los domingos; almuerzos en los que inexorablemente mi madre intenta precisar si estamos trabajando en el encargo de su nieto. En algún momento surge el recurrente tema del inglés y se decide el viaje de Eurídice a Nueva York. El resto ya se lo he contado. Mi madre opinó lo que yo sabía que estaba opinando desde el principio, que nunca le había parecido una mujer para mí, aun cuando lamentaba que yo sufriera por ella —no recuerdo haberle dicho nada acerca de mi sufrimiento—, y acto seguido pasó a comentarme de algún hijo de alguna amiga que se había casado muy bien, dándome a entender que, más acá de la italiana, quedaban muchas opciones.

—No puede decirse que fuera una relación muy apasionante —sonrió mi interlocutora.

—No le dije que lo fuera. Pero, a todas éstas, yo sentía un nexo bastante fuerte con ella. Me aburría su conversación, sus constantes planes por readquirir la ferretería y hacer de ella el negocio más próspero de Caracas, me cansaba a veces de que no me dejara suficiente tiempo para mi soledad, única prenda de la que me siento un orgulloso poseedor, pero había algo que no he encontrado después ni antes de Eurídice. Una cierta manera de gozar que me excitaba profundamente, pero no quisiera ahondar en ello.

—Se dará cuenta de que tengo edad para ver películas de adultos.

—No es por usted, es por mí. Me hace daño —en ese momento recordé algo que había venido pensando en la espera de los encuentros con mi interlocutora—. Usted me hace hablar de mí, pero es poco lo que dice de sí misma. No me parece justo.

—Por cierto, tengo otra hipótesis sobre el caso. Yo creo que ella desapareció precisamente para darle un cierto misterio a su vida. Su existencia era insoportablemente real, casi que huelo la fritanga en la cocina de la madre, en el piso de arriba de la ferretería, los insultos que debían dirigirse aquellos dos seres, desgastados, comidos por el fracaso, envejeciendo sin haber logrado absolutamente nada de lo que los trajo aquí. Ella, una gorda, chiquita, despeinada, con una bata de flores, dándole brillo al piso mientras escuchaba la televisión a todo volumen; él, calvo, con un bigotico, un cigarrillo en la comisura de los labios y una barba mal rasurada, abandonando el negocio para comentar el fútbol con el dueño de la tienda de artefactos eléctricos de al lado. ¿Eran así, no?

—Creo que sí.

—Podría ser una escena de alguna película del neorrealismo pero infiero que Eurídice no apreciaba el efecto cinematográfico de la ropa tendida en la ventana de un edificio proletario.

—Muy poco, en efecto. Decía que no le gustaban las fantasías, sólo lo que fuera verdad.

—Seguramente llegaron a principios de los cincuenta. Mi padre, a pesar de ser perezjimenista, nunca estuvo de acuerdo con la política de inmigración del General. Los odiaba a todos, los italianos, los españoles, los portugueses. Decía que eran maulas, que les quitaban el trabajo a los criollos, que se las daban de taquititaqui porque eran blancos, y que lo que eran, era una partida de analfabetos. El producto de un convenio entre dictadores, Salazar, Franco y Pérez Jiménez.

—Una visión chovinista y acomplejada de las situaciones —me sorprendí diciendo esto porque no soy dado a entrometerme en los prejuicios de los demás.

—Así es. Mi padre era las dos cosas. ¡Qué época, el perezjimenismo! Pensar que hay ahora tantos nostálgicos de la dictadura de un ser ramplón y cursi como Pérez Jiménez. Y, ¿qué decir de la estética urbana? El estilo imperial, el regusto neofascista que se impuso en los edificios públicos, en las casas adineradas...

—No creo que el problema de Pérez Jiménez fuera la cursilería —interrumpí.

—Sí, sí era. Pérez Jiménez le impuso a las clases altas un espíritu bajo, un gusto degradado, grosero, que iba desde el estilo de las fiestas hasta las joyas de las mujeres, desde sus charreteras doradas hasta las poncheras de caviar. Impuso el valor de comprar corotos, de hacer de Caracas un almacén de corotos. La burguesía comenzó a rivalizar por el número de corotos que podía mostrar. En las bodas se ofrecía la exposición de regalos a los invitados. La gente subía, porque generalmente se situaban en la planta alta de las casas, a admirar los regalos, a sacar la cuenta de lo que habían costado, a comparar quién había regalado más cucharillas de plata, y quién había enviado la fuente más grande y más pesada. Como monos acumulando objetos.

—¿Es usted una aristócrata arruinada?

—Lo soy en cierta forma. Pertenezco a la aristocracia del espíritu, de la cultura, y no me negará que ésos son rubros en franca caída de precio.

—Por otra parte, hay circunstancias de economía nacional e internacional que explican el fenómeno que usted describe desde un ángulo, cómo decirle, más abarcativo. Una dictadura, un régimen cualquiera no existe por sí solo, es el producto de un cúmulo de circunstancias; en fin, mi hermano, que era marxista, hubiera podido explicárselo con más detalle. Yo, en verdad, leo poco acerca de esos temas. Me aburren. Pero me llama la atención lo que dice. ¿No habíamos quedado en que su padre era partidario del General?

Me vio con odio

—¿A usted no se le ha ocurrido la posibilidad de que alguien piense distinto a sus padres? No, por lo visto no se le ha ocurrido. La ostentación. Pérez Jiménez impuso la ostentación. Monos adornados con joyas mirándose en sus espejitos, ostentando su riqueza. ¿Conoce usted alguna condición más vulgar que la de la ostentación?

—Nunca he tenido tanto dinero pero supongo que es inevitable. Quiero decir que, quien lo tiene, necesita demostrarlo. Es parte del juego, si nadie sabe que tengo dinero, ¿para qué lo tengo? El dinero, si se pone a ver, después que satisface unas cuantas necesidades y brinda algunos placeres, empieza a sobrar, y comienza a ocupar un lugar de ostentación, es necesario inventar productos, diversiones, situaciones, en las que pueda ser empleado.

—Habla como un monje. El dinero que sobra... ¡Cuándo se ha visto eso! El dinero no sobra nunca. Ese conjunto de seres que ahora dominan al mundo quieren tener todo el dinero que pueda producirse para matar y robar a sus anchas, ¿sabe por qué?, porque tienen en los labios la flor de la muerte. Porque es gozoso saber que millones de seres se mueren de hambre mientras otros compran sus microondas; porque es un innombrable placer saber cuántos imbéciles van a morir a la intemperie o debajo de las armas que se fabrican; porque es un orgasmo extraordinario saber que se pueden ganar millones de dólares traficando las armas que no van a ser inútiles, no, por el contrario, utilísimas. O drogas, o lo que sea. La riqueza supone la muerte de todos esos seres inferiores, y eso le añade un toque muy especial, porque la riqueza adquiere un gusto más refinado cuando supone la muerte de otros.

—Se hubiera llevado muy bien con mi hermano. A mí este tipo de temas me deja, para decirlo rápido, pasando el río. Todo lo que ocurre en el mundo me parece bastante absurdo y trato de no torturarme por lo que ni entiendo ni puedo cambiar. Por otra parte, no creo nada de lo que dice. No creo que la gente acumula riqueza por el placer de que otros mueran. No tengo una visión tan apocalíptica de la humanidad.

—Es usted un nihilista.

—Puede ser, pero un nihilista que trabaja, y, como de costumbre, se nos ha hecho tarde.

En verdad no lo era tanto, lo que pasa es que discutir de esos temas me agota. Y además quería irme con el sabor del triunfo. No le había dicho cómo había aparecido Eurídice en mi vida. Le había robado ese misterio. Sólo yo sabía que la conocí un día en que se me accidentó el carro cerca de su ferretería y entré a comprar un alicate. Ella me lo vendió.

7

—¿CONOCIÓ SU HERMANO a Eurídice? —me preguntó al día siguiente como saludo.

Hacía ya más de una semana que nuestros encuentros tenían lugar, reparé en ello al constatar, por la gran afluencia de clientes, que era de nuevo viernes. A veces la similitud de los días hace que no perciba demasiado el paso del tiempo, y esa sensación me resulta agradable. Escucho con asombro a los compañeros de trabajo hacer planes para los fines de semana. Los más jóvenes están siempre pensando en dónde habrá una fiesta; otros, el grupo ecológico, se ponen de acuerdo para montar carpas en alguna playa y hacen interminables listados de comida y otros pertrechos. La propaganda naturista los ha invadido completamente. Creo que se sienten rubios, saludables, fuertes y ricos si entran en ese estilo desarrollado por los *yuppies* de Nueva York. Les gusta subir los domingos a la montaña para ver de cerca a un poderoso hombre de negocios, a un ministro, una actriz de televisión. Es su único contacto con el gran mundo; el fascismo sanitario, leí en alguna parte. Los clientes de La Fragata, por el contrario, son noctámbulos, fracasados y sentimentales. En general, oficinistas que pasan a tomar un trago después del trabajo y se van quedando, algún que otro viajante de comercio que para en un turbio hotel cercano al bar, vecinos del barrio que acuden a la cita semanal. Mientras el dueño se pasea, imperturbable, con los lentes como visera y su mujer controla las botellas que los mesoneros van sacando del sótano, comienza la música producida por un colombiano hombre-orquesta. Canta, toca la guitarra, maneja el teclado electrónico, y de vez en cuando maraquea. Poco a poco los aficionados van pidiendo el micrófono. Particularmente famoso es don Silverio. Ignoro su nombre, por supuesto, pero así es llamado por todos ya que su especialidad es el pasodoble de Silverio Pérez. Lo acompaña una mujer, distinta a la de la semana pasada, pero también mucho más joven y de aspecto vulgar. Don Silverio viste de liqui-liqui y tiene más bien aire de ganadero (en su repertorio hay alguna tonada llanera); se levanta, empuña el micrófono, espera los acordes del pasodoble, y con gestos operáticos inicia la canción. Hace de vez en cuando el remedo del torero y pasa al lado de la conquista, en posición de estarle dedicando el número, mientras ella le devuelve una mirada de admiración. Es, quizás, el más aplaudido de todos, y hace el bis de *Silverio, cuando torea, no cambio por un trono mi barrera de sol,* en medio del furor general.

Luego pasa a escena la señorita Violeta; éste es su verdadero nombre pues así lo confirma el mesonero que siempre nos atiende. La señorita Violeta va por boleros. *Quisiera ser paloma o fiera...* susurra con una voz cálida pero desentonada. Recibe aplausos, no tantos como don Silverio, pero los suficientes para emprender *Soy lo prohibido*, el mejor. No sé absolutamente nada de ella, la supongo una de las oficinistas que componen la clientela. Cuando el ambiente está caldeado, el público pide a gritos al profesor.

Es un hombre extremadamente gordo, con un vientre descomunal, que lo hace aparecer de más edad de la que probablemente tiene. El mesonero me sopla que es profesor de historia en un liceo y que ha escrito varios libros de texto para bachillerato, percibiéndose el aliento de respeto que siente por él. Se quita los lentes para cantar y se le ven unos ojos muy claros, acuosos, como si llorara. Parece nervioso, pasea por el pequeño escenario cuidando de no enredarse con el cable del micrófono, y arranca con *Granada*, en la que muestra sus indudables cualidades de tenor. Sin embargo, quizá por lo largo de la canción, o porque abusa de los trémolos, la concurrencia se cansa y continúa sus conversaciones prestándole escasa atención. Después del profesor, el colombiano retoma la batería, o el teclado o la guitarra, y anuncia un descanso. Aproveché para contestar la pregunta de mi interlocutora.

—Sí, se conocieron. Mi hermano pasó los últimos meses de su exilio en Santo Domingo. Eurídice y yo fuimos a visitarlo y estuvimos con él una semana.

—¿Qué opinaba?

—¿Mi hermano de Eurídice o viceversa?

—Su hermano de Eurídice, por supuesto.

—Mi hermano, creo haberle dicho, era bastante mayor que yo. Por lo tanto, sus criterios eran, o me resultaban, pasados de moda.

—No le entiendo.

—Quiero decir que mi hermano consideraba que había dos tipos de mujeres. O bien las prostitutas o bien las compañeras. Era un hombre entre dos aguas, entre el sentido machista, clasista y provinciano en el que había sido educado, y los ideales de la compañera solidaria y participativa, en los que se había formado intelectualmente. Eurídice no entraba en ninguna de las dos categorías. Le parecía una esposa para ejecutivo de medio palo, una mujer que estaría pendiente de revisar si en la caja de detergente venían los cupones de un sorteo, alguien culturalmente inferior a mí, demasiado honesta para considerarla una querida, demasiado poca cosa para ser una «compañera». Debería incluir una tercera categoría en su clasificación: las hembras «esculturales», mujeres con las que había tenido alguna relación episódica; intelectuales, o que por tener mucha más edad que él, le proporcionaron una cierta educación sentimental, como el caso, entre otros, de Irène Lenirov, una rusa que conoció en París. Podríamos incluirlas en la categoría de extravagantes y excepcionales. Pero tampoco Eurídice encarnaría el papel. No crea que mi hermano tuvo nunca el mal gusto de decirme lo que pensaba de ella, estoy tratando de contestar a su pregunta desde su punto de vista.

—¿Que es también el suyo?

—En absoluto.

Hicimos un silencio forzado por la continuación del espectáculo musical. Le tocaba ahora el turno a tres jovencitas que interpretaban canciones de la Nueva Trova cubana.

—Estoy harta de Pablo Milanés. ¿Usted no? —comentó mi interlocutora.

—En realidad lo escucho poco —le dije alzando la voz porque las jovencitas acaparaban toda posibilidad de entenderse.

—Estoy harta de las etiquetas, de todo lo que represente algo, de todo de lo que se quiera hacer algún tipo de publicidad, así sea de un régimen político o de una salsa de tomate. El mundo está saturado, no tolera más mensajes. Debería hacerse un silencio.

Como si las jovencitas hubieran obedecido su orden, callaron, y por primera vez se hizo un silencio en el local. El colombiano anunció otro descanso; en medio de un abucheo, guardó los instrumentos y se dirigió a la barra a tomar una cerveza.

—Echo de menos el mundo de principios de siglo, cuando no habían inventado los mensajes.

—Habla usted como mi madre.

Continuó para ella misma como acostumbraba.

—Tengo la impresión de que todo se ha abaratado. Sí, han puesto en saldos las grandes verdades, los grandes compromisos, los grandes momentos.

—El final de las utopías —osé interrumpirla.

—No me interrumpa con lugares comunes. ¿Usted se imagina el asalto al Palacio de Invierno? Si algo semejante ocurriera, inmediatamente todo el mundo pensaría que estaban filmando un comercial. ¿Los grandes héroes, los grandes artistas? Usted puede comprar una franela con el rostro de Bob Marley, de Virgina Woolf, del Che —si todavía queda alguna en manos de un anticuario—, de Reagan o del Pato Donald. Todas cuestan lo mismo. Puede ponerse una franela Benetton con un hombre muriendo de Sida o una que reproduzca las gastadas latas de Coca-Cola de Andy Warhol. Una que diga «siento orgullo de ser *gay*», y otra que diga, «siento orgullo de haber matado a un *gay*». Podrían hacer una propaganda de un equipo de sonido con la escena del cochecito que rueda las escaleras en *El acorazado Potemkin*, y dentro de muy poco, utilizarán la imagen de Fidel Castro en una campaña antitabáquica. «Yo también dejé de fumar», ¿qué le parece? El asalto al cuartel Moncada, fumando. Después, Cuba democrática y saludable, mientras Fidel aplasta con la bota un habano. Han llenado el mundo de mensajes pero lo han vaciado de sentido. Eso es lo que han hecho. En un deliberado propósito de enloquecernos, de hacernos perder toda referencia. La muerte ya no tiene ningún sentido. Es una circunstancia absolutamente banal. Volvamos al Palacio de Invierno. Los soldados zaristas disparan contra la multitud enardecida que les tira piedras, adoquines... Aunque, ¿por qué irnos tan lejos y tan atrás? Puedo imaginarme a su hermano el 22 de enero de 1958, dirigiéndose a una fábrica con un piquete de obreros que irrumpen contra los esquiroles que no quieren cerrar el portón. Pasa un automóvil de la policía y hace unas ráfagas, uno de los obreros cae. Es un héroe del derrocamiento de la dictadura. Ahora suponga la imagen siguiente. Los mismos obreros, los mismos policías, la misma ráfaga. ¿Causas? Un policía, nervioso por los últimos linchamientos, sale del barrio al que entró a hacer una requisitoria de armas, y cuando está arrancando cree que uno de los hombres lo está apuntando; lo cree, o lo quiere creer, o le da el inmenso gusto de creerlo. ¿Resultados? Un pequeño recuadro en las páginas rojas informando que la policía, en una acción aún en vías de investigación, dio muerte a un ciudadano, identificado como Eladio Requena, de treinta y dos años, padre de tres hijos. Si quiere, lo podemos llevar al noticiero, horario estelar, de la televisión. En ese caso tendremos la emoción de ver a una mujer vestida de negro, rodeada de varios familiares y un niño en brazos, que declaran el hecho y su propósito de dirigirse a la Fiscalía a hacer la debida denuncia. Cambio de tema, la locutora nos pide permiso para ir a unos comerciales. Luego, si quiere, le añadimos unas gotas de cinismo, algún diputado confirma el repudiable crimen que acaba de cometerse y promete una investigación exhaustiva de los hechos. Nuevo cambio de tema y la locutora anuncia que el sábado la familia venezolana podrá disfrutar de un espectáculo extraordinario: viene Juan Gabriel. Naturalmente, será usted debidamente reasegurado, esa misma noche o la siguiente, de la importancia de los medios de comunicación en el sistema democrático. Si no fuera por ellos, usted nunca hubiera sabido del asesinato de Eladio Requena a manos de unos facinerosos que van a ser castigados con su expulsión del honorable cuerpo policial, en el caso de que las investigaciones confirmen su culpabilidad en el hecho. Y, ahora que lo sabe, dígame, ¿qué hacemos con la noticia? Y lo peor es que no saberlo sería aún más grave, así que, en cierta forma, quedamos agradecidos de que hayan tenido la gentileza de informarnos y de que todos hayamos sido testigos de cómo se llevaron a la morgue el cuerpo de Eladio Requena para confirmar que, en efecto, una bala le destruyó la masa encefálica.

—Pensé que estaba interesada en saber cuál era la opinión de mi hermano sobre Eurídice.

—Eso era antes de que estas estúpidas nos rompieran los oídos con Pablo Milanés y *La canción del elegido*.

—Creo que es de Silvio Rodríguez.

—Es igual, no soporto ya a ninguno de los dos. Hace tiempo que sólo quiero escuchar música renacentista. La barroca también la han agarrado para anunciar latas de atún.

Decidí seguir su técnica, hablar de lo que me viniera en gana.

—A Eurídice no le gustaba mi hermano. Nunca me lo dijo pero era evidente. Se sentía intimidada por su presencia, pude comprobarlo en las pocas ocasiones en que lo vio en Santo Domingo. Aunque él y yo nos encontrábamos diariamente, creo que Eurídice sólo nos acompañó un par de veces. Una visita al casco antiguo de la ciudad y una reunión en casa de unos viejos amigos de mi hermano, un pequeño grupo de ex revolucionarios con los que ella se sintió aún más excluida y fuera del perol. Huelga decir que sus ideas políticas le causaban horror. Había sido educada en una cierta nostalgia del Duce que la madre dejaba caer en medio del antipasto, y una bastante clara admiración por la dictadura de Pérez Jiménez que el padre remachaba en cada inauguración de obras públicas que mostraran en televisión. No creo que fueran fascistas, no creo que tuvieran un ideario político demasiado definido. Simplemente, eso que usted llamó el estilo imperial les daba seguridad, consistencia, y Pérez Jiménez, sin tener nada que ver con Mussolini, les recordaba épocas de grandeza, que por otra parte nada tenían que ver con sus vidas reales. Eurídice tenía una visión infantil de los comunistas, le parecían gente sanguinaria, capaces de matar a la zarina Anastasia —recuerdo que el único libro que la vi leer fue una biografía de Anastasia—, y mi hermano, en guayabera, perfectamente rasurado, más bien elegante de modales, y tratando de ser amable con su desconocida cuñada, le resultaba absolutamente indescifrable. Estuvimos, pues, con estos amigos; la casa recuerdo que tenía un patiecito, muy grato, en el que tomamos toneladas de ron mientras se contaban anécdotas de la invasión de los *marines* en el año 60, de una fallida invasión el 59, preparada por exiliados dominicanos y algunos venezolanos desde Cuba, se revisaban temas de la política antiimperialista —el imperialismo era entonces un tema central— y de vez en cuando, algún chiste, algún cuento divertido. En fin, era una noche simpática, y mi hermano y yo estábamos contentos de vernos después de varios años de incomunicación. Ella, por supuesto, trataba de ocultar su incomodidad, de contestar lo más brevemente posible a las preguntas que se le hacían para intentar incorporarla al grupo, y finalmente encontró refugio en una señora mayor, creo que tía del dueño de la casa, que había decidido pasar por allí al saber que estaban unos venezolanos de visita. Eurídice se sabía de memoria una telenovela que la buena señora no había podido ver completa porque se le había echado a perder el televisor, y se sintió muy orgullosa de poderle contar el final de aquella serie, admiradísima por el público dominicano que consideraba nuestras telenovelas como un claro ejemplo de nuestra superioridad económica y cultural. Pues bien, la telenovela nos salvó la noche porque yo dejé de ver la penosa expresión de Eurídice, mientras los demás le preguntaban a mi hermano cuál era su opinión sobre el futuro del movimiento revolucionario en Venezuela, y pude integrarme a la conversación sin tener la desagradable impresión de ser un mal marido. Regresamos al hotel, Eurídice subió a la habitación, y mi hermano y yo decidimos tomarnos la del estribo en el bar del hotel; fue entonces cuando me comentó que Eurídice jamás podría ser «mi compañera». Me preguntó si estaba embarazada y me había visto en el deber de casarme. Me preguntó la opinión de mamá, a lo cual contesté brevemente que se apreciaban mucho, y por supuesto, le expliqué, bastante molesto, que mi matrimonio no se debía al grave delito de haber desvirgado a una siciliana —Eurídice no era virgen cuando la conocí— y que no había ni padre ni hermanos persiguiéndome por la ciudad, cuchillo en mano, para lavar la *vendetta*. Le dije, en pocas palabras, que me había casado con ella porque me había salido de las bolas, y que, aunque menor que él, tenía ya edad de persona adulta. Él no insistió, me pidió excusas y cambió de tema. Creo que ésa fue la única vez que hablamos de ella, a excepción, naturalmente, de cuando volví de Nueva York. Entonces le di, detalle más o menos, la misma versión que a mi madre y que al resto de las escasísimas personas ante las que me vi obligado a justificar su ausencia. Él no le dio importancia, me preguntó si me sentía muy golpeado, le contesté que no, y me hizo el comentario de que toda mi relación con ella no pasaba de ser un encueramiento, pasajero como todos los encueramientos. Le pedí que no lloviéramos sobre mojado y así fue.

No me gusta recordar esta conversación con mi hermano. Él no perdió oportunidad de hacerme sentir su superioridad con las mujeres, su grado altísimo de seducción que le permitió tener, con o sin dinero, mujeres «esculturales», uno de sus adjetivos preferidos, además de haber contado, en las buenas y en las malas, con «compañeras solidarias», y de haberse dado el lujo de esquivar ese proyecto burgués que es el matrimonio. Yo, lo he repetido muchas veces, no me considero un galán, no he querido tampoco serlo, considero aburrido todo el juego de la seducción que termina inexorablemente en dos circunstancias: o se logran los objetivos o no se logran, y la relación con las mujeres me parece, como dicen algunas revistas, un intercambio sexual, un mercado de oportunidades en las que yo me adapto a las que mis circunstancias me permiten, y suelo salir bien parado. La idea de que ese intercambio me obligue a encadenarme a una persona me parece una pesadilla, y salvo Eurídice, cuya compañía me resultaba inexplicablemente tolerable, no he vuelto a sentir esa necesidad de emparejamiento, así sea coyuntural, que resulta tan atractiva para los seres humanos. Lucir mi hembra me parece de un mal gusto insoportable. Por ello, cuando me veo premiado por la oportunidad o apremiado por la necesidad, recurro a esos hotelitos que aseguran la clandestinidad, como si me hiciese falta, y en lo posible, trato de dar claras muestras de ser un hombre casado que debe aprovechar sus escasos momentos libres.

En eso el hombre-orquesta terminó su dudosa interpretación de Juan Luis Guerra para anunciar la tercera y última parte de la animación musical de La Fragata y tomó el micrófono Daniel Santos. Por supuesto, su aspirante a doble. Es un joven muy delgado, de pequeña estatura, que delata a leguas sus precarias condiciones de existencia y su escasa alimentación, y que tiene ciertamente cualidades porque su imitación del famoso cantante es magnífica. Supongo que, de los aficionados de La Fragata, es el único que viene con la intención de que alguien descubra su talento, pero por lo que comentó el dueño, ese propósito es una y otra vez infructuoso. No se sienta en una mesa, como lo hacen el resto de los aficionados, y únicamente se acerca a la barra cuando el mesonero le avisa que la casa le regala una cerveza. Mi interlocutora quedó extasiada. No permitió que la interrumpiera ni un instante y aplaudió con mucho entusiasmo el primer bolero. Le pidió un título para mí ignorado porque no soy conocedor, pero Daniel Santos se lo sabía y lo interpretó con la misma timidez y modestia de ademanes que el anterior. Sólo su voz tenía una cualidad arrogante, agresiva, de impugnación. Al dejar de cantar volvía a su posición de ciudadano sin derechos. Terminada su actuación, bebió apuradamente el vaso que le habían extendido y salió del local antes de que se acabaran los aplausos. Una noche más en que estaba seguro nadie sacaría provecho de su talento, como si eso no lo supiera ya de antemano, y en el fondo se contentara con que en alguna parte lo escucharan.

—No parece estar apurado hoy —me dijo mi interlocutora—. No ha mirado el reloj ni una sola vez.

—Es viernes.

—Vaya, vaya, una respuesta de honesto empleado.

—Lo soy —y me serví otro vaso.

—Un día con otro, nuestro encuentro se ha ido consagrando. No pensé que fuera así, la primera vez que entró por esa puerta a pedir un último trago en un local que estaba cerrando.

—No crea, a mí me pasa lo mismo.

—Estaré fuera el fin de semana. Lo espero el lunes.

Dijo esto en un tono evasivo. Estaba convencido de que su ausencia obedecía a razones banales que ella pretendía hacer misteriosas. Probablemente ese resto de coquetería que le queda a las mujeres, no importa su edad o estado de conservación, y que proviene de que han sido educadas en la idea de que la entrega sin condiciones las abarata. No quise insistir en ello porque descubrir su ardid sería cometer una crueldad inútil, y eso es algo que siempre trato de evitar. Me molesta la gente que atropella a un perro simplemente porque no quiere dar un golpe de volante, y en general, toda acción encaminada a hacer sentir a otro su debilidad. Me despedí y le aseguré que estaría el lunes en La Fragata.

8

El lunes estaba por salir a almorzar cuando escuché un zaperoco al final del pasillo, alguien a gritos preguntaba por el director general. Me acerqué a la recepción y distinguí la voz de la asistente diciendo que el director estaba en una reunión y no podía atenderle. El hombre que gritaba aseguraba que sería atendido inmediatamente que el director supiera su nombre. «Dígale que aquí está el doctor Chalón, a ver si me va a atender o no me va a atender», repetía furioso. La recepcionista, en estado de pánico, había abandonado su puesto de trabajo y se refugió en el interior de las oficinas. A mi mirada interrogante, contestó «es un cliente que tiene tiempo reclamando el robo de un carro y no se le ha pagado, un BMW». Como mi trabajo no tiene nada que ver con la atención al cliente, decidí seguir mi camino y pasar por delante del reclamante de siniestro sin pestañear. Lo hice así y él no me reconoció, dado el estado de descontrol en que se encontraba; pero yo sí: era Chalón.

Por la tarde me acerqué a la oficina del director. No podría decir que somos amigos pero tenemos una buena relación de trabajo y con frecuencia me cuenta sus preocupaciones. Lo noté nervioso, más abrumado de lo que debería estar por lo que hasta cierto punto es la rutina, un cliente de mal humor. Le comenté el incidente de la mañana, sin decirle en ese momento que conocía a Chalón; de otras épocas, por supuesto.

Una de las cosas que más me aburría cuando dirigía la fábrica de muebles de mi padre eran las listas de control de importaciones que periódicamente debía presentar al Ministerio de Hacienda, ya que muchos de los componentes con los que trabajábamos eran importados. Chalón era un muchacho de unos dieciséis años que lavaba los carros de los altos funcionarios del Ministerio, y me lo encontraba con frecuencia en la calle, puliendo con esmero el automóvil del jefe de la oficina a la que yo me dirigía. Un Conquistador, creo. Un buen día no vi a Chalón, y para mi sorpresa, lo encontré adentro; vestía camisa y corbata, se había cortado el pelo y lucía un anillo de colores en su mano derecha. Lo saludé como siempre y noté que me contestaba muy circunspecto, como si algo raro le pasara o no le gustase mucho la forma campechana como me había dirigido a él. Mientras esperaba al jefe de oficina, pasó una secretaria y lo saludó «señor Chalón». Eso sí me pareció extraño, pero lo que verdaderamente me dejó fuera del sitio fue cuando, un año después, el que me recibió para el asunto de las listas era el propio Chalón. En la calle había un muchacho lavando un carro, no recuerdo de qué marca, muy lujoso, y era el carro del doctor Chalón. Chalón, pues, había prosperado a una velocidad de jet, y un buen día no lo encontré más. Pasados los años, cuando se instituyó la oficina de Régimen de Cambio Diferencial, más conocida como RECADI —ese tipo de nombre diseñado para que en el interior ocurra cualquier cosa—, leí en la prensa que un tal Pedro Chalón ocupaba un alto cargo en el organismo encargado de repartir los dólares a los importadores. Pensé por un momento que fuera el mismo, pero lo descarté porque me pareció imposible. A la luz de la información que ahora me completaba mi atribulado director, resulta que sí, que era el mismo, de modo que su velocidad de ascenso había adquirido una cualidad intergaláctica. Cuando traté de consolarlo, me dijo «es que tú no sabes quién es Chalón». Le contesté que lo había conocido lavando carros a los directores del Ministerio de Hacienda. «¿Lavando carros?, lavando dólares, será. Cuando Chalón salió de RECADI, montó una oficina de importaciones en Miami y viene a Caracas de vez en cuando, con la mala suerte de que la última vez le robaron el BMW. ¿Tú sabes cuántos millones representan los seguros de la oficina de Chalón?» Le dije que tendría que verificar en mi computadora porque no lo recordaba de memoria. «Ni lo recordarás porque son demasiados.» Y una estúpida asistente no había sido capaz de acelerar el reclamo de siniestro del Dr. Pedro Chalón.

Por la noche le conté a mi interlocutora el asunto Chalón pensando que le divertiría, pero no fue así.

—No me ensucie la página —dijo.

—¿Qué página? —pregunté decidido a aceptar que aquel día estaba sometido a la perplejidad.

—La página en la que escribo sus memorias, la página en la que constato la desaparición de Eurídice, la página en la que dejé a su hermano en el exilio dominicano, tomando mucho ron y paseándose en guayabera por el malecón de Santo Domingo. Meta a Chalón en una bolsa de polietileno y olvídelo.

Cambié de tema rápidamente pero mi interlocutora no podía olvidar a Chalón.

—Hay un millón de chalones dándole vueltas a esta ciudad. El país entero es una chalonería. ¿Sabe quién es Chalón? Es un muchacho que le lava el carro a un jefecito de un Ministerio, y el jefecito se da cuenta, en ese mínimo instante en que le da el billetico para pagarle el lavado del carro, de que Chalón no tiene lo que se dice ni una oportunidad para ascender por la vía regular. No tiene ni una mínima oportunidad de que a su mamá le den un apartamento del Banco Obrero, ni de que a él le den un trabajo fijo, ni de que sus hermanos terminen la primaria, ni de que a su abuelita la lleven a una clínica. No tiene ningún derecho legitimado. Forma parte de una masa amorfa, arrinconada y anónima que espera desde hace siglos su turno. Pero no tema. No crea que voy a llorar por Chalón, ni una lágrima, ni una palabra de conmiseración, es solamente para pintar el cuadro que el jefecito del Ministerio ha visto en su mirada despojada. Y visto el cuadro, se le ocurre que no sería mala idea tener a su lado a un chalón agradecido, que haga los favores que haya que hacer; pero el jefecito, en ese pequeño, minúsculo acto de corrupción administrativa, de darle el puesto a alguien que no es capaz de ejecutarlo, con la exclusiva finalidad de tener un cómplice minusválido, no vislumbra ni de lejos lo que es un chalón en acción. Y Chalón, en cambio, ha percibido que a quien se le haga un favor, se le cobra. Luego el problema es cómo hacer favores mayores, y por supuesto, dar con quien esté en condiciones de pedir mayores favores. Por lo que veo, lo último que le han solicitado es que ponga una lavandería.

—Y lo penúltimo fue que sacara unos milloncitos de dólares de RECADI para un amigo que necesitaba importar unos contenedores vacíos.

—Así es, un contenedor vacío cuesta mucho más que uno lleno.

—¿Y por qué, a estas alturas, arma un escándalo porque no le han pagado el robo de su BMW?

—Porque Chalón sigue siendo chalón en su corazón. Porque sigue siendo un muchacho al que le han robado algo, a quien le deben algo, y todo lo que él se ha robado no le paga esa humillación. Tenga cuidado con su director, no vaya a ser que Chalón se consiga a alguien en capacidad de hacerle pasar un mal rato.

—La orden de pago se dio esta misma tarde.

—Me alegro. Su director no se merece que lo maten esta noche, cuando esté llegando a su casa. Sospecho que es un tipo decente, ¿o no lo es?

—Yo, al menos, lo creo.

—Quisiera volver a mi página. Esta digresión me da asco. ¿Sabe lo peor?, que todos somos parte de la chalonería, que todos hemos quedado enlodados, que todos somos a medias chalón, a medias despojados por un chalón. Basta. ¿Su hermano regresó después de Santo Domingo?

—Sí. Estando allí salió en la prensa la noticia de que el presidente Leoni había otorgado el indulto de la pena a varios de los juzgados por rebelión militar. Mi hermano estaba entre ellos y llegó pocos días después. Era la navidad de 1968, lo recuerdo muy bien porque mi madre desde la muerte de mi padre no había vuelto a adornar la casa, y aquel año procedió a instalar el pino, el nacimiento, y organizó una comida familiar. No asistió nadie, salvo una tía abuela que era su madrina. El resto de la parentela se excusó. No éramos una familia larga pero, entre tíos, primos, sobrinos y algún amigo, había por lo menos unos quince invitados. Todos tenían gripe esa noche.

—¿Y qué fue de su hermano cuando volvió al país?

—Al principio estaba contento. Los primeros días se dedicó a visitar amigos y recorrer calles y lugares. Después se fue aburriendo. Decía que «había perdido el hilo con la gente», y en cuanto a las mujeres le producían cierto fastidio. Me daba la impresión de que emprendía relaciones sin ton ni son y se cansaba de ellas rápidamente. Hablaba mucho de París.

—¿Buscando la perdida huella de Irène Lenirov?

—Tiene usted buena memoria. En efecto, llegaron algunas cartas, una o dos, y también hubo varias llamadas telefónicas. Después comentó que Irène y París formaban parte de su novela cortaziana y que cerraba el capítulo.

—¿No volvió a verla?

—No lo creo. No lo sé con seguridad, no era una persona muy dada a ofrecer explicaciones. Se fue a Turmero. Dijo que no soportaba la ciudad, la opulencia de mal gusto en la que el país se había sumido, la vulgaridad que se había instalado en todos los niveles de la sociedad, y montó un taller de reparación de automóviles en las afueras de Turmero, cerca de la hacienda del general Pardo.

—Sorprendente.

—Sí, él era así. No tenía la más mínima idea de lo que es un carburador, pero actuaba como socio capitalista de un mecánico que había sido antiguo compañero de partido. Puso como capital el dinero que le correspondía de la herencia de mi padre, y se limitaba a recibir los beneficios que le daba su socio. Vivía muy modestamente pero tenía lo necesario, y con el tiempo fue viniendo cada vez menos a Caracas. Cuando mi madre se enfermó estuvo aquí, por supuesto, pero después del entierro me comunicó que no pensaba ocuparse para nada de los asuntos familiares y me dejaba en absoluta libertad y uso de todos los bienes. Consideré que si él no estaba dispuesto a ayudarme en la venta de la casa y de la fábrica, y en los aburridísimos detalles de los que yo me tuve que hacer cargo, tampoco era justo que él recibiera la misma proporción de los beneficios. Así que le pagué la parte que me pareció razonable, y él ni siquiera se molestó en darme las gracias. Sé que cobró el dinero por el estado de cuenta bancario, pero de resto ni una palabra. Tampoco me comunicó que se había casado y que tenía una hija. La conocí mucho después.

—¿Llamó un buen día para decir «soy tu sobrina»?

—Más o menos. Llamó su madre, quien me comunicó su muerte; al parecer, tenía tiempo enfermo, cosa que yo ignoraba, y luego hablé con la muchacha. Ella fue la que me dijo que había una caja con papeles.

—La caja de zapatos.

—Vino a traérmela personalmente. Nos caímos en gracia. Es una persona muy inteligente, con cierto sentido del humor. No la veo hace años, ya le dije que se casó con un belga, pero me gustó conocerla. Mi hermano le había hablado muy poco de nosotros y ella tenía curiosidad de que le contara cosas de la familia. Pasó unas semanas en Caracas y estuvimos haciendo un recorrido históriconostálgico de los recuerdos, de los míos y de los suyos, pero la persona que ella describía como su padre no tenía nada que ver con mi hermano. Y viceversa, lo que yo le contaba de la vida de su padre parecía siempre sorprenderla. Sabía, por supuesto, de sus actividades políticas pero la descripción que le había hecho mi hermano no correspondía nada al personaje. Mi hermano era, creo que podría decirse, un revolucionario romántico, una mezcla de combatiente de las Brigadas Internacionales con prócer de la independencia americana. Lo mismo hubiera seguido a Bolívar que a Lister. En cambio, el retrato hablado de su hija pintaba a un político frío, calculador, un técnico de la estrategia. Bueno, supongo que es normal, cada cual tiene su propia visión de las personas. Después de esas semanas en que nos vimos con mucha frecuencia, casi todos los días, ella se marchó. No estoy muy seguro de si vino a traerme la caja de zapatos o a tramitar la beca que quería obtener para estudiar afuera. O mató dos pájaros de un tiro. Eso fue como en 1980, tenía en ese momento unos veintidós o veintitrés años y acababa de terminar la universidad. Estudiaba en Maracay. Su obsesión era vivir fuera de este país, creo que detestaba a la madre, o quizá mi hermano le había hablado tanto de Europa que ella quería irse. Lo cierto es que consiguió la beca y la aceptaron para hacer un postgrado en una universidad de Bélgica. Un par de años después se casó. La he vuelto a ver una sola vez desde entonces; vino a pasar unas vacaciones con el marido, quien dijo no querer volver nunca más a pisar este país. Al pobre hombre le robaron la maleta en el aeropuerto y después pasó unos días en la playa y agarró una insolación que requirió tratamiento médico.

—¿Y a la madre?

—A la madre nunca la conocí. Cuando hablamos por teléfono le di mi dirección pero vino la muchacha sola.

—¿No le daba curiosidad conocerla?

—Ninguna. Por los comentarios de la hija me imaginé enseguida qué tipo de mujer era la madre. Creo que mi hermano necesitaba alguien que le cocinara, le planchara la ropa, y lo acompañara por las noches. Ni la compañera solidaria ni la prostituta, ni mucho menos la hembra «escultural». Ésta debía ser, o es, porque supongo que vive, una mujer de pocos medios y muchas resignaciones, que no esperaba gran cosa de él ni de nada. Me pareció que hablaba de mi hermano con afecto, y que le dolía su muerte.

—Un personaje anodino.

—Para mí, totalmente. No me interesa la gente demasiado, y menos cuando pienso que no tengo nada que decirles ni ellos nada que decirme a mí. Por supuesto, en aquel momento me hice la consideración de que mi hermano debía estar muy solo para haberse embarcado en una convivencia tan insatisfactoria para sus índices de expectativa, pero al fin y al cabo, la consideración era ociosa. Y me molestó sin duda que no se hubiera tomado el trabajo de anunciar que tenía una hija. La absoluta indiferencia con la que él manejó el asunto me resultó insultante. Un insulto postmórtem.

—Sin embargo, sus papeles, los papeles de la caja de zapatos, le interesaron.

—Sí. *La noche sin estrellas* es otra cosa. Me divierte mucho ver cómo él se describe a sí mismo. O se conocía muy mal, o trató de fabricar un personaje distinto. Creo que ésa fue la mayor constante de su vida, querer ser alguien distinto a lo que se esperaba de él. Su matrimonio, el único, por cierto, era lo más opuesto a lo que podría haberse supuesto. Mi madre vivía amenazada por la posibilidad de que se iba a casar con «la comunista». Eso le horrorizaba más que todas las vainas que él había echado y todos los sufrimientos que le había ocasionado. Mamá vivía bajo el terror de «cuando tuviéramos que almorzar con la comunista». Se refería a una mujer con la que tuvo una relación a su regreso de Santo Domingo, una profesora de la universidad que también había estado en las guerrillas, pero la despachó pronto. No sé qué hubiera dicho de conocer a su nuera, mamá conservaba ese espíritu mezquino que con frecuencia embarga a la gente que ha logrado escalar posiciones sociales. Todo lo que la obligara a mirar hacia atrás le causaba asco; el general Pardo incluido.

—La vida de su hermano tiene una cualidad que me fascina, su total falta de lógica.

—No la había pensado en esos términos. Tampoco estoy muy seguro de que la mía sea lógica, y no sé en cuanto a la suya —dejé caer unos puntos suspensivos sobre mi interlocutora, pero ella no los recogió.

—Es apasionante cómo su proyecto se va deshaciendo, cómo al final resulta un hombre sin destino a quien le queda como constancia de su vida una caja de zapatos.

—Espero dejar menos que eso. Una caja de zapatos llena de papeles escritos es ya una prueba de haber existido.

—¿El título se le ocurrió a usted?

—Sí. Lo tomé de una frase que encabeza un fragmento. «Era una noche sin estrellas, la camioneta avanzaba rápidamente...», un capítulo en el que describe con exasperante minuciosidad de detalles el alzamiento militar en el cual participó como adherente, según consta en la sentencia del juicio.

—Lo llamativo de la aventura humana es que la emprendemos sabiendo que en poco tiempo será apenas una caja de zapatos.

—Se supone que es una aventura cuyo fin último es el disfrute, que no tiene otro sentido que formar parte de ella. Su recorrido.

—Habla usted como un burgués. Disfrutar de los bienes de este mundo sin escrúpulos.

—¿Esa frase es suya?

—No es mía, en efecto. Evidentemente, para su hermano el recorrido tenía otras claves. Renuncia a toda actividad política y se encierra en un pueblo para dedicarse a la mecánica y latonería de automóviles.

—Creo que participó en una revista. Esas revistas revolucionarias que no llegan al número cuatro. Es decir, no lo creo, lo sé. Por casualidad, estando en una librería, me puse a hojear una, me llamó la atención la portada, quizás el diseño era bueno, o muy malo. Vi su nombre en el Comité de Redacción, y era también el autor de la página editorial, el seudónimo lo delataba: «General Pardo». No leí la revista, ni siquiera la compré. Tenía el sutil título de *Cambio*. Ignoro si participó en otras actividades, en todo caso serían absolutamente secretas.

—Habla usted con desprecio.

—Quizás. Para esa época me sentía muy molesto con él. Su silencio y, ¿por qué no decirlo?, abandono me parecían absolutamente injustificables. Cuando llegó del exilio, mi madre lo recibió como si nada hubiera pasado, con el mismo amor de siempre por su niño perdido y encontrado en el templo de la Revolución. Yo intenté ayudarlo a reinsertarse en la nueva vida que forzosamente tenía que hacer. Algunos amigos fallaron, es cierto, no querían saber nada de un ex guerrillero, pero no todos. Otros, muchos amigos de infancia, intentaron acercarse a él. Pero él despreciaba todo aquello. Todo era insuficiente para colmar su fracaso. Todos éramos seres aburridos, insignificantes, con los cuales nada tenía que compartir. Él venía de otro mundo y nosotros le resultábamos un fastidio.

—Se comprende.

—No me importa si se comprende. Es igualmente injustificable.

—No le conocía ese lado duro del corazón.

Evité decirle que no conocía ninguno de los lados de mi corazón.

—Al menos tuvo la dignidad de no reaparecer cuando se encontraba agotado y enfermo —continué—. Hubiera sido el colmo.

—¿De qué murió?

—No lo sé. La ex esposa es una mujer ignorante, sus descripciones no guiaban demasiado. Se limitó a repetirme que los médicos «no daban con el mal». Supongo que un cáncer pero no estoy seguro.

—La hija, ¿tampoco lo sabía?

—No se lo pregunté. Me pareció que no quería hablar de eso, sólo quería imaginarse a su padre joven. A un desconocido, en realidad. Después no volvimos a hablar de él. Lo dimos, de mutuo acuerdo, por olvidado.

—En cierta forma su hermano muere cuando regresa del exilio.

—Estoy de acuerdo. Muere el personaje que quería ser y no supo inventarse otro.

—¿No le gustaría que fuéramos al lugar donde vivió? Sería interesante hablar con su socio, el mecánico del taller, o con la ex esposa, los vecinos. En un pueblo la gente se conoce. Un ex guerrillero, un político que venía exiliado de Europa, seguramente llamaba la atención. Es probable que lo recuerden, que tengan anécdotas curiosas.

Mi hermano entendía muy bien la vida rural, lo creo capaz de mimetizarse con el ambiente al punto de que nadie sospecharía en él signos de distinción, de pertenencia a otros mundos. Me lo imagino perfectamente conversando con el dueño de la bodega sobre el precio del sorgo, o de lo que sea que cultivasen en la zona, y estoy seguro de que por las tardes iba al burdel del pueblo a jugar dominó y hablar mal del gobierno, como cualquier otro de los concurrentes.

—¿En los burdeles de pueblo se juega dominó?

—Eso decía él. Nunca me han gustado los burdeles y menos los de pueblo.

—Bien, siga. ¿Qué más supone?

—Supongo que se levantaba muy temprano y su mujer le servía el desayuno mientras él leía el periódico, que compró un caballo y que montaba por las mañanas, que a mediodía pasaba por el taller y se tomaba unas cervezas con su socio, y que después de almorzar se acostaba en el chinchorro a leer hasta que pasara el calor, y luego se encaminaba a la tertulia o le sacaba fiestas a la hija del boticario. Por la noche, me lo imagino viendo las estrellas. Por favor, no me repita la jugada que me hizo con Eurídice. No trate de inventarse falsos informantes acerca de los últimos días de mi hermano. No me interesa.

—Sin embargo, vive a sus expensas.

La miré con desconcierto, y creo que también con rabia. Aunque me esfuerzo por evitar esas reacciones vulgares no lo he conseguido totalmente. Me quedan resabios de cuando las sentía y de vez en cuando alguien me lo hace notar.

—Quiero decir que usted carece de recuerdos y que se apropia de los ajenos. Si no fuera por la misteriosa desaparición de Eurídice y por la novelesca vida de su hermano, ¿quién sería usted? ¿Qué nostalgias tiene que no sean las de otros? Es más, ¿de qué podría hablar? ¿Cree posible nuestra conversación sin ellos? Eurídice y su hermano constituyen los espacios de su narración, y si no tiene nada que narrar, ¿qué sería de usted? —Hizo un silencio y continuó en ese tono confesional y torturado que me irrita tanto de la conversación íntima—. Yo también he inventado mi espacio narrativo, *La segunda muerte de Eurídice*. Soy la traductora de esa mala novela cuya versión al español nadie está esperando. Voy más allá. Esa novela podría no existir, pero yo tampoco sin ella. Todos los días su personaje me invade, me crea dificultades, me obliga a pensar en la forma que puedo darle a las mediocres frases de su autor.

—Había entendido que había desistido.

—Entendió mal. La novela existe y también existió el editor que esperaba su traducción pero yo me negué a terminarla. Es la tarea de mi vida y, al fin y al cabo, no me quiero morir todavía.

—Hace usted muy bien.

Decidí tomar a broma sus palabras, de lo contrario hubiera tenido que levantarme y salir de La Fragata. Sentí el impulso de hacerlo pero súbitamente me invadió una lasitud, una flojera existencial. De irme en aquel momento me hubiera dirigido a mi casa para tomar el ascensor, encender la luz, desvestirme, lavarme los dientes, buscar un libro para ocupar el resto de la noche (mi video tenía una falla), y luego dormirme. Todos esos actos me llenaron de cansancio, los vi en un instante como una secuencia agotadora. Pensé que quedarme allí y escuchar su parloteo era más fácil.

—No somos más que una narración. La narración llena el espacio abierto de nuestras existencias, gracias a ella podemos dar cuenta de nosotros, hacernos presentes, existir. Piense en todas las personas que están sentadas en este bar. ¿Cree que vienen para beber? No, eso lo podrían hacer en sus casas. Beber es una excusa para hablar. Se dicen unos a otros. Me gusta escuchar las conversaciones ajenas, tengo esa pequeña perversión desde niña, y sé que lo más importante de la conversación es el recuento, cada uno se recuenta a sí mismo. Hice esto y aquello, me pasó lo otro, pensé de aquella manera. Al final cada uno está convencido de que existe porque tantas cosas ocurridas deben tener un soporte, un eje. Ese soporte es lo que nos constituye. Todo ese recuento es la prueba de que existimos. De lo contrario, la secuencia de actos, al desvanecerse, se llevaría consigo a su precario protagonista. No crea que Proust escribió un libro tan largo para recuperar el pasado, sólo lo hizo para asegurarse del presente.

—No he leído a ese autor.

—No se preocupe, yo lo leí hace tanto que ni siquiera lo recuerdo.

—No estaba preocupado.

La idea de lo que tendría que hacer, en el caso de despedirme de mi interlocutora, comenzó a parecerme menos desagradable. Recordé que había recibido por correo un catálogo de equipos electrónicos que no había podido revisar, y que al día siguiente debía empezar el balance mensual, lo que usualmente requiere de una jornada más larga y me obliga a quedarme en la oficina hasta la noche. Todas estas razones me impulsaron a despedirme y advertirle que no nos veríamos al día siguiente. También mi interlocutora había comenzado el mismo proceso y se miraba en el espejo de una polvera con la que suele darse un retoque antes de salir. Supongo que un gesto repetido crea un hábito, y un hábito desemboca en una costumbre, y alguien que posee un repertorio de costumbres puede decirse que existe. Pensé en comunicarle esta consideración mientras se ponía su lastimero impermeable pero me contuve. Tengo a veces mezquindades injustificables.

Observé que el dueño del local recogía los manteles. Había sido una aburrida noche de lunes y los clientes eran pocos. Acurrucado en la barra un borracho conversaba con la esposa del dueño y ella le contestaba sin ponerle atención, absorta en sus cálculos.

—¿No cierra usted nunca? —le pregunté mientras pagaba la cuenta.

Me miró sorprendido. —¿Cerrar? —preguntó, como si aquel acto fuese el más insensato de todos los posibles.

—Cerrar un día a la semana, quiero decir.

—Cerrar es para flojos. Aquí se trabaja de lunes a domingo. No se preocupen, si quieren quedarse un rato más, yo termino con esto y le voy a dar una repasada al depósito. Cerrar —volvió a decir para sí mismo, y se alejó para traer el cambio.

Cuando volvió nos miró fijamente.

—Mi hija se casó el año pasado. Ella también me decía que por qué no cerrábamos un día a la semana. ¿Tú sabes qué día se cierra?, le dije. Se cierra el día que tú te cases. Hicimos aquí la fiesta, ella al principio no quería. Al novio le parecía poco elegante porque es un ejecutivo, y él quería hacer la fiesta en un sitio elegante. Si él quiere la fiesta en otro sitio que la pague él, porque yo, la fiesta de mi hija la hago aquí, dije. Mi esposa estuvo de acuerdo. Además, la comida es muy buena. Ustedes, porque siempre vienen ya comidos, pero un día pruébenla para que vean si tengo razón. Y el servicio es de primera. Y además, aquí se canta, se ríe, se llora. Por ejemplo, el día que falleció la esposa del profesor, que cayó viernes, no hubo música. Eso es para darles un ejemplo. Y aquí se hizo la Primera Comunión de la nieta de don Silverio. Y por todo lo alto, saben, por todo lo alto. Empezó a las once de la mañana, ¿a qué hora empezó la Primera Comunión de la nieta de don Silverio? —le gritó a su mujer.

—A las doce —contestó ella.

—A las doce, pues había gente a las tres de la mañana. Me acuerdo como si fuera hoy. Y se trajo un conjunto llanero, y eso fue, ¿te acuerdas de cómo fue la Primera Comunión de la nieta de don Silverio? —le volvió a gritar a la mujer.

Recogí el cambio y nos despedimos.

—Así que ya saben. Un día los quiero a comer, y cualquier celebración, un cumpleaños, una boda, lo que sea, aquí se hace y se pasa bien. Voy a decirle a éste que estamos cerrando porque ya esto es un abuso —y se dirigió a la barra en la que el borracho parecía definitivamente muerto.

—¿Le gustaría celebrar nuestra boda en La Fragata? —le pregunté a mi interlocutora.

Un aire frío sorprendió mi burdo chiste y ella no me contestó. Estaba tratando de seguir los consejos de mi hermano, a las mujeres hay que salirles por donde no se lo esperen.

9

—ESTUVE EN TURMERO —dijo triunfante— y la conocí, a Carmen Leonor, quiero decir. Es cuñada del mecánico, el socio de su hermano; el mecánico ya murió, por cierto, pero eso no es lo interesante. Lo interesante es quién era ella.

—¿Miss Venezuela 1950?

—No siempre la ironía es oportuna. Continúo. Carmen Leonor nació en la hacienda del general Pardo, era hija de un peón. Cuando tenía como trece años el peón se la entregó a su hermano. Parece que eso es usual en el campo. ¿Usted conocía esa costumbre? Me pareció fantástico, una costumbre medieval en pleno siglo XX. Su hermano, como nieto del general Pardo, era un símbolo de poder, era el amo. Él debía tener unos diecisiete o dieciocho años y se encontró con esta niña que le regalaban para su uso personal. Lo curioso, a mi modo de ver, es que a ella no le pareció mal, no lo consideró una ofensa o un abuso por parte de su padre. Lo tomó con naturalidad, incluso, como una suerte mejor que la de llegar a ser la mujer de otro peón. Su hermano tuvo relaciones con ella hasta que se fue de la hacienda. Cuando nació la niña ya él se había marchado a Caracas, creo que no supo del embarazo pero no estoy segura, Carmen Leonor no fue muy precisa en eso. Después pasó a vivir con otro hombre del que tuvo tres hijos más, y luego dos más de otro. Desde entonces ha vivido en Los Totumos, un caserío cercano a Turmero, y allí estaba cuando su hermano volvió.

—Ella lo había amado durante todo ese tiempo.

—Insiste en la ironía, lo comprendo. La verdad es tan absurda que parece ficción. Creo que ella consideraba a su hermano como parte de su destino, como el hombre a quien su padre la entregó.

—Debe haber explicaciones más sencillas. Mi hermano vuelve a Turmero, encuentra a Carmen Leonor, pregunta por ella o alguien le dice a ella que regresó el nieto del general Pardo. Él le dice que se quiere quedar por allá, ella le dice que su cuñado quiere montar un taller mecánico pero no tiene el dinero. Mi hermano decide asociarse. Comienzan a verse, ella le dice que se puede quedar a dormir, le prepara la comida, luego le plancha las camisas y le lava los calzoncillos, una tarde están solos y mi hermano, recordando buenos tiempos y a falta de algo mejor, la acuesta en el chinchorro. A partir de allí se repite la secuencia, y un buen día Carmen Leonor le anuncia que él es el padre de su hija mayor. Mi hermano recuerda sus costumbres burguesas y le ofrece matrimonio.

—No se casaron.

—Me decepciona. Pensé que era un caballero.

—Carmen Leonor no quiso casarse, ni siquiera pidió que reconociera a la hija.

—¿No se cansa de jugar estos juegos de imaginación?

—Todo lo que le digo es absolutamente cierto. Si quiere podemos ir a verla, está avejentada pero tiene buena memoria. Le añadiré otro detalle. Uno de sus hijos es el jefe civil de Turmero.

—¿Cómo se las arregló para encontrarla?

—Pregunté por un taller mecánico a la salida de Turmero y encontré uno. El dueño es un hombre joven, obviamente no podía haber sido el socio de su hermano. A través de él supe que el propietario anterior ya había muerto, y que la viuda y la cuñada vivían en un lugar que llaman Los Totumos. No son más de diez casas. Fui para allá y encontré a Carmen Leonor, le dije que tenía interés en saber qué había sido del taller de su cuñado y que era amiga del hermano del socio. Se mostró suspicaz, quiso saber si su cuñado había dejado alguna deuda y yo era una pariente. La tranquilicé y me ofreció café. Luego fue de mujer a mujer, y en dos horas me contó lo que le dije. Ella sufrió mucho con su enfermedad. Puedo decirle también que sufre mucho por su hija. No ha vuelto a saber de ella. Carmen Leonor supone que se avergüenza de su origen, y con razón. En ese viaje que usted mencionó, cuando vino con el marido belga, la muchacha fue a visitarla sola. No quiso llevarlo a conocer a su madre y sus hermanos. Después no ha recibido ni una carta, aunque, como ella misma dice, «Turmero está muy lejos para que estén llegando cartas». También me preguntó por usted.

—¿Y qué piensa de mí la buena Carmen Leonor?

—No dijo nada pero pienso que ella piensa que usted es un señor de Caracas que no tiene nada que ver con aquello, y que ni siquiera fue a ver a su hermano cuando estaba enfermo. Lo defendí, no tiene que darme las gracias. Le dije que su hermano había roto todos los contactos con su familia y que usted no sabía ni dónde vivía, pero...

—Ella no lo creyó.

—No, no lo creyó. Es una persona descreída, acostumbrada al abuso, a la arbitrariedad, al irrespeto. Guardó silencio y cambió de tema.

—Estoy por aceptar que es cierto lo que me está contando. Su descripción suena muy realista, pero...

—No le importa en lo más mínimo.

—Usted quiere construir un episodio de telenovela con los recuerdos de esa pobre mujer. Para mí ella es solamente una de las múltiples personas que se cruzaron en la existencia de mi hermano. Las personas se cruzan unas con otras constantemente y eso no supone algo digno de ser construido. Soy enemigo de monumentalizar las casualidades.

—¿Le parece que la existencia es un conjunto de casualidades?

—¿Quiere una prueba mejor que nuestra relación? No veo otra explicación al hecho de que aquella noche usted y yo fuéramos los únicos clientes de este bar, y que el dueño nos sentara juntos porque así le pareció.

—Y que nosotros lo aceptáramos.

—En efecto, lo aceptamos, porque nos era absolutamente indiferente. Es una casualidad que nos sentaran juntos, como lo es que yo sea hermano de mi hermano, hijo de mis padres, ex marido o viudo de una tal Eurídice, etc. Una vez asentada la casualidad las personas se acomodan a ella lo mejor que pueden, o en todo caso, tratan de huir de ella.

—¿No le parece que su hermano al volver a Turmero y a Carmen Leonor quería decir algo? Buscaba de nuevo su paraíso perdido, quería encontrar algo de lo irremisiblemente dejado atrás.

—Volvió a Turmero porque allí conocía gente y podía emprender algo de qué vivir, y conocía gente allí porque casualmente allí había transcurrido gran parte de su vida, dado que casualmente era el supuesto nieto del general Pardo, a quien la casualidad había llevado a ser administrador de una hacienda cafetera en Aragua. Y una vez allí le hacía falta una mujer que se ocupara de sus detalles cotidianos, incluidos los sexuales. No se empeñe en llenar de sentido los actos de la existencia. Ése es uno de los mayores errores que pueden cometerse. Disfrute plenamente de un acto absoluto, vacío de sentido. Conocerá la libertad. Déjese llevar por la explicación de la necesidad.

—Sin embargo, ¿qué necesidad tiene usted de reunirse conmigo en La Fragata todas, o casi todas, las noches?

—Ninguna, eso es precisamente lo que quiero. Romper el sentido. Realizar un acto no sólo casual sino absurdo. Perpetuar una casualidad hasta llevarla a un aparente sentido. En cualquier momento podría dejar de reunirme con usted en este bar. Hoy, mañana, pasado mañana. Nada ocurriría para ninguno de los dos porque nuestro encuentro no se sostiene por la necesidad. Me causa un enorme placer crear un aparente sentido, convertir una parte de mi vida en un pedazo de ficción. Por otro lado, la venta de la fábrica de mi padre me dejó una renta, bastante maltrecha por la inflación, es verdad, pero aun así podría prescindir de mi trabajo de contador si reduzco el ya modesto nivel de mis gastos. Sin embargo no lo hago. ¿Por qué? Porque me resulta delicioso haber creado el aparente sentido de empleado cumplidor y eficiente, compañero de otros seres que allí trabajan y con los cuales formo parte de una entidad llamada empresa. Todo ello es aparente. Podría cualquier día hacer desvanecer el sentido de lo que «la empresa» es para mí o yo para «la empresa».

—Quiere hacer de su vida un texto. Escribirlo y borrarlo. Ésa es la verdadera escritura. Ser uno mismo el personaje de ficción. Lograr que la vida sea sólo una ficción modificable.

—Suena demencial pero me gusta. La mayor parte de la gente se pasa la vida creándose sus ficciones. Mi hermano es un buen ejemplo. Solamente que tratan de hacer una ficción determinada: seré un hombre rico, seré un personaje importante, seré una mujer feliz, etc. La ficción, para serlo realmente, tiene que ser absolutamente libre, no puede encadenarse a ningún adjetivo. Allí comienza el sufrimiento, cuando se quiere ser un personaje determinado. Yo, en cambio, no quiero ser nadie. Mi personaje es absolutamente libre. Usted cree ser libre pero no lo es verdaderamente. Traduce una novela para darse sentido a sí misma. Está ávida de sentido y teme que si lo pierde, se perderá a sí misma. Cuando deje esa estúpida traducción será libre. Créame.

—Es tarde. Debo irme.

Cuando mi interlocutora puso fin a nuestra conversación, me pareció percibir en mí una ligera irritación pero rápidamente desapareció. Salimos del local y el dueño nos gritó desde la barra:

—¿Por qué tan pronto?

Tuve la tentación de decirle a mi interlocutora que prolongáramos la noche, pero cuando la busqué ya sus tacones resonaban calle abajo. Eran unos tacones bajos y cuadrados y el ruido que hacían en el asfalto me causaba casi tanta lástima como su impermeable.

Entré en mi apartamento, me di una ducha, me puse el pijama y busqué el video que había alquilado aquella tarde, *El matrimonio de María Braun*. Me había costado mucho trabajo encontrarlo y estaba empeñado en volverla a ver. En eso sonó el teléfono. Me alegré de no haber comenzado a verla porque el sonido del teléfono me indigna cuando estoy en medio de la película. Por otra parte, recibo muy pocas llamadas. Supuse que era ella y era ella.

—Llamaba para decirle que no olvide llevar mañana algún fragmento.

—No se preocupe —me quedé pensando cómo había obtenido mi número porque no recordaba habérselo dado, y se lo pregunté.

—Me lo dieron en La Fragata. Estaba anotado en el comprobante de la tarjeta de crédito.

Me pareció inverosímil pero no me interesaba discutirlo. Procedí a meter el casete y, al hacerlo, comprobé furioso que la falla del video persistía. Me quedé acostado mirando al techo y volví, ahora solo, a la historia de Carmen Leonor. Tenía visos de verosimilitud, al mismo tiempo que me evocaba una deleznable película nacional que había visto años atrás. Un joven campesino emigraba a la ciudad en busca de oportunidades; después de haber conocido el vicio y la maldad que se ocultan tras la riqueza y el progreso, y de verse envuelto en unas rocambolescas aventuras político-policiales, volvía a su pueblo natal en completa ruina física y moral. La mujer que había sido su novia, a quien él había abandonado vilmente, lo recogía y lo cuidaba con fidelidad hasta su desaparición. Por supuesto, un muchacho que vivía con ella delataba al hijo nacido después del abandono. Mi sobrina había hablado poco de su madre y era evidente que no deseaba hacerlo. En la mejor tradición democrática, Carmen Leonor había logrado que la niña fuera a la universidad, y ésta, por sus propios méritos, había obtenido una beca para el extranjero a través de los recursos que entonces se destinaron a ese fin. Es cierto que no fue admitida en ninguna de las universidades que seleccionó y que se acopló a la que le ofrecieron, pero logró convertirse en una profesional bastante competente, según entiendo; se casó con un europeo y su infancia en Los Totumos debe resultarle una pesadilla lejana. En cambio, el recuerdo de su padre la llenaba de orgullo en todos los sentidos posibles: familia burguesa, caraqueño, blanco y político de izquierda. Creo que logró construir muy bien el mito de su padre, muerto prematuramente para ella, y que ese recuerdo fue el único que quiso llevarse a Bélgica. Carmen Leonor y sus hermanos, incluido el jefe civil, resultan un fardo demasiado pesado y opaco en la neblina que supongo envuelve a ese país.

En mi conversación telefónica con Carmen Leonor, a decir verdad, en las dos conversaciones, pues la primera vez llamó a la oficina y le pedí que volviéramos a hablar desde mi casa, llegué a las mismas conclusiones a las que había llegado mi interlocutora sin necesidad de establecer un interrogatorio de mujer-a-mujer. Dimos por sentado que el vínculo de sangre que me unía a su hija era el único motivo de aquella llamada. Me pareció entender que Carmen Leonor me llamaba como aval de su hija, como garantía de que esa niña era de mi hermano, y para ahuyentar cualquier duda que pudiera cruzarme en cuanto a que su aparición obedeciera a un posible reclamo de bienes de herencia. Supuesto absolutamente impensable y que no me produjo la menor inquietud, pero quizás era para ella un motivo de orgullo que necesitaba aclarar. Después de Carmen Leonor, mi sobrina se puso al teléfono y concertamos una cita para el día siguiente. Cuando nos encontramos lo primero que dijo fue que la madre había regresado a Turmero y no la volvimos a mencionar. A partir de ese momento nos entregamos apasionadamente a la reconstrucción de la vida de mi hermano. Le llevé una foto de mis padres, tomada en un momento en que ambos se veían todavía fuertes y saludables, y ella pidió conservarla. También le di una de mi hermano, cuando tenía unos diez años, montando a caballo, que le encantó y le hizo preguntar ávidamente si no conservaba más, pero tuve que decepcionarla pues ya para entonces había quemado todos los álbumes que mi madre había cuidadosamente elaborado a lo largo del tiempo. Estas dos se habían colado en un portafolio que contenía varios documentos importantes y resistieron así al crematorio.

Por supuesto, la curiosidad femenina la obligaba a querer saber acerca de otras relaciones amorosas de su padre. Esperaba de él algo más que la cotidiana y chata relación que había visto entre su madre y él; esperaba, creo, algo como Irène Lenirov, pero me pareció indigno de mi parte ponerme a contar una historia que yo finalmente ignoraba, y encontré un tanto impúdico detallarle a mi joven sobrina los amores de su padre. Opté por decirle lo que, por otra parte, es cierto: que su padre y yo nos veíamos poco no sólo por los azares de su vida política sino por la diferencia de edad. Le dejaba así pasto a su imaginación, no sé qué habrá hecho con ella. A estas alturas la supongo ya con el desgaste propio de una mujer tocando los cuarenta, atareada en su vida de madre y ejecutiva sin servicio doméstico, y más o menos aburrida del belga y el belga de ella. En varias oportunidades me ha invitado a que viaje a verlos y conozca a sus hijos pero, francamente, no puedo pensar en un proyecto más aburrido. Participar de la vida íntima de una familia europea, cuya única razón de ser en mi existencia es que mi hermano tuvo una hija con una peona de La Candelaria, me parece un exceso de absurdo, aun para un cultivador del sinsentido.

En cuanto a ir a Los Totumos a conocer a Carmen Leonor, como había propuesto mi interlocutora, me causa simplemente risa.

10

MIENTRAS EL TÉCNICO revisaba el video, curioseé los estantes y encontré una colección de clásicos en rebaja; aunque prefiero las contemporáneas, la alquilé tentado por el precio. El técnico dijo que el aparato presentaba una falla sin importancia y que podía pasar a recogerlo por la tarde. Efectivamente, lo recogí a la salida de la oficina y parecía funcionar bien pero cuando llegué a mi apartamento, y lo puse en marcha, las imágenes rotas de *El acorazado Potemkin* llenaron la pantalla del televisor.

Probé con otro casete, pensando que a lo mejor la falla no era del aparato sino de la cinta, y que el precio rebajado se debía a que tenía algún desperfecto, pero no era así. Metí varios casetes al azar y siempre aparecían las mismas imágenes rotas. Enfurecido, decidí cambiar de técnico pero para eso tendría que esperar al día siguiente. En aquel momento me vi a mí mismo levantarme y dirigirme a la gaveta de mi escritorio donde guardo los papeles de *La noche sin estrellas.* Me gusta saber de antemano lo que voy a pensar, me irrita que mis recuerdos salten improvisadamente; en verdad lo que detesto es recordar, pero al fin y al cabo era yo quien había adquirido esa película, y si lo había hecho no podía ahora negar el hilo que la unía en mi memoria. Era yo, pues, quien quería recordar.

El primer libro marxista que tuve en mis manos fue El 18 de Brumario, *me lo prestó Julio Medina, o mejor dicho —porque nunca se lo devolví—, me lo regaló junto con un manual de materialismo histórico editado en la Unión Soviética en español. Ese manual lo subrayé muchísimas veces. No sé en verdad por qué escribo esto, quizá porque quiero recordar a Medina. A pesar de la diferencia de edad, él tendría unos cincuenta años y yo algo más de veinte, fue mi gran amigo de toda aquella época de la hacienda. Cuando lo conocí estaba recién llegado de México y yo apenas había salido una vez de Venezuela. Era sobre todo un hombre triste. Un personaje machadiano, pienso ahora. Acudía a los burdeles de Maracay, no con el ánimo de buscar mujeres, sino porque los burdeles eran el equivalente de ese casino donde él, como un maestro provinciano y taciturno, podía hacer tertulia, discutir de política, enseñar sus conocimientos marxistas, y contar con la atención de cuatro o cinco hombres jóvenes que nos sentíamos incendiados por su habilidad discursiva. Las muchachas también lo escuchaban pero realmente no hablaba para ellas, creo que no consideraba a las mujeres como posible audiencia. Venía de México en donde había ejercido el oficio de fotógrafo porque no le había sido posible revalidar su título de médico, y ahora, quiero decir entonces, ya había renunciado por completo a su profesión y vivía de una pequeña hacienda de frutales a las afueras de Maracay. Al parecer, en México había sido fotógrafo de algunas buenas revistas, no lo sé con precisión porque nunca me las enseñó. De la fotografía pasó al cine y participó en varias películas. Su mujer, a quien también conocí y traté mucho, pues a veces Medina me invitaba a su casa, decía que había sido siempre un hombre triste y que la tristeza lo acompañaba desde que estuvo preso en Palenque, por 1928. Le gustaba beber y podía hacerlo solo y en silencio, contemplando el vacío. A veces, en la tertulia, cuando los otros participantes se engranaban en una discusión que no le interesaba, Medina miraba ese vacío, se servía vaso tras vaso, y después de un rato cogía su sombrero y se ausentaba sin decir adiós.*

No era comunista cuando Gómez. Fue en México, en el exilio, cuando trabó amistad con los muralistas de los que hablaba con entusiasmo. También se había relacionado con los exiliados españoles, la mayoría de ellos comunistas. Era en ese ambiente donde había formado su conciencia política, que hasta ese momento, como él decía, era sólo «una rabia sin cauce». Fue él también la primera persona que me habló de El acorazado Potemkin, *con descripciones tan exactas que cuando finalmente la vi, en un cine de París, el*

Racine, me pareció que no era tan buena como la que me había contado Medina. Su pasión, por supuesto, era el cine ruso.

A consecuencia de las explicaciones de Julio Medina intenté leer una edición abreviada de El Capital. *No tenía más de doscientas páginas pero confieso que no lo terminé. Ese libro no me lo prestó él, lo encontré en la librería Pensamiento Vivo en Caracas. Me pareció insoportable e incomprensible. En realidad lo que a mí me interesaba del marxismo no era la ley de la plusvalía, sino escuchar a Medina interpretando la historia de Venezuela, de la cual por cierto tenía enormes conocimientos, de acuerdo con unas categorías que me permitían comprender la injusticia que yo observaba en el trato con los campesinos, en la vida diaria de un futuro administrador de hacienda que era el destino que yo creía tener entonces. Lo divertido de las explicaciones de Medina era que pretendían a la vez mostrar la tesis y la antítesis. Después que nos tenía a todos convencidos de las bondades del comunismo, pasaba acto seguido, y como si los oyentes perteneciéramos al Buró Central, a hacer la crítica de Stalin. Debo rendirle homenaje pues fue la primera persona a quien escuché denunciar los crímenes del stalinismo. Quizá por haber vivido en México, su pensamiento era más bien trotskista, pero yo en ese momento estaba muy lejos de aquellas sutilezas.*

Aquella noche le llevé a mi interlocutora el fragmento acerca de Medina.

—¿Quiénes fueron importantes en la vida de su hermano en Turmero?

—Medina, supongo.

—Pero habría otras personas.

—Mi hermano era muy sociable. Tenía ese trato criollo, del que yo carezco totalmente, que le permitía disponerse una tarde a recordar anécdotas, personajes, reconstruir escenarios, comicidades o desgracias, remontar fechas y, lo más importante, dar curso a la imaginación. Una suerte de literatura oral. Tengo entendido que era personaje principal en las tertulias de los Ruiz González. No los conozco personalmente.

—¿Sabe algo de ellos?

—Sí, mi hermano los mencionaba mucho. Creo que una vez mi madre fue con él a su casa de Turmero, celebraban algo, un matrimonio, un bautizo, no recuerdo. Gente gomera, ganadera, de tradición en los valles de Aragua. El patriarca había sido don Manuel Ruiz, hijo de un caudillo «mochero» y muy admirado por su fama de coleador de toros. Se había casado con doña Francisca González, prima suya, y tuvieron muchos hijos, los amigos de mi hermano, y al parecer también muy buenos coleadores. Se imaginará que para mí el coleo es una fiesta desconocida. Detesto lo rural, y particularmente, la heroicidad rural. Pero, en fin, estábamos hablando de los Ruiz González. Era una familia extensísima, dirigida por doña Francisca, pues ya el patriarca había muerto, y todos en aquella época vivían en Aragua, hermanos, primos, tíos. Cuando mi hermano trabajaba en la hacienda, los veía casi a diario.

—¿Nunca ha sentido la curiosidad de visitarlos?

—Nunca. Aragua es una tierra demasiado caliente para mi gusto.

—Habla como si fuera inglés.

Me reí. —Tiene razón. Por otra parte, de allí son mis orígenes, o al menos una parte de ellos, en el caso de ser nieto del general Pardo. A diferencia de mi hermano, ese pasado heroico, caudillesco, decimonónico, esa leyenda telúrica, me fastidiaba. Quizás, y trato de ser honesto, me avergonzaba. Como también me avergonzaba mi abuelo isleño. Yo quería ser lo que era. Un personaje urbano, anónimo, sin raíces, un pequeñoburgués. Y puedo ir más allá, un ciudadano universal.

—Espero que no se ofenda pero me parece provinciano. Cuando alguien huye del localismo es porque se sabe tremendamente local.

—Muy sutil de su parte.

—Yo veo a esos *yuppies* caraqueños jugando a ser personajes de Wall Street, y me dan risa.

—Estoy lejos de ser un *yuppie* pero coincido con usted. Sin embargo, creo que también hay que tener en cuenta las circunstancias históricas. Mi hermano fue un fin de raza. Un personaje que cabalgó en la transición del país rural al país urbano. Yo no, yo fui decididamente un muchacho urbano, un televidente, un profesional de la democracia, un posible agente del desarrollo que se auguraba a la caída de Pérez Jiménez. En fin, mis mitos fueron otros. No crecí en esa leyenda revolucionaria, en ese culto a las virtudes del caudillo montonero, en esa reciedumbre del carácter que se le atribuía al general Pardo. Esa pertenencia a la tierra, al pasado, ese sentimiento histórico que tenía mi hermano, fue un mundo ajeno a mí.

—Volvamos a los Ruiz González.

—Eran grandes terratenientes, de costumbres austeras, muy respetados en la región, hombres machos y mujeres rectas. La casa era de principios de siglo y fue construida por el caudillo, quien murió bastante joven. Entonces su hijo mayor, que también se llamaba Manuel, se hizo cargo de la hacienda siendo un muchacho. Estaban emparentados con el general Gómez pero no sé exactamente por qué vía.

—Me gustaría visitar esa casa.

—Vaya a Turmero y pregunte por la casa de los Ruiz González, estoy seguro de que la encontrará.

—¿Qué le parece si vamos juntos?

—Me parece innecesario. Usted ha demostrado una gran capacidad para indagar por su cuenta, y esto es de lo más fácil. Mucho más fácil que encontrar a Carmen Leonor.

—No le estoy pidiendo ayuda, se lo propongo como una excursión que podríamos disfrutar.

Decidí quedarme callado porque me pareció más contundente que seguir argumentando excusas y negativas. Ir a la casa de los Ruiz González me resultaba un ejercicio necrofílico, y por otra parte, para aquel fin de semana una de mis ocasionales amigas había alquilado una cabaña en una playa y me había invitado a pasarlo con ella. Es una mujer casada que aprovecha un viaje del marido para introducir una pequeña variación en su vida, y aunque me considero poco divertido y más bien monótono, estoy dispuesto a asumir el papel de galán contingente. Me gustan las mujeres casadas —felizmente casadas, se entiende—, y que después de una escapadita de fin de semana tendrán dificultades para sucesivos encuentros. Mi interlocutora interrumpió el silencio.

—¿Qué me dice? ¿Me quiere acompañar?

Opté por no ser demasiado drástico. —Bueno, déjeme pensarlo.

—Si está ocupado este fin de semana podemos ir en otra oportunidad.

—Casualmente tengo un compromiso. No vendré este fin de semana a La Fragata, dejemos abierta esa visita a Turmero.

—¿Y cómo es ella?

Algo que me irrita es la mirada cómplice de una mujer.

—Es un compromiso de trabajo. Tengo que hacer una auditoría en una sucursal de la empresa.

La mirada cómplice se agravó con mi comentario. Me sentí enfurecido en mi papel de esposo adúltero.

—En ese caso, y ya que no nos encontraremos, aprovecharé para ir yo. Eso no quita que vayamos juntos otro día.

—Por supuesto —le dije. Y la invité con un gesto a retirarnos.

11

VOLVÍ CANSADO del fin de semana. Mi amiga hizo lo que, si fuera más perspicaz, he debido anticipar. Primero me regaló una camisa más moderna, y luego pasó a ponerme al tanto de las vicisitudes de su vida conyugal, y proponerme encuentros más seguidos ya que el marido tiene previstos otros viajes. Pensé, y sin duda es una prueba de que no soy buen conocedor de las mujeres, que estaría muy ávida de sexo, pero para mi sorpresa el marido es cumplidor y lo que ella desea es, sobre todo, ser escuchada. Escuchada en los mínimos detalles de su vida cotidiana, en algunas preocupaciones acerca de sus hijos y, desde luego, en todas las minucias de cómo le gustaría ser tratada por él, además de recuerdos de infancia y otros aburrimientos que me fastidia enumerar. Lástima, porque es una mujer atractiva y bien dispuesta, pero no creo que vuelva a verla; es increíble lo que es necesario hablar y escuchar para que una mujer no se sienta ofendida por tener relaciones sexuales. Acepté su invitación porque las muchachas jóvenes me cansan también, y además, en general las que frecuento son personas de muy baja educación, pero decididamente prefiero un encuentro más rápido y menos exigente.

Estaba seguro de que mi interlocutora había ido a Turmero, mientras yo cerraba los ojos en la playa y escuchaba de lejos a mi amiga. Tuve, por un momento, la tentación de haberla acompañado en su visita a la casa de los Ruiz González. No había ninguna razón para ello, pero tampoco mi fin de semana había resultado convincente. Es eso lo que me ha llevado a evadir las supuestas ocasiones placenteras, lo escasamente convincentes que son.

—Se perdió usted una ocasión que lo hubiera sacado de esa insoportable rutina —me dijo cuando nos encontramos el lunes.

—Habla como una agencia de turismo.

—No sea necio. Estoy segura de que viene arrepentido de su aventura de fin de semana.

Preferí mantenerme en el silencio.

—Quiero contarle mi visita a Turmero. Fue una experiencia de ciencia-ficción. No sé si entiende lo que le quiero decir. A lo mejor no ha visto *Regreso al futuro*.

Le confirmé que estaba en un error.

—La visita a lugares antiguos no es volver al pasado, como comúnmente se cree. Es, por el contrario, la sensación de estar viviendo en dos tiempos simultáneamente, porque basta abrir una puerta para pasar de una dimensión a otra. Así fue mi visita a la casa de los Ruiz González.

Fuimos interrumpidos por el mesonero que traía los vasos y el hielo. Mi interlocutora se sirvió un whisky bien cargado.

—Llegué al pueblo, que es hoy en día una pequeña ciudad, y di unas vueltas a pie por la parte que conserva las edificaciones más viejas. En realidad están mezcladas con las nuevas, no es propiamente un casco antiguo. Todo convive. Me dio sed y entré a una pastelería. Estaba segura de haber encontrado la casa, no había muchas que tuvieran un muro tan largo que ocupara toda la cuadra. Desde afuera la copa de un samán delataba la existencia de un gran patio. Pude ver una puerta cochera pero estaba cerrada con unos tablones y era de suponer que no se abría nunca. Es decir, no tenía dudas de que aquella era la casa que buscaba pero era necesario encontrar alguna manera de hacerme recibir.

—En ese momento ocurrió algo que providencialmente vino a ayudarla.

—Exactamente.

—Es increíble la relación que tiene con el azar.

—El azar hizo que estemos aquí juntos, hablando de los Ruiz González y de Turmero, lugar y gente absolutamente desconocidos para mí hace muy poco tiempo. El azar hizo que yo me introdujera en la misteriosa desaparición de Eurídice.

—Estábamos en la pastelería frente a la casa de los Ruiz González.

—Así es. La pastelería no estaba enfrente sino a varias cuadras pero fue la única que encontré con algunas mesas y aire acondicionado. Me senté para descansar un poco del calor y pensar en alguna excusa para tocar a la puerta de los Ruiz González. En eso entró el loco de Turmero. Pidió que le regalaran un cachito, conversó con el dueño de la pastelería, saludó a una mujer que estaba tomándose un café en la barra, pasó por mi mesa y se me quedó viendo, pero con cierta desconfianza porque me identificó como forastera. Allí fue cuando se me presentó la oportunidad.

—Y no la desperdició.

—No la desperdicié. Lo invité a desayunar y el loco de Turmero se mostró contentísimo. Pidió un café, un jugo de patilla, varios cachitos, y después otro café.

—Me da asco nada más escucharlo. Me imagino que le faltan varios dientes y que hablaba mientras comía.

—Sí, pero lo importante era lo que decía. El loco de Turmero, que por cierto tiene una edad bastante indefinida, es algo así como el cronista de la ciudad. Sabe todo lo ocurrido en los últimos ciento cincuenta años y va pasando de una anécdota a otra, de un nombre a otro, sin detenerse y como si el interlocutor estuviera al tanto de todos los pormenores. No habla para informar, sólo recuerda.

—¿Qué recuerda?

—Cualquier cosa. Cuándo edificaron una casa y cuándo demolieron otra. Quién era la hija de un hacendado que se escapó con un peón. Por qué mataron al general no sé qué una noche que salió a caballo; el adulterio de la mujer del boticario que cobró con sangre su afrenta; dónde tumbaban mangos los niños del pueblo en la hacienda de una viuda muy rica que salía con un palo a perseguirlos; cómo hubo que salir en carrera a buscar un médico en Maracay para salvar la vida de una parturienta y cómo el rayo cayó sobre el médico cuando iba a entrar en la casa; qué día vino el general Gómez a una ternera que le habían preparado unos hacendados para matarlo; cuándo expropiaron las tierras de los Tovar o cómo se comportaban las montoneras del Mocho Hernández que habían acampado en el pueblo. Comprendí, primero, que no aceptaba interrupciones, y segundo, que necesariamente caería en los Ruiz González. El único problema era cómo detenerlo cuando los mencionara porque todos estos recuerdos se desencadenaban en cascada y, además, en círculo. Finalmente dijo «yo sé quién pinta groserías en la pared de la casa de los Ruiz González». Ahí era el momento de jugarme la suerte. «Yo vine a visitarla», le dije. Vaciló un instante y pensé, si sigue recordando perdí, si me pregunta algo, gané. Se quedó mirándome muy sorprendido, y comentó «a la vieja Chona nadie viene a visitarla». Ya tenía por lo menos un nombre a la hora de tocar la puerta. Decidí una política más audaz. «¿Y usted cómo lo sabe?», le pregunté. «Porque yo sé todo lo que pasa en Turmero, y porque la vieja Chona me regala qué comer cuando voy a verla.» «Bueno, como yo también voy a verla, vámonos juntos», le dije, y me levanté. Se levantó conmigo y llegamos a la casa de los Ruiz González.

—Extraordinario.

—¿Verdad que sí? Me sentí muy orgullosa de mis dotes policiales.

—Desde luego. Pero lo que me parece extraordinario es que usted se haya metido en esa situación para nada. ¿Qué le importa a usted la casa de los Ruiz González? Me asombra su capacidad de perder el tiempo, de introducirse en circunstancias que no tiene nada que ver con su vida...

—¿Y qué es lo que tiene que ver con mi vida?

—No sé, no lo sé verdaderamente —dije un poco confuso porque me pareció que la había herido inútilmente—, pero al fin y al cabo, la misteriosa desaparición de Eurídice tiene una coincidencia con la novela que está traduciendo, pero esto, la casa de los Ruiz González en Turmero, es como muy lejano. —Intentaba rectificar. La había visto doblar repetidamente los pliegues de su impermeable—. Estoy de acuerdo en que visitar casas antiguas es interesante...

—No trate de ser piadoso, no es su género. Está pensando que soy una mujer vieja, sola, sin ningún vínculo que me ate, sin ningún proyecto que me sostenga, y le da lástima el trabajo que me tomé para visitar la casa de los Ruiz González, por la única razón de que usted la mencionó cuando hablábamos de su hermano, a quien no conocí, y cuyo único vínculo conmigo es haber sido el hermano mayor de un hombre a quien encontré casualmente en un bar llamado La Fragata.

—Con otras palabras pero eso era lo que estaba pensando.

—Pues, ¿sabe una cosa? Me divertí mucho y ésa es una buena razón. Me gusta caminar por las vías que no están trazadas. Me excita crear vínculos que no me han sido dados, tocar vidas ajenas. Me mata del aburrimiento seguir cultivando las que me pertenecen. Usted, en ese sentido, es para mí una relación privilegiada.

—Gracias. Puedo decirle lo mismo.

—No soporto eso, sabe. No soporto la concepción pequeñoburguesa de las relaciones. Yo creo que usted me entiende. Esa imbecilidad de pensar que los vínculos tienen causas históricas y razones esenciales. «Fulano es mi amigo porque su familia es amiga de la mía.» «Me acuesto con mengana, porque mengana es mi mujer.» «Quiero mucho a zutanito, porque zutanito es mi hijo.» ¡Por favor! Tener un amigo, una mujer o un hijo no viene escrito en las piedras, el encuentro con ellos es tan azaroso como mi amistad con el loco de Turmero. Y si bien no hay ninguna razón para que estemos hablando esta noche en este bar, tampoco la hay para que hayamos nacido en el siglo XX, o en este país, o hayamos cruzado la calle que nos llevó hasta aquí. Yo podría ser una niña que murió en Nagasaki, o alguien que nacerá en el 2030, y usted podría haber sido el mayordomo de un *lord* inglés o un *tuareg*. Haber muerto en la Guerra de las Dos Rosas o ser un leproso de Calcuta.

—Le ruego que me adjudique mejores destinos.

Nos reímos mucho y eso fue bueno. Dejé de sentir lástima por su impermeable y le pedí que continuara con la visita a Turmero.

—Era pleno mediodía y hacía un calor insoportable. Frente a la casa han instalado una tienda de moda joven y hay permanentemente una camioneta con un equipo de sonido a todo volumen. Mi guía tocó el timbre y dio voces pero nadie parecía oírlo. Por fin una mujer abrió la puerta, saludó al loco de Turmero con su nombre —se llama Ramoncito—, y gritó hacia adentro, «aquí está Ramoncito, doña Chona». No dijo nada acerca de mí y supuse que no era necesario justificar mi presencia. Entramos al primer patio, la casa tiene tres, todos bastante grandes. Bellísimos patios, le aseguro. Entonces fue, al traspasar el zaguán, cuando experimenté lo que le dije antes, entrábamos en otra dimensión del tiempo. Se detuvo el ruido del equipo de sonido; el calor, si bien no desapareció, disminuyó, y me senté en los butaques del corredor, bastante incómodos, por cierto. Esperaba que la aparición de Chona fuera espectacular y lo fue. ¿Cómo se la imagina?

—Una mujer muy anciana, que conserva rasgos de su belleza pasada, bastante alta, delgada, de mirada un poco distante.

—Cero. Es un ser diminuto, como una niña vieja. Piense en una enana velazqueña. No sólo es fea sino que es evidente que lo fue siempre. Camina con la ayuda de una andadera. Casi no ve, y ella, a su vez, es casi invisible. No produce ningún ruido. Cuando habla sorprende su voz, no recuerdo su sonido, no podría describirlo. La impresión que me queda es que no hablaba, aunque sé que lo hizo. Se sentó, o más bien quedó enfundada en uno de los sillones frente a nosotros. La mujer que nos abrió la puerta colocó la andadera a un lado y luego trajo, sin que nadie se lo pidiera, tres vasos de agua con limón. Ramoncito comenzó a hablar, en la misma tónica que ya le conté, y tuve la exacta impresión de que Chona estaba muerta. No que se estaba muriendo, sino al revés, que nunca moriría de nuevo. En un cierto punto ella lo interrumpió y le dijo, «Ramoncito, vete a la cocina». Me quedé sola con ella y sentí pánico. Me preguntó si quería conocer la casa, y como le dije que sí, me invitó a hacerlo, advirtiéndome que no podía acompañarme porque le era muy difícil caminar. Me levanté y recorrí los corredores del primer patio, cuyas paredes están repletas de aperos de caballo, frenos, riendas, espuelas, creo que más de sesenta y la mayoría de plata, espadines, fusiles, condecoraciones, un retrato del general Gómez, grillos gomeros. Destaca una inmensa foto, casi tamaño natural, en la que se agrupan unas sesenta o setenta personas de diferentes edades, desde niños a ancianos, y que obviamente son los miembros de la familia; a este corredor abren numerosas salas atestadas de muebles, floreros, lámparas y cuadros de diferentes épocas y mal gusto. Pasé al segundo patio, al que dan las habitaciones, más de quince; todas amuebladas con las camas tendidas, como si en ellas habitara alguien. Intenté pasar al tercer patio, el del samán, cuya copa cubre todo el espacio, pero una reja me lo impidió. Volví al primero y le hice algún comentario halagador sobre la casa al que ella no respondió, y luego le pregunté si podía entrar en el último patio. Pensé que llamaría a la mujer para que abriera la reja pero, en lugar de eso, me dijo «al patio del samán no se puede pasar». No pregunté por qué, y bebí un poco del agua con limón. «Mis sobrinos dicen que en ese patio salen muertos. Vienen todos los jueves a almorzar conmigo, pero no pasan al patio del samán. El único que pasa es Ramoncito para regar, pero eso es los miércoles, los sábados no se pasa». No era cosa de preguntar si los muertos tenían días fijos de aparición ni de tomar en broma sus palabras. «En ese patio se ahorcó un hombre», dijo después, a modo de explicación lógica de por qué salían muertos. Comprendí que el diálogo con ella no seguía las pautas convencionales, y decidí preguntarle directamente por su hermano. Usted nunca ha mencionado su nombre así que lo hice por el apellido. «Él se murió», me dijo en el acto. Le volví a preguntar si lo había visto cuando volvió a Turmero. «No me acuerdo», contestó; y al cabo de un rato repitió, «se dio un tiro». En ese momento regresaron Ramoncito y la mujer. Ramoncito llevaba una bolsa y la mujer retiró los vasos vacíos. Comprendí que la audiencia había terminado y me levanté. Volví a mis comentarios halagadores sobre la casa y le agradecí la hospitalidad, pero hablar con los muertos es definitivamente diferente a hablar con los vivos. «Usted no trajo cámara para sacarle retratos. Esta casa es muy antigua, aquí viene gente a sacarle retratos. Ya casi no quedan casas como ésta en Turmero.» La mujer le acercó la andadera y la ayudó a levantarse. Caminó hasta la puerta que abre al zaguán y me dijo «usted vino a verlo a él, pero él se murió». Salimos, y seguía haciendo mucho calor. En el equipo de sonido de la tienda de moda joven se escuchaba a Whitney Houston.

—Carmen Leonor no dijo nada de que se hubiera suicidado —sabía que me estaba temblando la voz y que no podía evitar el carraspeo nervioso.

—No sabemos si es cierto. Chona no es un testigo confiable; entre los muertos que salen, el que se ahorcó en el patio del samán, y la cantidad de gente que se ha debido morir alrededor suyo, no es extraño que esté confundida.

—Sin embargo, no es una hipótesis absurda. Alguna vez lo pensé.

—Quedará como hipótesis. Creo que Carmen Leonor no dirá nada más sobre eso, y en cuanto a la vieja niña muerta, sería inútil volver a interrogarla.

—Es posible que en los fragmentos de *La noche sin estrellas* haya alguna clave. El incidente del ahorcado lo recuerdo.

—Es posible —me contestó sin mucha confianza.

—Los traeré mañana —dije.

Evité su mirada en la que vi un relámpago de afecto.

12

EN LA CASA de los Ruiz González se ahorcó un hombre. Un mudo, que había sido criado desde niño por doña Francisca, y que poseía una asombrosa capacidad de hacerse entender por señas con todo el pueblo para cumplir los mandados de su patrona. Era como de la familia, y cuando nos sentábamos en los butaques de cuero de los corredores a conversar y echarnos palos, él se sentaba también con nosotros, Manuel, Francisco, Andrés, Emilio, y se reía a carcajadas como si participara de la conversación; lances de cacería que contaba Francisco, anécdotas de las coleaderas de toros, cuentos de borrachos y burdeles, o crónicas de la ganadería en las que llevaba la voz cantante Manuel. Creo que nadie le hubiera atribuido al mudo la capacidad de suicidarse, de ejecutar un acto que requiere de cierta conciencia de la inutilidad, o por lo menos, de un ejercicio cotidiano del fracaso. El mudo no era alguien que se hubiera propuesto una aspiración incumplida, que tuviera bienes que pudieran ser perdidos, o que hubiese transitado por la desesperación. Su destino fue, detalle más o menos, el de un manumiso, apreciado y dominado, y doña Francisca era para con él una dueña benevolente. Tendría aproximadamente la misma edad de Chona, la segunda de sus hijas, y no recuerdo que se hablara del origen del mudo porque se daba por sentada su existencia.

Pues bien, un día apareció ahorcado en una de las ramas del samán del tercer patio. Nada extraño había sucedido en esos días, nadie podía recordar alguna situación que se relacionara con su muerte. Llegué esa tarde a la casa de los Ruiz González como de costumbre, a eso de las cinco, y me llamó la atención que tardaran en abrir la puerta. Al rato salió Chona y me dijo más o menos esto, «hoy no hay palos porque estamos de velorio»; cosa absurda, porque siempre en los velorios hay palos, pero supongo que aprovechaba la única ocasión que se le presentaba de regañarme o prohibirme algo. Estoy seguro de que me odiaba pero saber por qué es imposible. Es una mujer que casi no habla, jamás la he visto sonreír, y cuando pasaba por el corredor o regaba los helechos del patio, mientras conversábamos, su presencia nos incomodaba a todos, sin que nadie, por supuesto, lo dijera nunca. Sus hermanos se dirigían a ella en un tono arisco, más bien despreciativo, y dentro del orden absolutamente masculino de aquella sociedad, en general lo hacían sólo para darle órdenes.

Cuando llegué esa tarde ya habían bajado al mudo del árbol siguiendo las consignas de doña Francisca; lo encontraron como a las diez de la mañana y los hombres de la casa no estaban. Lo habían dispuesto sobre una mesa en el mismo patio, y esperaban la llegada de Manuel que casualmente pasaba ese día en Valencia y no regresaría hasta la noche. Los que estábamos nos sentamos alrededor del cadáver, y así llegó el atardecer y una brisa que nos refrescó, pues en aquel patio, el último, no había corredores que dieran sombra; era más bien una huerta grande a la que abrían la leñera y las habitaciones de los sirvientes. Por fin llegó Manuel, y enterado del caso, mostró su sorpresa como ya habíamos hecho todos, interrogó al resto de los sirvientes, y nadie supo dar una respuesta satisfactoria a la decisión del mudo. Lo enterramos al día siguiente, y por disposición de doña Francisca, lo hicimos allí mismo al lado del samán. En virtud de que se trataba de un suicidio, el cura de Turmero se negó a rezarle y a enterrarlo en el cementerio, hecho que causó horror en la servidumbre, y creo que entre todos nosotros también. Doña Francisca, en su papel de viuda de un caudillo y madre de los caciques del pueblo, consideró aquello una ofensa sin desagravio posible, y prometió no volver a pisar la iglesia, cosa que en verdad no le era difícil cumplir porque no iba nunca. Anunció que desde aquel día todo bautizo, Primera Comunión, matrimonio o entierro sería oficiado por el párroco de Cagua, lo que era muy grave dada la legendaria rivalidad entre las dos poblaciones vecinas, y dejó también muy claro que no sería ella quien contribuyera ni con un centavo a cualquier colecta que al párroco de Turmero se le ocurriese pedir.

Aquella noche, y a pesar de Chona, bebimos alrededor del mudo, y en la tradición de entierro de pueblo, dedicamos mucho tiempo a hablar del muerto, a recordarlo en momentos cómicos, y en cierta forma a celebrarlo. Por la mañana temprano ya los peones habían terminado de abrir el hueco, y sin más, procedimos a taparlo. Por supuesto, desde que se supo la negativa del cura a rezarle, los sirvientes comenzaron a decir que un muerto sin rezar, sale. Doña Francisca tuvo que utilizar todo su don de mando, que era mucho, para obligarlos a seguir durmiendo en sus habitaciones. No soy, ni he sido nunca, supersticioso pero creo que tampoco a mí me hubiese agradado tener que hacerlo. A partir de la muerte del mudo, el patio del samán, como lo llamábamos siempre, perdió su encanto y lo fuimos abandonando. Nunca había sido lugar de tertulia sino más bien el espacio de la confidencia. Allí me llevaban Manuel o Francisco cuando querían comunicarme alguna preocupación, o doña Francisca cuando quería preguntarme algo sin que lo supieran sus hijos, o simplemente paseábamos por él y nos gustaba sentir la inmensa sombra del samán. Creo que después de su muerte no se mencionó mucho más al mudo, si acaso algún día doña Francisca lo recordaba, quedando la causa de su suicidio como un enigma indescifrable.

—¿Eso es todo?

—Hay algunas descripciones de la casa pero más bien son detalles acerca de su estructura, y alguna que otra anécdota sobre doña Francisca, pero nada más sobre el tema.

—Yo coincido con su hermano en la suposición de que Chona lo odiaba. Lo sentí muy claramente cuando mencionó su muerte. ¿Qué razones tendría para ello?

—Ninguna en especial, me parece.

—Quizás eran celos de su presencia familiar, del afecto mutuo que se adivina entre doña Francisca y él, o simplemente el odio de una mujer hacia los hombres, únicos protagonistas de la sociedad en la que ella vivía. ¿No se casó nunca?

—No tengo idea. La que la conoce es usted. Yo ni siquiera recordaba su existencia, creo que no la supe. Mi hermano hablaba mucho de doña Francisca, y por supuesto de todos los varones, de las hermanas hablaba en genérico, las llamaba «las Ruiz González». No recuerdo haber oído mencionar el nombre de Chona.

—Se me ocurre una hipótesis, y es que Chona no tuvo ningún pretendiente pero ha debido forzosamente sentir alguna apetencia sexual. Me imaginé que el mudo se masturbaba mirando a Chona, como en *Tristana*, ¿la vio?

—La vi. ¿Piensa que el mudo se suicidó desesperado por un deseo sexual imposible?

—Lo pensé ligeramente, pero no me convence. En todo caso, todos tenemos el derecho al secreto de nuestra propia muerte. Pero más allá de eso, es curioso que Chona mencionase el suicidio del mudo, que calculo ha debido ocurrir hace unos cuarenta años. No era necesario recordarlo para impedirme entrar en el tercer patio, bastaba con decir que se había perdido la llave o que en ese momento no la encontraba. Creo que quiso deliberadamente mencionarlo para asustarme, para imponerme la presencia de la muerte. Y es extraño también que dijera que su hermano se había suicidado.

—Es una mujer muy vieja y fácilmente podría ocurrir que mezcle los recuerdos y haya equivocado a mi hermano con el mudo.

—Pero distinguió muy bien la causa de la muerte, dijo que su hermano se había pegado un tiro, y que en el patio se había ahorcado alguien.

—Y suponiendo que eso fuera así, ¿quién podría haberle informado a una mujer casi ciega, que no sale de su casa, que no recibe a nadie salvo a los sobrinos de los jueves, lo que hizo mi hermano hace más de quince años?

—El loco de Turmero —dijimos ambos a la vez.

—Él sabe si su hermano volvió a la casa. Estoy segura y lo voy a confirmar.

—¿No quedamos en que todos tenemos el derecho al secreto de nuestra propia muerte?

—Pero esto es muy importante. ¿Para qué volvió?

—Bueno, hay motivos más que suficientes. Se marcha de Turmero en 1958, después del derrocamiento de la dictadura se mete a comunista y se va a las guerrillas, luego a Europa. Cuando regresa a Venezuela, después de varios años de ausencia, quiere ver a sus viejos amigos; los que queden, porque la mayoría se ocupaba ya de otros negocios; la economía agrícola había perdido su antiguo esplendor y los hacendados de la región eran unos terratenientes empobrecidos que, salvo contadas excepciones, habían cambiado de actividad. Las hermanas, ya le dije que no sé sus nombres, probablemente se habían casado y no creo que vivieran en la casa, ni siquiera en el pueblo.

—Eso nos remite a Chona como única superviviente. Fue a ver a Chona.

—O simplemente a ver la casa, a recuperar su propia presencia en los corredores, fue a verse a sí mismo.

—Pero en esa búsqueda del tiempo perdido no le quedó más remedio que encontrarse con el perro guardián de la casa. Cuando él fue, Chona estaba allí y hablaron, y cuando yo se lo pregunté directamente ella lo negó. ¿Por qué negó algo tan banal?

—Quizá lo haya olvidado, o no se lo quiso decir. Al fin y al cabo usted es una persona totalmente extraña y desconocida para ella. ¿Recibe usted en su casa a personas totalmente extrañas y desconocidas y les contesta todas sus preguntas?

—Pero yo no soy Chona. Ella no se rige por patrones convencionales, o en todo caso, sus convenciones son otras. Tampoco tenía por qué decirme que en el último patio se había ahorcado un hombre y que sus sobrinos tienen miedo de los aparecidos. Su discurso sigue otros códigos.

—Veo que tendrá que volver.

—Sí, porque el loco de Turmero sabe cuándo fue su hermano a la casa de los Ruiz González, qué hablaron Chona y él, y a lo mejor sabe también cómo murió. Por otra parte, estoy atando cabos, si murió de una enfermedad, como dijo Carmen Leonor, debió ocurrir en su casa o en un hospital, y eso no es tan difícil de averiguar. ¿Cuántos hospitales había en la zona en ese momento?

—Supongo que pocos, el Hospital General de Maracay y alguna que otra clínica, en Turmero sospecho que no pasaría de una medicatura.

—Si murió en Los Totumos hay maneras más fáciles de averiguarlo. Alguien tiene que recordar si fue trasladado a un hospital, alguien tiene que haber sido testigo. Insisto, el loco de Turmero lo sabe, y si no lo sabe puede llegar a saberlo. Me gustaría que me acompañara.

—Perdone que sea brutal pero estoy decidido a no hacerlo.

—Después querrá saber el resultado de mis investigaciones.

No le contesté ni que sí ni que no. Hice un gesto ambiguo, le llené el vaso que se le había vaciado, y cuando salimos de La Fragata me repetí a mí mismo la pregunta. Sí. Deseaba que mi interlocutora descubriese si la causa de la muerte de mi hermano había sido el suicidio. Nada cambiaba las cosas, nada tenía ya importancia, pero quería saberlo. Cuando nos levantamos el dueño se acercó a la mesa para excusarse de que al día siguiente La Fragata estaría cerrada por fumigación, habían aparecido excrementos de rata en el depósito. Estuvimos de acuerdo en que se trataba de una medida sanitaria inaplazable y nos fuimos.

Era una regla tácita entre mi interlocutora y yo que, de no encontrarnos en La Fragata, no lo haríamos en otra parte. Desde el fin de semana que había pasado con mi amiga en la playa, no había vuelto a frecuentar a nadie que no fuesen ella o mis compañeros de la empresa. Atravieso Caracas con la intuición de que, desperdigados y perdidos, damos vueltas como seres sin destino. Que nada nos une y nada deseamos que nos una. Para mí la ciudad se circunscribe a tres espacios, mi apartamento, mi oficina y La Fragata. Cada uno de ellos tiene un sentido muy delimitado, unas reglas y un guión estricto. En mi estudio veo películas de video y duermo. En la oficina saco cuentas cuyos beneficios son para unos anónimos dueños. En La Fragata hablo con una mujer desconocida acerca de fantasmas más o menos conocidos. Debería añadir un cuarto espacio ocasional: la habitación de un hotel en la que tengo relaciones sexuales. El fin de semana en la playa había sido tan absolutamente ocasional que no puede incluirse en el registro. Como esa noche era noche de exterminio raticida en La Fragata, me tocaba video. Intenté de nuevo *El matrimonio de María Braun* pero me irritaba mucho verla con fallas. El cabezal seguía dando problemas, y de acuerdo con el nuevo técnico, había llegado el momento de renovar mi equipo. Decidí continuar a solas la lectura de *La noche sin estrellas* con un incómodo y absurdo sentimiento de traición hacia mi interlocutora, que combatí prometiéndome que de haber algo importante en el fragmento, se lo llevaría a la noche siguiente, cuando ya todas las ratas hubiesen muerto.

Estaban acostados, cada uno en una cama. Detrás de ellos, a través de las persianas, se escuchaba todavía alguna risotada, murmullos de los transeúntes que apretaban el paso para guarecerse de la insolidaridad de la noche, un frenazo, una corneta. Hablaban en voz baja.

—Vuelve a repasar todo —dijo uno.

—Cinco y treinta, suena el despertador. Tomamos café y hacemos algunas flexiones. Nos ponemos los uniformes. Seis y treinta. Nos colocamos frente a la ventana. Subimos las persianas. Tú la agarras. Yo sostengo la ventana. Seis cuarenta y cinco. Se escuchará la sirena de la escolta presidencial. Seis cincuenta. La levantas. Siete. El automóvil se para frente al Congreso. Los edecanes se bajan para abrirle la puerta. La tiras. Siete y dos. Bajamos las escaleras sin correr, salimos a la calle. Paramos un taxi —dijo el otro.

—Revísala.

El segundo hombre se levantó de la cama y se acercó a una mesa sobre la cual estaba el artefacto. Una caja metálica de pequeñas dimensiones. La miró, recorrió sus bordes, se acercó a ella pegándosela a la oreja. Todo parecía estar en orden y regresó a la cama.

—Okey.

—Vuelve a leer el periódico.

—«Para mañana se espera la visita del Sr. Presidente de la República al Congreso Nacional para responder ante la Comisión que lo interpelará sobre el destino del buque Sierra Nevada. *Inicialmente la hora para la interpelación había sido fijada a las 12 m, sin embargo, el Presidente la modificó para las 7 am. "El que amanece recoge agua clara", contestó al periodista que le interrogó sobre este inesperado cambio de hora.»*

—¿No será una maniobra? ¿Que no quieren que se sepa a qué hora tiene lugar la interpelación?

—Puede ser.

—De todos modos, la acción va.

—La acción va.

Hicieron silencio.

—¿Está preparada la cafetera? El café es muy importante para estar bien despiertos.

El otro se levantó y comprobó que la cafetera estaba dispuesta.

—El despertador.

Examinó el reloj despertador que estaba sobre una mesa de noche, en medio de las dos camas.

—Cinco y media en punto.

—Perfecto.

Volvieron a quedar en silencio. Al rato uno dijo:

—No puedo dormir.

—Yo tampoco —contestó el otro.

—Me estaba acordando de la casita que teníamos por Oripoto. ¿Te acuerdas?, donde fabricabas la dinamita...

—Cómo no me voy a acordar.

—¿A quién has vuelto a ver de esa gente?

—Pss, a casi nadie. Al cojo Molina, a veces. Y al Perro, un día me lo encontré en Puerto La Cruz. Tiene un bar.

—Yo me encontré a Muñoz. ¿Te acuerdas de Muñoz?

—No muy bien.

—Sí, chico. Que la mamá tenía una casa en Los Rosales.

—De Muñoz no me acuerdo mucho, me suena. Me acuerdo de esta muchacha, ¿cómo es que se llamaba?, Aleida. ¿No era Aleida que se llamaba?

—Claro, Aleida, la que se ocupaba del multígrafo. ¿Tú te acostaste con ella?

—¿Con Aleida? No creo, bueno, no recuerdo exacto, pero no creo.

—Te acordarías, era estupenda.

—Pues no me acuerdo.

Se quedaron callados.

—Yo, a veces, me acuerdo de todo. Con una gran lucidez, como si me estuvieran pasando la película. Y otras no. Todo se me confunde. Parece eso, una película, pero una película que no me acordara bien y no pudiera contarla.

—Es que pasaron muchas cosas. Cuando pasan muchas cosas es difícil recordarlas.

—A veces me parece que pasaron muchas cosas. Otras, es al contrario. Me parece que no pasó casi nada.

—Quiero decir que son muchos detalles, mucha gente, muchas acciones.

—Sí, te había entendido.

Hicieron una pausa.

—A ese amigo tuyo, el que se alzó contra Gallegos, ¿lo ves con frecuencia?

—No, no mucho. Un par de veces.

—¿Y qué cuenta?, ¿en qué anda?

—Él dice que en muchas cosas, pero yo creo que en nada.

—¿En su hacienda y esas vainas?

—Sí.

—Araujo. Se llamaba Araujo, ¿no?

Hubo un silencio.

—Yo tuve un tiempo un negocio de fotocopiadoras. Un amigo tenía una librería por Sabana Grande y la quería cerrar, entonces le propuse lo del fotocopiado y lo estuve llevando un tiempo.

—¿Y qué tal?

—Bien, bien. Funcionó bien. Pero lo dejé. Me aburría mucho, entiendes. Para la cédula. Estas tesis. Un documento urgente. No chico, qué fastidio. Daba bien, sí daba, pero estaba demasiado frustrado. Después de tantas vainas, estar sacando fotocopias...

—¿Sabes a quién he visto mucho? A Arévalo. A Arévalo sí me lo encuentro a cada rato.

—Bueno, vamos a tratar de dormir. Hay que estar descansados.

—Chequea si están los uniformes completos.

El hombre se levantó y comprobó que sobre una silla había dos pantalones azules y dos camisas amarillas que decían «Mudanzas Los Rápidos».

—Todo bien.

En ese momento se escuchó una sirena. Uno de los dos se asomó a la ventana y subió una de las persianas.

—Nada, ya pasaron. Recogiendo putas.

—Bueno, vamos a dormir.

Uno se levantó y buscó algo en un mueble que estaba en la esquina de la habitación.

—¿Qué haces? —preguntó el otro.

—Estaba viendo si quedaba algo para tomarme un palo.

—No se toma nada antes de una acción.

El hombre que se había levantado volvió a la cama.

—Tienes razón. Era para que me viniera el sueño.

—Fúmate un cigarro.

—No, si ya no fumo. No aguantaba la tos.

—Bueno, entonces quédate quieto, no me dejas dormir.

Los dos se quedaron en silencio.

—¿Te dormiste? —dijo uno al rato.

—Siempre me acuesto temprano y hoy no logro dormirme. La tensión, claro.

—La tensión.

—¿Sabes de qué me acordé? Un día que estaba en la casita de Oripoto y me dieron el pitazo de que los digepoles iban para allá. Corriendo, a guardar todo, y salí como pude. Pero era falsa alarma.

—Menos mal.

—Sí, menos mal. Si no, no estaría aquí.

Hizo una pausa y continuó:

—¿Tú crees que esta vaina salga bien?

—No se puede saber.

—Me refiero a que logremos el propósito.

—Ya te entendí. Puede que sí, puede que no.

—Yo creo que está bien hecha. Claro, es un explosivo de poco alcance, pero estamos muy cerca. Debería funcionar.

—Siempre fuiste bueno en tu cosa.

—Pero hace tanto tiempo. La técnica no se olvida, eso no, pero, en fin, es bastante artesanal la vaina.

—Tú siempre fuiste más bien artesanal.

Los dos se rieron.

—Este apartamento, ¿de quién es?

—No son cosas que se preguntan.

—Quiero decir si es de algún compañero.

—Es de alguien que me lo prestó.

—Parece que fuera de una mujer, digo, por el tipo de cosas que hay.

El otro no contestó.

—Está bien situado, eso sí.

Se rieron de nuevo.

—¿Sabes?, me alegro de que me hayas llamado para esto. Quería decírtelo hoy porque mañana no se sabe.

—Me alegro de que hayas aceptado.

—¿Cómo no iba a aceptar? Me has quitado veinte años de encima; veinte no, como treinta o cuarenta.

Volvieron a reírse.

—¿Te imaginas la televisión mañana? No se les va a ocurrir para nada pensar en nosotros.

—Bueno, vamos a dormir.

—Es que estoy demasiado emocionado para dormir. Ya dormiremos mañana. Esto puede ser importante. Puede cambiar el destino de todo.

El otro no contestó.

—¿Me estás oyendo? Te digo que esto puede cambiar el destino de todo.

El otro siguió sin contestar.

—Si no quieres no me contestes. Pero te digo una vaina. Esto puede ser importante.

El otro se había volteado en la cama y no dijo una palabra.

Se quedaron en un largo silencio. Al cabo de un rato, uno brincó en la cama.

—Despiértate, epa, despiértate, escuché algo.

El otro se incorporó. —No oigo nada.

—Creo que está amaneciendo.

Se levantó y abrió un poco las persianas para mirar hacia la calle.

—No, todavía no. Son las cuatro. Falta hora y media para que suene el despertador.

Por la ventana entró mucha luz y mucho calor. Se escuchaba un corneteo insistente y bastante bulla. Uno dio un brinco.

—¡Coño! ¡Nos quedamos dormidos!

Eran las nueve y veinte. El despertador no había sonado a las cinco y media.

Encendieron la televisión. Una periodista decía: «Desde el Congreso Nacional, informó Yasmira Rodríguez».

13

Mi interlocutora se había enfrascado en una conversación con el dueño y yo paseaba la mirada distraídamente. El dueño es en general un hombre silencioso, se limita a rondar por las mesas con los lentes colocados en visera, y cada tanto se acerca a la caja y cuchichea algo a su mujer, que es la encargada de vigilar las botellas; él, si es necesario, suple a los mesoneros para asegurar que todo el mundo esté bien servido. De vez en cuando me pica el ojo y yo le contesto de la misma manera porque me doy cuenta de que esa complicidad explica para él muchas cosas, que si le explicara verdaderamente, no comprendería. Me evadí de la conversación que en aquel momento sostenía con mi interlocutora y pasé revista a los otros clientes. En eso un hombre se quedó mirándome, yo le devolví la mirada y estuvimos un rato tanteándonos, intentando identificarnos. Finalmente el hombre se levantó y yo hice lo mismo, me acerqué a su mesa y nos abrazamos. Volví a mi sitio.

—¿Quién es?

—Alberto Araujo. Alguien a quien no veía desde hacía siglos y que no pensaba que volvería a ver.

—¿Le agrada haberlo encontrado?

—Sí y no. Creo que me da lo mismo. Forma parte de esa gente que todavía me conoce y que yo evado sistemáticamente. No me imaginé que pudiera encontrármelo en La Fragata.

—¿Por qué lo evade?

—No lo evado a él especialmente. Evado a todos aquellos que tienen memoria de mí, y yo de ellos. Me gusta la gente instantánea, como el café de los aviones. Gente que se disuelve en el momento, se consume, y alguien retira poco después, sin restos.

—¿Y cuáles son los restos de Alberto Araujo?

—Lo veo francamente desgastado. No lo reconocí a la primera.

—Parece mayor que usted.

—Lo es. Su familia era muy amiga de la mía, pero era compañero de mi hermano. Tengo memoria de Alberto Araujo desde mi más tierna infancia.

—No me ha hablado mucho de esos años.

—Le aseguro que fui un amable niño de pelo rizado, aunque hoy en día sea dudoso. Alberto Araujo me enseñó a montar en bicicleta, así que ya ve los recuerdos que nos unen.

—Sin embargo me pareció que había cierta incomodidad en el encuentro. Se saludaron a la antigua, palmeándose la espalda con gran entusiasmo, pero no hubo ni siquiera el gesto de invitarse a las respectivas mesas.

—No nos hace falta. Los dos sabemos que no tenemos ganas de vernos.

—Cuénteme la historia de Alberto Araujo.

—No lo veo desde el entierro de mi madre, así que le he perdido la pista. Se fue a vivir a Trujillo, donde su familia tiene una hacienda. No sabía que estaba en Caracas.

—Sabe muy bien que ésa no es la parte interesante de la historia de Alberto Araujo. Sírvase un trago, hoy está seco, y cuénteme.

—Usted me confunde con Scherezade. Scherezade es una mujer.

—Los tiempos cambian.

—Le confesaré algo, hice un gran esfuerzo para saludarlo.

—Lo supe desde el primer momento. Observé su expresión cuando se levantó.

—¿Está segura de que no era un tic nervioso?

—No era ningún tic, era la expresión forzada de alguien que está preso en una situación desagradable y debe fingir que es agradable.

—Merece que le cuente la historia de Alberto Araujo. Y en realidad el desagrado que me causa es absurdo. No hay nada malo en él, ocurre que mi padre decretó un día que Alberto Araujo pasaba a ser un personaje odiado, y mi madre y yo obedecimos. ¿La causa?, sencillamente, se le atribuyó la culpa de que mi hermano hubiera entrado en la política, y más concretamente que se hubiera hecho comunista. Durante un tiempo su nombre fue execrado de mi casa. No se podía mencionar porque mi madre o mi padre, o ambos, se levantaban sin decir palabra. Alberto pasó a ser un monstruo comeniños, un ser perverso, el abominable hombre de las nieves rusas. Si mi padre lo viera hoy, anciano, mermado, arrastrando la marcha y con los ojos hundidos, se sentiría culpable de tanta condenación, y sobre todo, sorprendido de tanto poder como le atribuía. Durante la adolescencia de mi hermano, Alberto fue una presencia fija en mi casa, era como otro hermano grande. Estudiaban en distintos colegios pero pasaban casi todas las tardes juntos. Mis padres eran los encargados de velar por él. Vivía en La Pastora, muy cerca de nosotros, en una pensión que recibía a estudiantes de provincia que venían a hacer el bachillerato a la capital. Mi madre llamaba todos los días para saber si Alberto había desayunado antes de salir al liceo. La dueña de la pensión, también andina, lo trataba como a un hijo, y se comunicaba con mamá para cualquier problema que Alberto presentara, desde un catarro hasta una noche de trasnocho. Alberto decía que tener una madre era muy bueno, pero él tenía tres y era espantoso. Bien, le cuento estos antecedentes para que entienda la relación de Alberto Araujo con nosotros.

—Supongo que fue el héroe de su infancia.

—Supone bien. Al verlo ahora no puede imaginar que era un tipo atlético, siempre muy delgado pero sumamente fuerte, desde luego de una agilidad extraordinaria, posiblemente porque había vivido su infancia en el campo. Mi hermano y él cometieron toda clase de fechorías pero siempre salían ilesos. Las fechorías no siempre eran idea de Alberto, ambos se estimulaban y tenían gran capacidad de invención. La más famosa fue una vez en que se subieron al techo de una casa, de esas viejas casas de Caracas con techo de tejas, para espiar por la ventana a una muchacha de la que alguno, o los dos, estaban enamorados. Pero el techo se vino abajo y ellos aterrizaron en el patio de la casa. La familia llamó a la policía y tuvieron que huir por los tejados, brincando de un solar a otro. El padre de la espiada se presentó al día siguiente. Todo el mundo se conocía en esa época, de modo que mi hermano fue rápidamente identificado. El señor vino a decir que si por alguna mala casualidad su hija estaba preñada, uno de los dos, mi hermano o Alberto, se casaba con ella. Mi padre le aseguró que la joven sólo había sido el inocente acto de ponerse las medias, y que de allí no se seguía ninguna consecuencia digna de lamentarse. Esto, por supuesto, me lo contó mi madre, yo para la fecha estaba en una cuna sin saber nada de las actividades voyeuristas de mi hermano.

—¿De qué año estamos hablando?

—Estoy en el año 1943, aproximadamente. Poco después Alberto y mi hermano terminan el bachillerato, no recuerdo si cursaban el mismo año. Mi hermano entra a la universidad a estudiar Derecho, como era el designio de mi padre, aunque pronto abandonó la carrera para irse de administrador a la hacienda del general Pardo, y Alberto entra en la Escuela de Oficiales, siguiendo la tradición familiar. Su abuelo había sido el general Elpidio Araujo, un caudillo liberal que había vivido permanentemente en guerra, alzándose contra cuanto gobierno hubiese. Nuestra relación con ellos venía por la madre de Alberto, que era caraqueña y amiga de infancia de la mía. Bien, Alberto, creo que desde que fue capaz de empuñar un rifle de juguete, se preparó mentalmente para tomar el poder. Ser el hombre que manda, el que gobierna. Sus ideas fueron evolucionando hacia la izquierda, pero mucho después. Yo creo que inicialmente él se sentía sucesor de su abuelo, pero de acuerdo a la modernización del país, no le parecía posible tomar el poder alzándose en su hacienda con sus peones, sino a través de la profesionalización militar. Mi hermano también quería entrar a la Escuela de Oficiales junto con Alberto pero mi padre se negó, en ese momento era necesario el consentimiento paterno para el ingreso. Papá no quiso de ninguna manera concedérselo. Probablemente privó en él el espíritu renovador que comenzaba a respirarse. Se aspiraba a que Medina Angarita fuese el último general de la historia, había un rechazo al gomecismo, al poder autocrático que representaban los militares, un deseo de modernización. Los militares representaban la Venezuela de la barbarie. Estoy interpretando a mi padre, nunca hablamos sobre esto. Quizá, simplemente, fue un problema de prestigio. Mi padre no fue a la universidad, su padre había sido un carpintero prácticamente analfabeto, un hijo abogado era el *desideratum* de una familia de clase media. De una clase media que aspiraba surgir, como es lógico. Así que mi hermano tuvo que aceptar que su actuación política sería desde un ángulo civilista. Ambos constituirían una dupla que llevaría al país por buen camino, después de haber conseguido dominarlo, lo que les parecía lo más fácil de todo; Alberto, desde la cúspide militar, y mi hermano, desde una tribuna de orador incendiario, serían los gestores de una nueva patria y sus restos acogidos en el Panteón.

—Eran héroes decimonónicos.

—Completamente, pero los justifico. El país era bastante decimonónico.

—¿Y no hay nada en *La noche sin estrellas* sobre estos episodios?

—Sus proyectos de tomar el poder fueron interrumpidos. Mi hermano, ya le dije, se fue a Turmero porque estudiar leyes le aburría, y Alberto decide conspirar contra Acción Democrática pero fracasa, y va preso; sobre eso hay algunos fragmentos pero no los traje hoy. No podía suponer que me lo iba a encontrar en persona.

Había decidido no decir nada de «Los subversivos». Me había parecido un infructuoso intento de ficción que desentonaba del resto.

—Pero nos hemos adelantado —continué—. Alberto entró de cadete y mantuvo su amistad con mi hermano, aunque, naturalmente, por el rigor de la disciplina militar, se veían menos. Durante sus años de estudio se destacó mucho y fue cobrando un liderazgo sobre sus compañeros. Pesaba sobre él la aureola legendaria del general Araujo, de sus tíos, de su raigambre guerrera. La mayor parte de sus condiscípulos, o al menos un grupo importante, eran andinos y supongo que veían en él al hombre de mando de su generación. Bien, Alberto fue logrando lo que se había propuesto desde el primer día, la preparación de una conspiración que lo llevara al poder. ¿Cuáles eran sus ideas políticas? No lo sé, me temo que no pasaban del acto de la toma del poder. En la habitación de mi hermano había muchos libros de política, confieso haberlos curioseado, pero tampoco creo que para ese momento tuviese ideas demasiado claras. Cuando se produce el derrocamiento de Medina Angarita, Alberto se mantiene leal al gobierno, no sé si por convicción o simplemente porque juzga que es demasiado joven y que no ha llegado su momento, reservándose para mejores oportunidades. En efecto, deja transcurrir el tiempo y espera a que surja el descontento para alzarse contra el reciente gobierno de Acción Democrática. El alzamiento es debelado y va preso a Puerto Cabello, y en Puerto Cabello está en 1948 cuando triunfa el golpe contra Rómulo Gallegos. Era de suponer que Pérez Jiménez, al mando del golpe militar, andino, y que de alguna manera representaba la oposición contra los adecos, lo sacaría de los fosos del castillo Libertador y lo traería a Caracas a ocupar alguna posición importante, pero no ocurrió así. Pérez Jiménez le da de baja y lo exilia. Mi hermano decía que Pérez Jiménez astutamente no quería a nadie capaz de alzarse latiéndole en la cueva. El caso es que Alberto se va a Chile; cuando vuelve, a la caída de Pérez Jiménez, es comunista. Aquí es donde cambia la historia de Alberto Araujo en lo que a mi familia se refiere. Por supuesto, al regresar a Caracas, y dentro de la euforia política que vive el país a partir del 23 de enero de 1958, el tema político es obligado. No hay en la ciudad algún lugar en el que no se hable de política, todo el mundo es un graduado en democracia. Pero le estoy contando algo que usted sabe.

—No crea. Ya le dije que mi padre cayó en desgracia. Para nosotros no fue un momento de euforia.

—Lo lamento. Se perdió usted la ocasión de júbilo nacional más importante del siglo, a excepción de la muerte de Gómez, por supuesto. Bien, en ese momento en mi casa, como en cualquier hogar que se respete, se habla de política. Yo, hasta ese momento, no me había dado cuenta de que éramos demócratas, al menos, no había observado ningún signo manifiesto, pero en mi familia, como en muchas, se propuso un cambio de pasado, y parecía que todos habíamos sido demócratas desde Páez para acá. Alberto, por supuesto, es recibido como un héroe de la democracia, ha sufrido un largo exilio bajo el oprobioso régimen, y nadie se pregunta ahora qué pensaba hacer en el caso de que su conspiración hubiese triunfado. Mis padres lo reciben como al hijo pródigo, y creo que lo único que lamentan es no tener una hija para poder emparentar. Se suceden largas sobremesas en las que mi padre, mi hermano, Alberto y yo, pues ya tengo edad de hablar entre hombres, analizamos el pasado y el porvenir, y la sensación que a mí me queda grabada es que voy a ser hombre en un país próspero, justo y libre.

—Eso es maravilloso, ¿no? Quiero decir que así debe sentirse todo joven.

—No crea. Envidio a los jóvenes de hoy. Están despojados de toda promesa. En cambio, yo estaba atiborrado, como un saco de papas lleno de bultos por todos lados. Eso era yo el año 1958, un saco de papas podridas.

—En ese momento no estaban podridas.

—Siempre lo están. El futuro de toda papa es, o bien ser comida, o bien la podredumbre. No hay otro.

—¿Y qué ha hecho usted con sus papas?

—Las he botado a la basura, como debe hacerse con lo que está podrido. Las he botado una a una hasta quedar completamente vacío. El único problema es que, generacionalmente, yo no venía programado para el vaciamiento, y me ha quedado un hueco. ¿Qué ha hecho usted con sus papas?

—Ahora que me lo pregunta, no estoy segura. Supongo que mi saco tenía un hueco, eso es, mi saco estaba roto, y con el andar del tiempo se me fueron cayendo las papas sin darme cuenta.

—Me alegro. Bien, en 1958 Alberto Araujo no tiene muchas opciones. No ha estudiado una profesión para la vida civil y volver a Trujillo de hacendado le aburre a morir. Mi padre le ofrece un puesto en su reciente fábrica de muebles. Alberto acepta la proposición como un medio transitorio de quedarse en Caracas mientras se le presenta algo mejor, y aquí viene la traición. No se le ocurre otra cosa que organizar a los obreros de la fábrica y los obreros arman una huelga. No fue tampoco una huelga por todo el cañón, apenas una protesta en demanda de una mejora salarial, un paro, más bien un malhumor laboral, pero mi padre monta en cólera, despide a unos cuantos, y con ayuda del que había sido su hombre de confianza desde los tiempos en que tenía el taller, abre unos interrogatorios para saber por qué a sus obreros se les ha ocurrido esa idea tan peregrina de pedir un aumento de sueldo. Al principio los obreros se refugian en los argumentos políticos, el nuevo régimen democrático, las reivindicaciones laborales, la libertad de manifestación, el derecho a reunión, pero mi padre no se lo cree. No puede creerse que esos hombres acostumbrados a la opresión, a vivir sin derechos, van de la noche a la mañana a alzarse con aquel cuento, y los interrogatorios se continúan bajo la amenaza de despido al que no hable. Por fin alguien revela la historia completa y el nombre del señor Araujo sale a relucir. A mi padre casi le da un infarto. No es un modo de hablar, estuvo varios días en cama. Mi madre le aconsejó a Alberto que desapareciese temporalmente para evitar mayores males, pero la desaparición fue definitiva. A partir de aquel momento la amistad entre Alberto Araujo y mi hermano adquiere características de clandestinidad, y como dos amantes furtivos se ven obligados a encontrarse en lugares secretos, y cuanto más secretos mejor, porque en la Caracas de entonces es fácil que alguien los vea y le venga a mi padre con el cuento. Alberto es exiliado del reino de mi hogar. Mi madre, muy apenada, llama a la suya y le comunica las causas del destierro. La madre de Alberto, más apenada todavía por haber dado a luz a un monstruo, se deshace en excusas, y su padre... su padre, creo que ya había muerto, de lo contrario hubiera recibido el mayor golpe de su vida. Mi hermano finge ante mis padres haberse alejado de su amistad, y también ante mí, probablemente temiendo que por mi carácter, que él siempre consideró muy sumiso, vaya a traicionarlo, y todos pasamos frente a amigos y familiares a tratar el recuerdo de Alberto Araujo como se hace con los muertos. Un silencio, algún breve comentario. Faltó que le lleváramos flores a su tumba escondida. Pero Alberto estaba vivito y coleando y militaba en el Partido Comunista. Mi hermano también, cosa que nosotros, quiero decir mis padres y yo, y una novia inconsecuente que tenía por entonces, ignorábamos por completo. Hoy es usted la que mira el reloj.

—Discúlpeme. Estaba pensando en alguien que usted mencionó hace días, Irène Lenirov.

—¿Tiene algo que ver con Alberto Araujo?

—Nada. Me aburrí un poco de su historia. Alberto Araujo es un personaje muy real.

—Por supuesto que es real, ¿no acaba de verlo?

—Me refiero a su historia.

—¿Cómo está tan segura de la realidad de Alberto Araujo? ¿Qué le garantiza que ese hombre a quien saludé se llama Alberto Araujo? Y en el caso de que ese fuese su nombre, yo podría haberle adjudicado la historia de otro. Quizás ese hombre al que saludé es mi vecino, o un antiguo empleado de mi padre. O mi odontólogo. ¿No le parece que la aparición de Alberto Araujo en este bar tan perdido es demasiada casualidad?

—No me interrumpa con necedades, leí en alguna parte que las novelas son lugares donde todo el mundo se conoce. Y, además, el Alberto Araujo que usted conoció era un futuro personaje de *País Portátil.*

Cuando nos despedimos en la puerta de La Fragata esperé el desalentado taconeo al que estaba acostumbrado, pero ese día no lo hubo. Se había puesto zapatos de goma. Llegué rápidamente a mi apartamento, pensando que el relato de Alberto Araujo se había cortado por la mitad. De todas maneras, contar la vida de Alberto Araujo no me interesaba. Lo hice por la casualidad del encuentro, me dio lástima verlo tan acabado.

14

—ME SIENTO UN poco culpable. Ayer estaba contándome la historia de Alberto Araujo y yo lo interrumpí.

—Quizás Alberto Araujo no haya sido tan importante en la vida de mi hermano. Sinceramente, responsabilizo más al general Pardo. Muchas veces he pensado que Marx y compañía fueron el barniz ideológico de toda su actuación política.

—Suena un poco simplista. Yo creo que usted no ha comprendido lo que su hermano admiró en el general Pardo.

—¿A saber...?

—La capacidad de un hombre para insurgir contra el destino.

¡Caramba! Quedo anonadado en su profundidad.

—Su hermano cumplió el mito del héroe, del individuo que se opone a la realidad, que decide cambiarla, que cree, en última instancia, en la posibilidad del protagonismo individual...

—En el voluntarismo latinoamericano, quiere decir.

—Ríase pero nosotros somos así. Cuando llegaron esa pila de campesinos hambrientos a lo que hoy son los Estados Unidos, ¿cree usted que buscaban la gloria, el protagonismo, la historia? ¡Por favor! Lo único que querían era cultivar alfalfa en paz y ser protestantes a sus anchas. ¿Sabe alguien el nombre de los que desembarcaron del *Mayflower*? Nadie. En cambio, aquí no llegó quien no se denominara con tres apellidos por lo menos, para que quedara muy claro en el *Libro de Nacimientos*; quien no pretendiera ser Regidor, Maestre de la Santa Hermandad, alcalde del Cabildo, o en su defecto, alguacil. Mientras los otros se fajaban a cortar troncos, los españoles se dedicaron a escribir montañas de papel explicándolo todo: en qué orden debían sentarse las autoridades en la Catedral, cuántos céntimos de real se habían gastado en el arreglo de una iglesia incendiada, cuántas cruces había que sacar en la procesión de la Virgen, de qué color se podían vestir las esclavas, y cuántos muertos habían quedado de un terremoto. Aquí hubo un furor por consignar, hasta los esclavos escribían diciendo que se querían casar y no los dejaban, hasta las mujeres escribían para quejarse de que otra encomendera les había sonsacado un sirviente o de que el marido les había quitado una hacienda. Aquí hubo una vocación histórica, comprende, aquí nos gusta que la gloria, la desgracia y el vituperio queden registrados. En cambio, a ellos les importó un pepino la historia. Nosotros nos pasamos la vida en las leyendas, las doradas o las negras, debatiendo la metafísica de violar indias o de traer esclavos, preguntándonos si se dejó una cultura o se impuso un idioma, si la democracia debe ser populista o neoliberal. Allá no, allá no les importa nada de eso. Desde el principio se quedaron tranquilos hablando inglés, tumbando árboles, matando indios, jodiendo negros o cogiéndose la tierra del vecino. A la vista están los resultados.

—No entiendo qué tiene esto que ver con el general Pardo, y menos con mi hermano. Lo único que saco en claro es que usted contrapone el pragmatismo anglosajón con la retórica hispánica.

—Es toda la diferencia entre alguien que llega y dice «¡cuánta tierra!, que se quiten los que estaban porque aquí voy a vivir muy bien con mi mujer y mis hijos», y alguien que dice «¡se acabó lo que se daba!, aquí fundo yo una estirpe». La diferencia entre un negro que dice «a mí que me paguen un salario por recogerle el algodón a Mr. Thompson» y otro que agarra un machete y dice «¡blancos del carajo!, salgan corriendo porque los voy a pasar a todos por el filo». ¿Le parece poco?

—Me parece un lugar común.

—Su hermano se consideraba un fundador, alguien que se alza y proclama, «de ahora en adelante las cosas van a ser así, de hoy para siempre yo inauguro la historia».

—Eso me suena. Creo que pudo pensarlo de esa manera, «de hoy en adelante aquí se declara la justicia social, el internacionalismo proletario, y la futura disolución del Estado». Hay quien toma el

Palacio de Invierno y quien toma el castillo Libertador de Puerto Cabello.

—Y no crea que las cosas han cambiado tanto. Este señor, el economista japonés, no recuerdo su nombre en este momento, decretó que la historia ha terminado. Pero para nosotros no, nosotros nadamos en ella, estamos inundados de ella, vivimos por ella. Somos como el aristócrata arruinado al que sólo le queda enseñar dónde alguna vez estuvieron sus posesiones. O mejor, como aquella marca de pantalones que se llamaba *Faded glory*.

—Sin embargo, a primera vista lo que parece es que aquí, por lo menos en este país, hay un vacío de tradiciones, una ausencia de la memoria.

—No lo crea, lo que hay es una memoria desacreditada. Una memoria del fracaso que quiere negarse. Tenemos una historia vaciada. En cambio, los europeos tienen su historia llena de castillos, de catedrales, de cisnes y canales, de restaurantes que fueron una abadía medieval, de fuentes, de puentes, de duendes. Están fascinados con su historia. Les parece un relato completo, armónico y coherente. En cambio a nosotros se nos vacía a cada paso. Se nos sale por los agujeros.

—¿Y los gringos?

—Los gringos, simplemente, fabrican castillos y cisnes nuevos y mejores.

—Fíjese a dónde nos ha llevado el general Pardo —corté porque empezaba a estar cansado de la conversación. Mi interlocutora tiene tendencia a las disertaciones.

—¿No le parece que el general Pardo podría dar pie a una novela?

—No del tipo de novelas que yo leo. En todo caso, mis padres, quizás arrepentidos de haber favorecido en mi hermano esa pasión rural, se negaron absolutamente a que yo conociera la hacienda y no fui jamás. Por favor, no me pregunte si quiero acompañarla a visitarla, ya le he dicho que aborrezco el campo y el calor.

—Seguramente cambió de dueño —comentó para sí misma, como solía hacer con frecuencia.

—Sigue perteneciendo a la misma familia, que en el caso de ser la del general Pardo, y nosotros descendientes de él, vendría siendo la mía.

—¿Ve cómo no puede salvarse de la historia?

Horrorizado de que volviese a sus disquisiciones y de ser enfrentado a la evidencia de que mis raíces se hundían en la noche de los tiempos, yo, que he puesto todo mi empeño en ser un protagonista del instante, decidí un cambio de tema más radical, y aproveché que el dueño estaba cerca de nosotros para hacerle una señal de que anhelábamos su compañía. Vino a la mesa, sonriente, con sus lentes siempre subidos sobre la frente, y se sentó.

—¿Y qué? ¿Qué les parece lo del dólar? ¿Saben a cuánto está hoy?

Dijimos no saberlo pero temerlo y eso permitió que el hombre se enfrascara en detalles financieros, a los que mi interlocutora simulaba atender, y yo pudiera quedarme en silencio. Había en el fragmento de *La noche sin estrellas* dedicado al general Pardo, un comentario de mi hermano que me irritaba y que había preferido pasar por alto; tampoco ella lo había tomado en cuenta cuando se lo leí, o al menos se había abstenido. Era el brevísimo pensamiento que le dedicaba a mi padre, y la rapidez con que desacreditaba lo que había sido el esfuerzo sólido y consistente de su vida. Resultaba en cierto modo insultante decir que admiraba más la capacidad del general Pardo para hacer un nudo de preso, cosa que ignoro totalmente, antes que «la prosperidad de mi padre». Finalmente era esa prosperidad la que le había permitido ir a la universidad; otra cosa es que no quisiera aprovechar el privilegio. Era esa misma prosperidad la que le había permitido sostenerse durante su exilio en Europa, y la misma que hizo que pudiera comprar el taller mecánico de Turmero, del que vivió sin trabajar hasta su muerte. Entonces, me parecía un ridículo gesto aristocratizante aquel amor a las tradiciones rurales de personaje galleguiano, en contraposición a la estupidez burguesa que por lo visto demostró mi padre montando una fábrica de muebles a partir de un modesto taller de carpintería de barrio. Quizá soy duro en mi memoria para con él. Quizás ese comentario expresaba solamente la admiración de un muchacho por un viejo que sabe muchas cosas, distintas a las que podían aprenderse en el colegio de los salesianos de Sarría. El dueño me rescató de aquella inútil indagación. Se había informado de que soy contador y quería hacerme una consulta acerca de los impuestos. Mientras le respondía, mi interlocutora me dejó solo y escrutaba la concurrencia. Luego dictaminó:

—La mayoría de las personas son tontas, feas y vulgares.

Hice un silencio para que justificara su afirmación.

—¿No le parecen tontas, feas y vulgares las caras de los millones de seres que hacen cola frente a los miles de MacDonalds del mundo, que gritan en los estadios de béisbol, que se empujan unos a otros para ver a Michael Jackson, y que se excitan ante sus televisores con la bazofia de la violencia pornográfica? Quieren saber por qué un padre violó a su hija, por qué a una mujer le gusta que el marido se acueste con la hermana, y por qué se suicidan las anoréxicas; les produce orgasmos la visión de los cuerpos de los soldados muertos en cualquier lugar del planeta, o la gente que huye de un terremoto entre ruinas y humo. Quieren deleitarse viendo en sus pantallas la sangre en las paredes de una escuela donde un loco entró disparando a quemarropa, o cómo barren las cenizas de los cadáveres inmolados por un fanático. Quieren absolutamente presenciar los destrozos que dejó una bomba neonazi en un barrio árabe y ver la cara del niño negro que mató a un bebé chicano. Y si es posible, al bebé también.

—Nunca me han importado las masas ni sus diversiones. La verdad es que me da lo mismo lo que hagan. La cultura de masas no me interesa lo más mínimo.

—Porque seguramente usted no se considera parte de ella. Ése es el error. Todos somos masa, si la masa es vulgar, usted también lo es. Cree que vive apartado del mundo, que nada de su basura le salpica, y eso es imposible. Cada uno de nosotros forma parte del estercolero, todo lo que afea, estupidiza y vulgariza a la humanidad también le atañe.

—Usted quiere salvar a la humanidad. No me interesa. Discutí muchas veces ese tema con mi hermano, él también quería salvar a la humanidad, quería afinarle el gusto. No sólo que cada niño comiera, fuera a la escuela y tuviera atención médica, lo que me parece muy bien y muy razonable; no, él quería que cada niño fuera un probable espectador de *El Acorazado Potemkin*, que todo ser humano estuviera ansioso de leer a Rimbaud, y que nadie muriera sin antes haberse planteado el sentido de la vida. Y usted tiene cosas parecidas. Le preocupa la estupidez, la fealdad, la vulgaridad humana. ¿Quién dijo que los seres humanos debían ser inteligentes, bellos y refinados? Puro idealismo, pura religiosidad. No hay nada más repugnante que un ser humano. Nada más sucio y pestilente que un cuerpo. ¿Tiene usted idea de lo que le cuesta a cada persona mantenerse limpia, en buen estado de salud y con un aspecto agradable? Piense en la Edad Media, todo el mundo, príncipes incluidos, hedía, comía con las manos a mordiscos, y reía de gusto cuando quemaban a alguien en la plaza pública. La humanidad es tonta, fea y vulgar desde siempre, y sólo los que creen en Dios quieren mejorarla, intentan hacer el rostro humano a semejanza divina. Empezando por los griegos. ¿Cree usted que esos cuerpos perfectos de las esculturas eran modelos reales? Yo no lo he creído nunca. No son más que un sueño de pederastas.

—A veces usted es feo, tonto y vulgar.

—Por supuesto, y estoy encantado de serlo. No me haga sentir como un malvado que le quita a una niña la creencia en el Niño Jesús. No lo conseguirá, por otra parte.

—Quería compartir con usted una cierta decepción que me produce el espíritu de los tiempos, el achatamiento de lo humano que ha ido produciendo la cultura de los objetos en contra de la cultura de las ideas.

—Perdone si la ofendo pero ese tema me parece absurdo y sobre todo aburrido. Prefiero cuando jugamos a los detectives privados en busca de mi amada y misteriosamente desaparecida Eurídice o de mi inolvidable y travieso hermano.

—Le he propuesto infructuosamente ir a Turmero a visitar de nuevo a Carmen Leonor, o a la casa de los Ruiz González.

—Le daré nuevo material para su imaginación. Mi hermano tuvo una novia platónica en Puerto Cabello. La hija del dueño de una heladería muy famosa. Supongo que la única heladería de Puerto Cabello entonces. Se llamaba, o se llama, Rosita Fanuil.

—¿No sabemos si vive?

—No lo sabemos pero le será fácil averiguarlo. Los Fanuil han vivido por generaciones en Puerto Cabello y todo el mundo los conoce.

—¿Qué sabe de ella?

—Cuando a Alberto Araujo lo ponen preso en el castillo de Puerto Cabello, mi hermano estuvo yendo a verlo durante meses, todos los fines de semana. Iba y venía en autobús de viernes a domingo. En esas visitas conoció a Rosita Fanuil.

—Calculo que en esa época usted tenía unos cuatro o cinco años. ¿Cómo pudo estar enterado de esos detalles?

—Me reservo la fuente. Suponga que Rosita Fanuil visitó a mi madre años después, o que llevaba un diario sentimental que entregó a mi hermano, o simplemente que me la encontré en la vida un día cualquiera y me confesó sus amores adolescentes. O que me lo contó él mismo.

—No suena convincente.

—Usted ha tejido hipótesis aún más absurdas y he tenido que soportarlas. Esa relación está consignada en *La noche sin estrellas*. Se refiere a ella en un breve fragmento en el cual alude al contraste de las dos relaciones amorosas que mantenía simultáneamente. La otra era una joven pupila de un burdel que, al parecer, se enamoró de él y le brindaba sus servicios fuera de tarifa.

—La virgen y la puta. Es extraordinario. Eso es lo que me fascina de su hermano, su absoluta masculinidad.

—Yo, por el contrario, debo ser un macho inconsecuente.

—No sabe nada de los hombres —dijo mi interlocutora con una sonrisa que pretendía ser enigmática—. Su hermano era un hombre puro, se excitaba con una joven virgen a quien quizá sólo le rozó alguna vez los pechos y luego se entregaba a la pasión sexual que le ofrecía una muchacha prostituida que regalaba su cuerpo de acuerdo a sus deseos. ¿No ve usted la riqueza mítica que se oculta en esa disparidad? Se enamora de una persona extravagante y misteriosa como supongo debe ser Irène Lenirov, y luego termina sus días conviviendo con una mujer ignorante que le da todo el calor de la mujer-madre que cuida de su hombre viejo y enfermo como de un niño. ¿Puede pensarse en un recorrido erótico más pleno?

—Creo que voy a llorar.

—Un día de estos haremos un concurso de ironías y seguramente ganaré.

No quise continuar por aquel camino. Le había hablado del episodio de Rosita Fanuil porque sabía que le gustaría y ese día me encontraba de buen humor y con ganas de realizar una buena acción. Creo que lo que me diferencia fundamentalmente de mi hermano es que él vivió para construir su propio mito, para hacer un monumento de su vida, para llenarse de cualidades que de alguna manera brillaran, y yo he seguido el destino contrario. Todo lo que resalte me repugna. No he querido mujeres que creen la aureola de mi masculinidad. Por el contrario, si algo me atrae con particularidad de alguna es la banalidad que sea capaz de dar a nuestro encuentro. Sólo Eurídice se ha salido del patrón; pero jamás alguien que la hubiera conocido entonces hubiera podido preverlo.

—Eurídice me engañó —dije sin darme mucha cuenta.

—¿Está convencido de que huyó con Di Monaco?

—No, no. En absoluto. Me refiero a que su desaparición me condujo a imaginar cosas, a buscarla, a darle de alguna manera un sitio en mi memoria. Encontré en ella una relación sexual que me gustaba pero a la vez estaba seguro de que desaparecería con el tiempo. Y pensé que ella desaparecería también. Quiero decir que, una vez casados, entregados a una rutina familiar y doméstica, llegaríamos a olvidarnos pronto. Ella estaría allí al lado mío, y yo, al lado de ella, y podríamos desentendernos fácilmente el uno del otro. Su desaparición fue su engaño. Creó un enigma, un vacío, y me obligó a recordarla por más tiempo del necesario. Durante algunos años pensaba en ella con cierta añoranza, con una nostalgia francamente injustificable. Su desaparición le confirió un valor que yo, le confieso, nunca le había dado. Afortunadamente llegué a convencerme de que ese valor era un efecto retrospectivo del absurdo final que tuvo la relación.

—Quizá desapareció por eso. Porque consideró que era la única manera de dejar una huella, de ser alguien para usted. Quizá se sacrificó para, al menos, ser un hueco de su vida.

—No la creí capaz de tanta elucubración, francamente.

—Pues me parece una excelente hipótesis para mi Eurídice, la de Richard Crooks, quiero decir. No hay ningún Aristeo, no hay ninguna razón para que Orfeo no pueda rescatarla del Hades, salvo la necesidad de mitificar su amor, y sólo su desaparición en los infiernos justifica que Orfeo cante inconsolable su pérdida.

—Estoy empezando a cansarme de esa lista de mujeres. A veces me divierte, no se lo niego. Es usted bastante imaginativa. Pero todas esas hipótesis acerca de los porqué sí y porqué no de las cosas me aburre.

—Un psicoanalista diría que envidia el éxito que su hermano tenía con las mujeres.

—No me interesa la categoría del éxito, las mujeres no son un trofeo. Tiene usted un pensamiento poco feminista. Le diré más, aborrezco el éxito en todas las cosas. La búsqueda de éxito me parece vulgar; más que vulgar me parece una estupidez. Fuera de ironías, reconozco que mi hermano tuvo una vida interesante, apasionada, en algunos momentos heroica. Y, sin embargo, ¿qué quedó de ella? La caja de zapatos. Él llegó a la caja de zapatos. Yo partí de la caja de zapatos. Ésa es la diferencia, pero es una diferencia poco sustancial; en los hechos quedamos en las mismas. Proponerse la vida como una colección de insignias que deben ser obtenidas a costa de sacrificios e incomodidades, de sufrimientos, de aspiraciones maltrechas, para finalmente dejar una caja de zapatos, me parece una empresa de locos. Casi todos los seres humanos que he conocido sufren de esa locura en alguna medida. Siento una gran atracción, y hasta envidia, por los que han logrado vaciar de sentido tan absolutamente sus vidas que ni siquiera saben lo que es eso. Yo tuve que hacer un esfuerzo para llegar a ello porque fui educado para otra cosa.

—Creo que sé lo que quiere decir. El otro día veía un programa de televisión internacional, de esos programas en los que el entrevistador hurga en la miseria humana como un zamuro en la carroña; la miseria está últimamente de moda, la gente adora la miseria. Bueno, la entrevistadora hacía un programa sobre las llamadas telefónicas sexuales y entrevistaba a un joven —supongo por sus rasgos que de origen latino— y el muchacho explicaba que pasaba muchas horas al día haciendo llamadas para mejorar su sexo con las mujeres reales. Me imagino que tendrá algún oficio pero evidentemente no le interesa para nada. Su vida es el sexo telefónico. Yo no creo que ese joven ha pensado nunca en darle un sentido a su vida, en llenar la caja de zapatos. Simplemente trata de obtener placer y en forma menos frustrante de la que pueda ocasionar una mujer real. Parece ser que en los Estados Unidos están muy preocupados con el asunto de las llamadas sexuales y que los psicólogos las consideran una nueva forma de adicción. No tengo nada en contra del placer, no soy una puritana como se imaginará, lo que me llama la atención es la falta de sentido que se va imponiendo en el mundo. A mi modo de ver el sexo ha decaído mucho, el sexo compartido. La cultura que se impone es la cultura de la masturbación. Me imagino a millones de obesos comiéndose ávidamente las pizzas que han encargado por computadora, mientras ven la televisión o hacen una llamada sexual. Es el placer virtual, al alcance de todos. No necesita una mujer «escultural» como hubiera dicho su hermano, simplemente haga una llamada telefónica e imagine que la voz que le atiende pertenece a un ser «escultural». Probablemente la voz es una grabación o está compuesta por un sintetizador. Cuando se le acaben los centavos que cuesta la llamada, termina el segmento sexual, y pasa a otro, se come otra pizza, se lava los dientes, o simplemente se duerme. La vida totalmente segmentada. Cada persona dividida en los segmentos que consume. Eso es lo que ocurre.

—La mayor parte de las personas no se soportan a sí mismas ni al horror que encubre el espacio de su existencia, y esa segmentación ayuda a tolerarlo. No se es un individuo todo el tiempo, se es un consumidor de diferentes actividades que pueden alternarse, ser contradictorias, y que no requieren de una unidad. No es necesario ser coherente. No es necesario tener un sistema de ideas que explique los propios pensamientos, afectos, emociones, actos. Si usted lo tiene, felicítese, es una privilegiada, aun cuando sufra.

—Por fin le escucho algo con lo que concuerdo.

—Me alegro de que terminemos la noche en armonía.

—¿Cuándo me trae a Rosita Fanuil?

—Mañana puede ser.

El dueño interceptó nuestra salida.

—¿No se quedan? Hoy es el cumpleaños de la señorita Violeta.

En efecto, escuchamos los primeros acordes de *Éstas son las mañanitas*. Huimos.

15

AL DÍA SIGUIENTE, cuando llegué a La Fragata, me di cuenta de que había olvidado completamente mi compromiso con Rosita Fanuil pero mi interlocutora lo había olvidado también.

—No me ha hablado mucho de Irène Lenirov. ¿Es ése su verdadero nombre?

—Mi hermano siempre la llamó así. Durante un tiempo hablaba de ella en forma obsesiva. No sé si él se daba cuenta pero la mencionaba constantemente y repetía situaciones y anécdotas una y otra vez. Luego fue omitiéndola, si no era por algún breve comentario, hasta que no volvió a nombrarla.

—Era rusa, supongo…

—Su madre era polaca, de eso estoy seguro. En fin, todo lo seguro que puede estarse de la identidad de alguien a quien no se ha conocido. Mi hermano decía que la madre era una aristócrata polaca. El padre era ruso, militar, y había tenido un cargo muy honorífico, pertenecía a la guardia del Zar o algo así. Después de la Revolución de 1917 lograron huir a Francia y él se empleó como camarero en una *brasserie,* ella cosía para un taller de alta costura. Irène nació en Rusia y era una niña cuando llegó a París. Sus padres murieron siendo ella muy joven. Había una historia más o menos turbia con respecto a su muerte. La versión oficial es que cuando Hitler invadió Polonia, no pudieron resistir el sufrimiento y se suicidaron juntos, pero había indicios de que la causa de la muerte había sido otra; el padre había sabido el adulterio de la madre y la había matado con su pistola de reglamento, acto seguido procedió a dispararse un tiro en la sien.

—Dicen que los eslavos son muy apasionados.

—Deben serlo, a juzgar por éstos. Mi hermano pensaba que Irène había quedado traumatizada por el hecho y que ésa fue la causa de que entrara en el espionaje.

—¡Ah!, pero es fantástico, ¿Irène Lenirov era espía?

—Irène era «escultural», para variar. La descripción que mi hermano hacía de la belleza física de la rusa era también apasionada. Una mujer altísima, delgada, muy elegante; ojos malvas, un color muy especial, y el pelo muy rubio. Lástima que no conservó ninguna foto, me hubiera gustado comparar la descripción con la realidad. Bien, terminada la guerra, y huérfana, Irène comienza a tener problemas económicos. La madre la ha educado más bien a la antigua, habla varios idiomas, polaco, ruso, alemán, inglés, algo de español, toca el piano, tiene andares de condesa. En fin, es perfecto si siguiera siendo una condesa polaca pero a todas éstas es una francesa más bien pobre, y al morir los padres no tiene cómo hacerle frente a la vida. La casa de costura en la que había trabajado su madre la contrató como modelo para unos desfiles. De resto Irène Lenirov queda más bien desarmada frente a los acontecimientos.

—No me diga que se prostituye.

—Comienza a frecuentar a los norteamericanos que invaden el París de la posguerra. Gente del plan Marshall, militares, artistas, escritores, industriales, una fauna variadísima y contradictoria que tiene en común ir a los cafés y llevar dólares. Irène, ya lo sabemos por mi hermano, es una belleza, y en una de ésas logra interesar a un militar que está en París con la secreta misión de establecer las redes del espionaje durante la guerra fría. Este hombre viaja constantemente de Washington a París y aparentemente lo hace por objetivos de cooperación militar con Francia. Se hospeda en el hotel Pont Royal que tiene un bar en el que se reúne una tertulia de intelectuales; Irène es asidua de este bar, Les Antiquaires, y se mezcla con los artistas y escritores existencialistas, transformándose en una especie de mascota de los habituales. No es una intelectual pero ofrece, desde el punto de vista plástico, su belleza, y anuncia vagos planes de convertirse en actriz de teatro para de alguna manera justificar su presencia entre ellos. El militar escoge este hotel para vender una imagen de hombre civilizado, cercano al arte y la cultura, tolerante, es decir, una imagen que pueda gustar a los franceses, y es de suponer, aquí estoy inventando, que un buen día encuentra a Irène en la barra y la invita a un trago, etc, etc.

—¿No ha visto usted demasiadas películas de la posguerra?

—Le cuento lo que me contó mi hermano, salvo el trago en la barra, que me parece indispensable para enlazar a Irène con el militar.

—Bien, siga.

—Irène establece una relación en los términos convencionales. Ella vive en la habitación de algún hotelucho, donde evidentemente él no quiere ser visto, y le alquila un apartamento discreto, no sé dónde, tampoco importa. Se siguen los encuentros habituales, el único convenio es que ella debe estar a entera disponibilidad cuando el hombre viaje a París, de resto puede seguir haciendo su vida, que ahora paga el Pentágono. Esta situación se mantiene por varios meses hasta que el contrato llega a sus verdaderos términos: Irène obtiene autorización para viajar a los países del Este, y con la justificación de que pasada la guerra quiere visitar a unos parientes, comienza a viajar con cierta frecuencia a Varsovia, Praga, Leningrado. Son viajes cortos, de los que tampoco informa a sus amigos, y sus actividades en esos viajes son las mismas que las que lleva a cabo en el bar Les Antiquaires. Sentarse en la barra, esperar a que alguien se acerque, y por supuesto, ir filtrando su clientela. Irène no pierde el tiempo con torpezas. Poco a poco se va haciendo pasar por comunista y ofrece sus servicios en París.

—Una doble espía.

—Sí, lo curioso es que en este doble juego de Mata Hari, la espía cambia el sentido ideológico del espionaje, y haciéndose pasar por comunista, termina siéndolo. Se convierte en un agente del espionaje soviético en Occidente, convencida de la causa, aunque, obviamente, a los ojos de los norteamericanos mantiene su otra cara. Puesto que habla español se le asigna un trabajo en relación con Cuba, pero esto es mucho después. A esta altura de los acontecimientos, el militar que la introdujo en su carrera de espía ha desaparecido, supongo que pasa a retiro, y paulatinamente Irène pierde contacto con los Estados Unidos. Trabaja directamente para la policía francesa que, por supuesto, conoce desde el principio sus actividades y es quien le ha proporcionado la autorización para cruzar libremente «la cortina de hierro». Sin embargo, la historia de que visita a sus parientes va haciéndose insostenible, y se la introduce en una misión cultural. Para ello es necesario que Irène adquiera conocimientos que no tiene y entra en la Sorbonne, en algunos cursos libres de historia del arte. Debe estar ya en los treinta y pico; su mejor momento, añadiría mi hermano.

—¿Es entonces cuando la conoce?

—Todavía no, no se adelante. En la Sorbonne Irène encuentra al que será su marido. Es un profesor de literatura, hijo de republicanos españoles exiliados en Francia, y considerablemente más joven que ella. Cuando se casan, Irène decide abandonar su oficio de espía en doble sentido para serlo en uno solo. El marido es militante del Partido Comunista Francés y un frenético defensor de la revolución cubana. Ya sabe usted el interés que despertó Cuba en la *intelligentsia* europea. Ella adopta su causa, y como saben que a la policía francesa no es bueno irle con mentiras, Irène solicita un cambio de zona y ofrece sus servicios de información con los exiliados latinoamericanos que empiezan a proliferar. A los franceses les parece bien el cambio, y los esposos Miret —ése es el nombre del marido— comienzan a informar de situaciones más o menos insignificantes acerca de las actividades políticas latinoamericanas en el exilio. A veces éstas son tan insignificantes que incluso inventan algunas para que la policía francesa no vaya a sospechar de ellos. En realidad, los franceses no pretenden hacer nada al respecto, sólo quieren estar debidamente informados, y eso Irène y Miret lo hacen muy bien. A cambio tienen plena libertad para lo que les interesa, que es servir de colaboradores a las revoluciones latinoamericanas, y particularmente a la cubana. A principios del año 1964 llegó mi hermano a París. No hablaba una palabra de francés por lo que decidió inscribirse en unos cursos que el Partido Comunista brindaba gratuitamente a los exiliados, y allí conoció a Irène que enseñaba francés como una más de sus colaboraciones. Es también una fachada que le permite estar en contacto con los revolucionarios y con frecuencia los invita a su casa. Miret y ella están ávidos de hacerles favores que van desde ayudarlos a comprar ropa barata hasta hospedarlos transitoriamente, interceder para que les otorguen el permiso de residencia, y disculparlos con las conserjes cuando la reunión de tragos y gritos se prolonga más de lo que el vecindario considera tolerable. En fin, Irène es la gran madre de todo aquel comunista en apuros que pase por París. A su casa van bolivianos, ecuatorianos, salvadoreños, senegaleses, árabes. El tercer mundo se reúne en el pequeño apartamento de los Miret, rue Monsieur Le Prince. No sé si conoce usted París. Yo no he estado nunca, pero según mi hermano el lugar era maravilloso, aunque oscuro, húmedo, mal calentado, y sin ascensor. Me horrorizaría vivir en un lugar así pero es que yo no tengo cultura europea, decía mi hermano. Cerca hay un bar, L'escale, es de unos catalanes amigos de Miret y allí las noches son largas. Los Miret tienen crédito en la casa, y supongo que pagan la mayor parte de lo que consumen sus amigos tercermundistas; se canta, se toca la guitarra, y se hacen descubrimientos eróticos. Por supuesto, ya mi hermano le ha puesto el ojo a la rusa y una noche, mientras unos bolivianos cantan *El cóndor pasa*, mi hermano pasa también en vuelo rasante su mano sobre las rodillas de Irène que acepta en silencio el convenio, y lo cita para el día siguiente en otra dirección. Mi hermano acude y se sorprende de que el apartamento donde ha sido citado es de mucho mayor alcance que su domicilio. Irène no da explicaciones al respecto, y se inicia entre ellos una historia de amores clandestinos que dura hasta que mi hermano sale de París en 1968.

—¿Qué explicación hay para ese apartamento de la rusa? Ella, de acuerdo con lo que usted me ha dicho, no tiene medios para sostener un apartamento de soltera. Supongo que sus clases de francés en el partido comunista eran gratuitas.

—No lo sé. Miret es un profesor a medio camino en su carrera académica, gana bien para llevar una vida sencilla y disfrutar de quince días de vacaciones al año, pero no más. Por qué Irène Lenirov dispone de una vivienda de lujo para recibir a sus amigos personales, es un misterio, al menos para mí.

—A no ser que...

—¿Qué está maquinando?

—La única hipótesis plausible. Irène Lenirov no renunció a sus espionajes de doble sentido. No creo que los cubanos iban a mantenerla en ese tren. Ella le mintió a Miret, se ve que la muchacha no era muy aficionada a la sinceridad sesentista en lo tocante a la vida sexual, y también le mintió a su hermano. Ella tenía ese apartamento, pagado por quien fuese que estuviera interesado en informaciones diferentes a las borracheras de un poeta ecuatoriano o a los infortunios de un periodista argentino. Esa vida que usted describe, sacada de *El libro de Manuel*, oculta una mentira, y seguramente continuó siendo agente de una gran potencia. Quizá los mismos rusos, o los alemanes, o los ingleses. Vaya a saber.

—Es posible. Cierto que el apartamento clandestino no cuadra en el rompecabezas y en la historia de comunista convencida, dispuesta a cantar la *Internacional*, o el *Bella, Ciao* mientras bebían vino a costa de Miret.

—A lo mejor entró en tratos con los árabes, recibía dinero de algún jeque en peligro de ser descabezado.

—Tenía muchos amigos persas.

—¿Lo ve? ¿Qué haría usted sin mí, querido y elemental Watson?

—¿Le parece que Irène recibía dinero del sha de Persia?

—No lo sé, pero estoy convencida de que no renunció a su espionaje de gran escala. El apartamento clandestino es su talón de Aquiles, no podía tenerlo si sus servicios se limitaban a los latinoamericanos. Eso es obvio.

—El gobierno cubano podía hacerlo.

—Sí, pero no tiene lógica. Hay que buscar la lógica de las situaciones. Si ella era una colaboradora ideológica de la revolución, ¿para qué gastar dinero en ella?

—Quizás entró en contacto con cubanos contrarrevolucionarios, gente de Miami.

—¿Su hermano no le dio ninguna pista?

—Ninguna. Él tenía una hipótesis más pedestre. Pensaba que Irène se había casado con Miret para adquirir cierta respetabilidad, y también para asegurarse su porvenir. Las espías, al igual que las modelos, requieren de juventud. Su especialidad de espía años cuarenta, sentada en una barra de hotel elegante, fumando con una larga boquilla, había entrado en decadencia. Al lado de Miret estaba segura, y por otra parte, Irène no era una mujer interesada en el dinero. Sufría esas contradicciones y furias que describen de los eslavos. Si tenía dinero en el bolsillo compraba beluga y vodka y luego rompía las copas, si no lo tenía, se sentaba en cualquier café a esperar a que los clientes se levantaran para llevarse las propinas y tomarse un *pastis*. No sé a qué sabe esa bebida, ¿usted la ha probado? Bueno, el caso es que esa combinación entre aristócrata y mendiga le encantaba a mi hermano. Él pensaba que a Irène la aburrían mortalmente Miret y sus incansables discursos de renovación del mundo y del papel de agente de cambio del escritor. Lo escuchaba por cortesía, pero la aburría, y más todavía el Miret en la cama. El apartamento era probablemente propiedad de algún amante rico que le permitía usarlo. Por otra parte, había temporadas en que Irène decía que no podían verse, daba razones más o menos inverosímiles, pero siendo una mujer casada, era comprensible que no siempre estuviese disponible. Mi hermano suponía que eran los días en que el uso del apartamento le tocaba al dueño.

—¿Le parece una buena explicación?

—Me parece razonable...

—Sin embargo...

—Sin embargo, usted me lee el pensamiento. Hubo una oportunidad en la que se produjo una confusión. Mi hermano estaba citado con Irène, digamos un martes, se equivocó y se presentó un lunes. Tocó el timbre, esperó un buen rato, nadie contestó, la conserje le dijo que madame Delone no había ido por allá —ése era el nombre que figuraba en el portal— y mi hermano súbitamente se dio cuenta de su equivocación y se fue. Por celos del amante rico, porque en el fondo no creía en su propio malentendido, o por lo que fuese, se quedó en un café enfrente, y una o dos horas después salieron dos hombres del edificio. Por supuesto, ninguna seguridad de que saliesen del apartamento de la rusa. Ya había oscurecido y no le fue posible detallar los rasgos de los hombres. Continuó en el café esperando, las ventanas del apartamento daban a la calle y permanecían apagadas. En eso una mujer apareció en el portal del edificio, le pareció reconocerla y se levantó, pero al hacerlo un transeúnte apurado lo tropezó. Cuando cruzó la calle la mujer ya no estaba. No podía asegurar que era Irène, en todo caso no aclaró nada de esto con ella. Se presentó al día siguiente, como estaba convenido, y su encuentro transcurrió de la misma manera que siempre. No tenemos ninguna certeza, se lo cuento abonando su hipótesis de que es posible que Irène mantuviese otros contactos políticos distintos a los que declaraba.

—Es extraña la historia, me refiero a la equivocación muy freudiana de su hermano; los hombres misteriosos que salen de un edificio de lujo, la conserje que quizá está en el asunto, el amante rico que aparentemente le da tan poco uso a su inversión y le entrega llaves a una mujer que lo utiliza con un nombre falso, a la vez que está casada con un profesor de la Sorbonne y tiene manifiestas actividades comunistas en pro de la revolución cubana. Querido amigo, me parece que su hermano inventó toda esa historia, creo que se acostaba con la rusa en su propio domicilio cuando Miret estaba en la universidad explicando *La Regenta*.

—¿Por qué cree que mi hermano iba a inventar una cosa así?

—Pues no lo sé bien, quizá para dárselas de interesante, para probar si sus hipótesis novelescas eran verosímiles. Probablemente ya había empezado a escribir *La noche sin estrellas*.

—No. Empezó a escribirla en Turmero muchos años después —le contesté molesto.

—Bien, como quiera, sólo le digo que algunos datos de la historia no cuadran. No me diga que la rusa desapareció también como su Eurídice. Sería demasiado.

—Irène fue a despedirlo a la estación de tren cuando mi hermano se fue de París a Londres, de allí viajaba a Barbados, en escala a Santo Domingo. Se despidieron prometiendo escribirse y reencontrarse. Puedo confirmarle que años después mi hermano le dio su dirección a un amigo que viajaba a París, y este amigo corroboró que allí estaba Irène Lenirov, arropada con su ruana y su Miret, vieja pero siempre dispuesta a recibir a un latinoamericano que fuera, o hubiese sido, comunista. En el mismo apartamento de la rue Monsieur Le Prince y escuchando los mismos discos de Mercedes Sosa y los mismos discursos revolucionarios de Miret, que parecía no haberse desconcertado por los cambios de mapa ocurridos, y seguía escribiendo un tratado sobre los movimientos revolucionarios latinoamericanos para una más que improbable publicación. Así que ya ve que tenemos pruebas contundentes de que Irène Lenirov no desapareció.

—Me rindo. ¿No ha sentido curiosidad de conocerla?

—Ninguna —le contesté mirando la hora.

—Está viendo el reloj.

—Así es —añadí mientras hacía un gesto para indicar que nos íbamos.

—Espere un momento —dijo mi interlocutora reteniéndome por el brazo—. ¿Cuál era la verdadera relación de su hermano con Irène Lenirov?

Quedé desconcertado.

—Creo que es bastante obvia, ¿no?

—Es obvio que se acostaba con ella, pero no es tan obvio cuál era el verdadero sentido de la relación. ¿Cree usted que su hermano simplemente aprovechaba la oportunidad de tener una mujer «escultural», para usar su terminología? ¿No cree que su hermano utilizó a Irène para sus fines políticos?

—Sí, en cierta medida, pero eso era parte de lo que Irène también quería. Ella consiguió para mi hermano y otros militantes de la lucha armada venezolana una entrevista con Sartre y Simone de Beauvoir. Una entrevista sin mayores consecuencias. Sartre y la Beauvoir estaban predispuestos a pensar que la lucha en Venezuela no tenía ya sentido y que no debían perderse esfuerzos en ella sino concentrarse en Cuba, que estaba comenzando a perder apoyo entre los intelectuales por las críticas al estilo represivo y dictatorial de la revolución. La augusta pareja los recibió veinte minutos. Sartre, según decía mi hermano, estaba casi dormido, y la Beauvoir se limitó a mostrar una discreta curiosidad por la condición de la mujer en Venezuela. Los despidieron sin llegar a nada concreto, aunque tampoco comprendo muy bien qué pretendían mi hermano y los otros de aquel encuentro. Como ése hubo otros servicios que Irène le prestó, creo que siempre con resultados parecidos. El más destacado ocurrió en una oportunidad en que llegaron a París, en escala hacia China, unos veinte o treinta muchachos campesinos del Turimiquire que el Partido Comunista Venezolano había logrado sacar del país antes de que cayesen en algún campamento antiguerrillero. Bien, esos muchachos, supongo que con varios días de vigilia y de hambre, vestidos con unos pantalones caqui y unas franelas, desembarcaron en el aeropuerto de Orly una mañana de enero. Y allí estaban Irène Lenirov y Miret con un autobús que habían conseguido, no me pregunte cómo, y en el que los llevaron a las afueras de la ciudad, a una casa de vacaciones de algún amigo de Miret, otro profesor devoto de las revoluciones latinoamericanas, y donde vivieron varios días durante los cuales Irène cocinaba frenéticamente enormes ollas de *bortsch* para aquel grupo de hombres, a los que encima vistió con una colección de abrigos que compró en el mercado de Las Pulgas, todos idénticos, lo que les daba un aspecto muy llamativo aunque se suponía que debían moverse con gran discreción. En el mismo autobús los llevaron hasta Estrasburgo donde tomaron un tren hacia su destino final.

—¿Eso fue todo?

—Más o menos todo lo que recuerdo. La mayor parte del tiempo la colaboración de los Miret consistía en conversar con los exiliados hasta altas horas de la madrugada. No sé si Miret llegó a entender que Irène lo engañaba con mi hermano, y quizá con otros. ¿Qué conclusiones saca de esto?

—Que Miret se sentía tan feliz encarnando a un futuro personaje de Cortázar que estaba dispuesto a pagar el precio. En cuanto a Irène...

—En mi modesta apreciación, Irène y mi hermano vivieron una pasión.

—¿Es decir?

—Creo que él regresó porque no le quedaba otro remedio. Después de los acontecimientos de Mayo del 68, las autoridades francesas se negaron a renovarle el permiso de residencia bajo el absurdo argumento de que había conducido una manifestación. Supongo que se fastidiaron de tanto exiliado, y sobre todo de tanto exiliado farsante, y pagaron justos por pecadores. Por otro lado, en Venezuela ya era manifiesta la derrota de las guerrillas, y se esperaba que cuando Leoni terminara su mandato daría una amnistía, como en efecto hizo. Mi hermano logró, a través del Partido Comunista Francés, obtener una visa de estadía indefinida en Santo Domingo, y decidió hacer las maletas y esperar allí la anunciada política de pacificación. Le digo esto porque pienso que se vio forzado por las circunstancias, su vida en París no tenía ningún sentido, y creo que se había ido quedando por razones personales, hasta que se le hizo imposible. Yo creo, esto es sólo una conjetura, que Irène en un momento dado pensó en irse con él. No lo hizo, eso es todo lo que sabremos.

—¿Por qué no lo hizo?

—Quién sabe. Quizá verse en Venezuela o en Santo Domingo, sin la jubilación de Miret, le pareció demasiado riesgo.

—Sin embargo era una aventurera. Quiero decir que debe haber en Francia formas de vida más tranquilizantes que la de ser una doble espía durante la guerra fría, o un contacto de revolucionarios del tercer mundo. No creo en Irène Lenirov como la hormiguita de la fábula, calentando su hogar para un futuro y frío invierno.

—Tampoco me imagino a mi hermano empujándola a venirse. Irène Lenirov, la rusa blanca, hija de refugiados de la Revolución de Octubre, descendiente de unos aristocráticos terratenientes polacos, espía a lo Marlene Dietrich, saintgermaniana de poncho y quena, resultaba un personaje apropiado para un exiliado latinoamericano en el París de los sesenta, pero entrarle a la Venezuela de los setenta, y eso que mi hermano, cuando regresó, todavía confiaba en las posibilidades revolucionarias, bueno, eso era otro cantar; probablemente Irène hubiera sido aquí un animal fuera de paisaje.

—¿Por qué piensa que entre ellos hubo una pasión?

— Por algún comentario, alguna frase que mi hermano deslizó, esos silencios que de pronto introducía cuando me relataba los años en Europa. Es una intuición, no se lo pregunté. Mi hermano y yo, ya se habrá dado cuenta, éramos muy pudorosos con respecto a nuestros sentimientos, y de la misma forma en que yo no le permití ahondar demasiado en mis relaciones con Eurídice, pues él tampoco hubiera permitido que yo lo acosara con un interrogatorio sobre Irène. Además, no me interesaba. La mujer me resultaba un personaje extravagante, yo al menos nunca he conocido a ninguna parecida, claro está que tampoco me hubiera gustado ni me he relacionado en forma tan... tan vital, con las mujeres. Bueno, lo que trato de decirle es que saber si ellos tenían una relación, llamémosla más definitiva, *it's not my business*. Muestra usted una curiosidad típicamente femenina en esto. El mito romántico que tanto atrae a las mujeres.

—Pero fue usted quien introdujo la idea.

—Porque es algo que sospeché desde el primer momento. Mi madre, una mujer muy intuitiva, también lo pensaba. En las cartas de mi hermano siempre se colaba algún detalle sobre su amiga Irène Lenirov. No creo que mencionase a ninguna otra.

—Su madre, ¿conservó las cartas?

—Supongo que durante algún tiempo.

—¿Y después?

—Ya le dije que cuando vendí la casa de mis padres boté todos los recuerdos que había en ella. Si las cartas estaban en alguna gaveta del cuarto de mi madre, formaron parte de la incineración.

—¿Hizo un incendio con toda la memoria familiar?

—Sí. Me pareció más purificante. La sacralidad del rito, sin embargo, sufrió un percance y se transformó en un acontecimiento. Parece ser que la empleada que me ayudaba en esa tarea se descuidó y el fuego se propagó demasiado, terminamos llamando a los bomberos porque no podíamos controlarlo.

—Volvamos a Irène Lenirov.

—No hay mucho más, salvo estas hipótesis acerca de la naturaleza de los sentimientos entre mi hermano y ella. Le añado un detalle que omití antes y que recordé al mencionar el asunto del fuego. Entre las actividades que mi hermano y otros venezolanos, también del Partido Comunista, intentaron desde Europa estaba el envío de armas a Venezuela. Las armas las proporcionaba Argelia. Mi hermano y otra persona debían ir a buscarlas y expedirlas, el armamento iba a llegar a Trinidad en un barco mercante y desde allí sería transportado en varios peñeros que desembarcarían en Paria. Lo acabo de recordar porque uno de los peñeros explotó y se incendió, ya muy cerca de tierra firme. Salió en los periódicos pero en ese momento ni mi madre ni yo sabíamos que mi hermano había estado comprometido en esa acción. A fin de cuentas las armas se perdieron porque la Guardia Nacional fue alertada y agarraron a los otros peñeros que estaban en el asunto. Bien, pero el detalle que le quería relatar es el siguiente: el viaje directo París-Argelia resultaba muy comprometedor y el plan era ir a España de turistas, pasar desapercibidos entre los miles de franceses que se desplazaban en verano a la Costa Brava, y luego tomar el ferry a Ceuta. Era un ferry atestado de árabes y andaluces que contrabandeaban en los dos sentidos, y los turistas iban con frecuencia a comprar equipos de fotografía, relojes, joyas. Allí había un contacto que los ayudaría a entrar y salir de Ceuta sin sellarles el pasaporte. Ceuta era una ciudad española en ese momento, no sé si lo sigue siendo, bien, como le digo el otro hombre que iba con mi hermano no pudo viajar, por alguna razón que desconozco, o simplemente porque tuvo miedo, y Miret, dentro de su inocencia revolucionaria, propone a su mujer. Ésta acepta de inmediato, mi hermano también, por supuesto, y el resto de los compañeros que están metidos en la planificación de la acción también lo aprueban. Una pareja de enamorados resulta aún más discreta. Irène habla un poco el árabe y todo parece ser perfecto. Y en realidad lo fue pues lograron su cometido que era expedir las armas, que no llegaran ya es otro asunto. De modo que viajan a España, con una cierta antelación para hacer la cosa más disimulada. Alquilan un automóvil, llevan las maletas atiborradas de ropa playera, y tienen un falso certificado de matrimonio que los acredita como recién casados. Viajan hasta Barcelona, cruzando la frontera en Perpignán que es el paso turístico más habitual, y de allí recorren la costa española hasta Andalucía para llegar a Algeciras a tomar el ferry.

—¿Y entonces?

—Bueno, eso es todo. Creo que estuvieron aproximadamente un mes en aquel viaje de novios.

—¿Del que sabemos algo?

—Usted es implacable.

—No crea, lo que ocurre es que he llegado a conocerlo bastante bien y he observado que tiene poca disposición para agente secreto. Cuando oculta algo tiende a hacer un movimiento repetitivo con las manos.

—Pues sí, sabemos algo. Hay una hoja escrita en una máquina diferente a la de *La noche sin estrellas*, creo que no la escribió él.

—¿Cómo lo sabe?

—Su contenido es francamente erótico, en un estilo muy diferente y además con algunos errores. Y un detalle sobre el que no cabe duda: dice que le vino la regla. No puede ser de mi hermano.

—Me siento sorprendida de su sagacidad.

No hice caso de su burla y ella continuó:

—Bien, ahora podemos dar por terminada la noche, hemos llegado a la comprobación de nuestra hipótesis. La rusa estaba enamorada, pero que muy enamorada de su hermano.

No pude menos que reírme.

—Dígame qué consecuencias trascendentes se derivan de la comprobación de nuestra hipótesis.

—No sea vulgar. Usted es una persona con muchos defectos pero no le acepto que sea vulgar. Irène Lenirov es uno de los recuerdos sagrados de su hermano, y sabe bien que quiere que yo lo ayude a desentrañarlo. Ninguna mujer ha sentido por usted una pasión como la de la rusa.

—Afortunadamente —añadí en un alarde de humor forzado.

—Es usted imposible.

Nos levantamos a la vez y no le propuse acompañarla. A veces lo hago porque estoy seguro de que ella se negará, pero tuve temor de que aquella noche, inspirada por Irène Lenirov, me dijera que sí, y francamente, se nos había hecho muy tarde.

—Traiga mañana el original Lenirov —gritó en la calle.

Miré hacia atrás para contestarle pero ya había doblado la esquina.

16

—¿RECUERDA LOS acontecimientos del Porteñazo? Año 1962. Le traje el capítulo fundamental de la caja de zapatos —anuncié muy contento.

—No era ése el que habíamos acordado —dijo furibunda, como si enseñarle los papeles de mi hermano fuese uno de mis más absolutos deberes.

—Pero es necesario seguir un cierto orden. Sin Porteñazo no hay exilio y sin exilio no hay Irène Lenirov.

Estuvo de acuerdo y aceptó mansamente que se lo leyera. Me gusta cuando las mujeres quieren parecer razonables.

Era una noche sin estrellas, la camioneta avanzaba rápidamente en dirección a la base naval de Puerto Cabello. Desde la carretera que bordea el mar apenas podía distinguirse la dársena del dique. Estaba desierta, sólo muy de vez en cuando se veía a un infante de Marina que montaba guardia tratando de protegerse de la lluvia, una lluvia fina que comenzó a caer con la oscuridad. Era el 2 de junio de 1962. Desde la ciudad llegaba el repiqueteo de los fusiles y el tableteo de las ametralladoras, por instantes cesaba el fuego y se producía un silencio que luego era roto por un tiro aislado que generalizaba nuevamente el combate. En la camioneta viajaban cuatro hombres, nadie hablaba. Al aproximarse a la entrada de la zona militar, disminuyó la velocidad hasta detenerse y un sargento se acercó para pedir la identificación y luego franqueó el paso. Todo parecía tranquilo.

En el mar se perfilaba la silueta de un destructor que patrullaba cercano a la costa. Los edificios se veían solos y a oscuras. Esa noche era decisiva para la revolución.

La camioneta se paró a la puerta del edificio, me bajé y le di instrucciones a los hombres de que me esperaran. Le pregunté al centinela dónde estaba el capitán M. y me contestó que se encontraba en la sala de operaciones. Me dirigí hacia allí y toqué la puerta con los nudillos. Como nadie me contestaba hice girar el pestillo y comencé a abrirla. En ese momento sentí un ruido a mis espaldas y al voltear me encontré con tres marinos que me encañonaban con sus armas, un oficial apuntándome me gritó «¡está preso, suba las manos!». Tuve una reacción absurda y pensé que se trataba de una broma, así es que mi primer movimiento fue apartar la pistola con la mano al mismo tiempo que le decía «¡quédese tranquilo, qué vaina es ésa!». El oficial se movió hacia atrás y siguió apuntándome, repitiendo «está preso». De pronto me vi rodeado por los marinos, y uno me sujetó con las dos manos la metralleta que tenía colgada en el hombro derecho. En ese momento otra voz gritó «¡date preso!». Me volteé y vi al general N.B., detrás de mí. En ese momento comprendí lo que estaba pasando. Todo había sucedido en unos pocos segundos, pero la imagen se me ha quedado grabada en forma exacta y hasta en sus últimos detalles. El alzamiento había sido traicionado.

Comenzaba a amanecer y la neblina se separaba lentamente del mar, serían aproximadamente las cinco de la mañana y después de la noche lluviosa el día empezaba bastante despejado. El combate en la ciudad parecía arreciarse y el cañoneo se hizo más intenso. Durante el trayecto en el que fui conducido al castillo vi que sobre el puerto caían proyectiles de artillería que levantaban grandes columnas de agua; los aviones bombardeaban el Fortín Solano. El frente de batalla se extendía desde la costa hasta la colina, cerrada por la fortaleza colonial que un pelotón nuestro había tomado por la mañana, en el mismo momento en que yo había tomado el cuartel de la policía.

Me condujeron a un calabozo y cuando cerraron la puerta a mis espaldas me encontré un tanto desconcertado por la cantidad de gente que me hablaba y por la repentina oscuridad. Fui recibido por unos veinte compañeros, casi todos aprehendidos esa misma tarde cuando habían ido a la base en busca de órdenes o municiones. En el interior de la celda, que era un antiguo depósito, había algunas camas de hierro y una gran cantidad de ropa y trapos tirados por el suelo. Me senté en una de las camas a fumarme un cigarrillo que me dieron los guerrilleros. Pasamos la noche en una gran excitación, cada quien trataba de contar sus peripecias en el combate y la forma en que había sido detenido. También cambiábamos información sobre los compañeros ausentes y así supimos de la muerte de algunos y la forma en que otros habían logrado escapar.

Durante todo el día 3 en la ciudad se continuó la pelea, y los tiros, lejos de amainar, se hicieron más violentos y nutridos. La atención de todo el país estaba fija en Puerto Cabello; la combatividad que allí se demostrase sería un ejemplo capaz de rendir inmensos beneficios en los próximos encuentros. Todas las casas de la ciudad estaban abiertas para los fugitivos. Allí se les daba ropa, escondite, comida, dinero, y lo que necesitasen para eludir la persecución. Muchos cientos de compañeros, tanto soldados como civiles, lograron burlar el cerco represivo gracias a esta colaboración espontánea. Es admirable cómo la ciudad mantuvo su espíritu combativo a pesar de la derrota militar. Cada ciudadano estaba compenetrado con el espíritu de nuestro movimiento y dispuesto a jugarse la vida o la libertad para salvar a un combatiente o esconder armas y municiones. Todos sabían que la lucha y los reveses sufridos eran tan sólo episodios de una guerra larga y prolongada. Cada fusil y cada proyectil que se escamotease al enemigo serían necesarios el día de mañana. Estas armas escondidas por el pueblo de Puerto Cabello formaron el núcleo original del armamento de las Fuerzas Armadas de Liberación Nacional, y gracias a ellas se cosecharon nuevos triunfos en los campos y ciudades de Venezuela.

El día 4 lo pasé durmiendo. Había leído en alguna parte que el secreto de los faquires consiste en disminuir sus funciones vegetativas evitando todo movimiento, hasta la respiración, dentro de lo posible. Intenté hacer lo mismo y me tiré boca arriba, sin moverme, tratando de respirar poco, pero el único resultado que conseguí fue quedarme dormido, con lo que al menos evité la molestia de las moscas, de la sed y del hambre. A las seis de la tarde nos trajeron un bollo de pan a cada uno y una escudilla de agua, me comí el pan y seguí durmiendo. Habían transcurrido cuarenta y ocho horas y continuaba con sueño. Por la mañana del 5 dieron orden de sacarme a mí junto con los otros tres dirigentes del alzamiento y fuimos trasladados a las fosas del Castillo Libertador.

Esa noche casi no dormimos, el frío y la humedad eran espantosos. Me di cuenta de que el hacinamiento en que nos encontrábamos en la celda anterior nos permitía mantener el calor, pero como ahora sólo éramos cuatro personas y las fosas están bajo el nivel del mar, el calabozo resultaba una nevera. Me pasé la mayor parte de la mañana leyendo las inscripciones y letreros que cubrían las paredes. Traté de encontrar alguno de la época de Gómez pero los más antiguos eran de 1952. Quizá la piedra de las paredes había sido raspada para limpiarla y se habían borrado las inscripciones anteriores. La mayor parte de los letreros hacían alusión a grandes pasiones amorosas o a inusitados castigos de los cuales siempre resultaba responsable algún sargento. Había unos letreros muy expresivos firmados por un tal «Minuto», quien parecía haberse pasado la mayor parte de su servicio arrestado. Tiempo después supe que «Minuto» era un infante de Marina que murió el 3 de junio luchando a nuestro lado.

Durante el tiempo que permanecí en la fosa pensaba insistentemente en dos personas. En el general Pardo, cuando yo era niño y me relataba su prisión en aquel mismo castillo, y en C. Me preguntaba si ya en Caracas se sabría mi detención. No había querido decirle de mi participación en el alzamiento temiendo una indiscreción, bien intencionada pero fatal; quizá porque no quise que sufriera, o a lo mejor porque me sentía tan optimista que prefería que ella supiese de los acontecimientos cuando hubiéramos triunfado y yo resultase uno de los líderes de la revolución victoriosa. Las circunstancias de nuestra relación hacían difícil que ella se comunicase con mi familia pero estaba seguro de que se las arreglaría para saber de mí y que ya habría relacionado mi desaparición con el levantamiento. Pensar en C. y en el general Pardo me ayudaba a sobrevivir y a aislarme de las condiciones físicas en las que me encontraba.

Hice una pausa para servirme otro vaso.

—Nosotros nos enteramos por la televisión. Fue muy duro para mis padres cuando dieron los nombres de los civiles comprometidos. De esa manera supimos que mi hermano estaba entre ellos. Además, no imaginaba que eran tan eficientes, pero constantemente pasaban la foto de su cédula de identidad junto a la de otro de los líderes, insistiendo en que eran responsables de la pérdida de los jóvenes soldados venezolanos que morían defendiendo la Patria. Mi madre tuvo un ataque de nervios.

—¿No lo sospechaban?

—Sinceramente no, para ese momento sabíamos de su militancia comunista pero no que había ido tan lejos. A los pocos días salimos para Puerto Cabello. Mi padre tenía amistad con un general y pensaba que le permitirían visitarlo, pero no fue posible. Cuando llegamos ya lo habían trasladado al penal de Tacarigua, en Valencia, y durante un tiempo estuvo totalmente incomunicado.

—¿Sabe lo que más me gustó de toda la crónica? El pudor para nombrar a la que era su amante. Una escueta C. ¿La conoció?

—No conocí a C.

—No me mienta.

—¿Está segura de no haber pertenecido a la KGB o a la Stasi?

—Dígame quién era C.

—Para su información, C. era bastante mayor que mi hermano. Le añadiré que casi contemporánea de mi madre, y por lo tanto no está viva. No podrá ir a visitarla.

—¿Cómo sabe tanto si dice no haberla conocido?

—C. se presentó en mi casa pocas horas después de que dieran la noticia por televisión. Esa noche vino mucha gente, amigos de la familia que se atrevieron a hacerlo. Otros prefirieron ignorar la situación. Recuerdo que llegó a reunirse un grupo bastante grande. Los hombres se encerraron en el despacho de mi padre para discutir con él qué podía hacerse para intentar evitar las torturas. Las mujeres acompañaban a mi madre en la sala. Ahora que lo pienso era como un entierro. Entre aquellas personas se encontraba C.

—Qué casualidad.

—Pues así fue. Su visita fue corta, se mezcló con el resto de la gente para pasar más o menos desapercibida. Lo que quería era averiguar si teníamos noticias concretas, y como no sabíamos más de lo que habían dicho en la televisión, se fue pronto. Pasó inadvertida para todo el mundo menos para mi madre. Mamá llevaba un registro muy bien actualizado de sus amistades, de los vínculos y sus proximidades, y C. era una de esas personas que quizás había conocido alguna vez, o simplemente había leído su nombre en una reseña social del periódico, pero no formaba parte del mismo círculo y en su registro no aparecía con la suficiente cercanía como para justificar su presencia en un momento como aquél. Por otra parte, supe después, C. no se distinguía por su fidelidad, y al parecer tenía debilidad por los jóvenes. Todos estos cabos los ató mi madre en pocos minutos y nos los comunicó a mi padre y a mí cuando la gente se marchó. Papá se mostró indignado, dijo que la vida sentimental de mi hermano no era lo que estaba en juego, y a mí, pues, creo que dentro de las circunstancias, me impresionó aquella pasión que llevaba a C. a tomar el riesgo de ser descubierta. Le anticipo que no supimos más de ella.

—¿Su hermano tampoco?

—Practicaba una caballerosidad antigua y hubiese sido incapaz de dar el nombre de una mujer casada.

—Pero lo sabe, obviamente su madre la nombró cuando ató cabos.

—Es probable, pero no lo recuerdo. Estábamos demasiado preocupados como para pensar en ella. Fue un comentario breve, algo así como, «esta mujer vino porque tiene algo con él». No creo que pasó de allí.

—Comprendo.

—No quiere creerme.

—Me gustaría saber más de C.

—En ese caso tendremos que inventarlo.

—Muy bien. Empecemos por el principio. ¿Dónde la conoció?

—En los años cincuenta había en Caracas un punto de reunión que fue durante una década el centro más importante de la bohemia de clase alta. Se bebía, se enamoraba y se jugaba. Se recitaban versos, se hacían fiestas de disfraces, se tocaba música, se hablaba de política. Tenía lugar en la casa de una pintora, los sábados por la noche, y el ambiente se prolongaba hasta la madrugada. Mi hermano era uno de los asiduos participantes.

—Muy diferente a los Ruiz González.

—Opuesto, diría yo. Pero a él le gustaban los contrastes. En la casa de Turmero las Ruiz González pasaban el día regando los helechos del patio con doña Francisca, y ocupándose de que la tertulia de hombres estuviera bien servida. Si acaso una sonrisita velada, o una sombra de vestido entre las columnas del patio, o una bailadita de joropo en una ternera de la hacienda, para que las muchachas fuesen viendo pretendientes. Aquí eran mujeres que bebían parejo con los hombres, pintaban, escribían, eran artistas, discutían de política, y vivían sus amores, más o menos clandestinos. Mi hermano vivía en la hacienda pero acostumbraba a venir los fines de semana a la ciudad. Hacía un rápido pasaje para visitar a mis padres, dedicaba unos quince minutos a preguntarme cómo me iba en el colegio, y luego desaparecía hasta el domingo a la hora de almuerzo en que comía con nosotros antes de regresar a Turmero. Esa rutina la repitió durante varios años.

—¿Qué razones había para que C. asistiera a una tertulia de intelectuales?

—Es que no era una tertulia, era una especie de fiesta, de *open house*, como se decía entonces, en donde un grupo de personas se reunía para divertirse. Eran más o menos las mismas, con derecho a llevar a alguien que por sus características no desentonara del resto, y donde lo más culto y avanzado de la clase alta se permitía diferenciarse de la burguesía adinerada, dedicada al mal gusto y a los viajes de compras.

—Comprendo. Era la *gauche divine*.

—No hablo francés.

—No importa, continúe.

—Bien. Me preguntaba qué razones había para que C. asistiera a estos encuentros. No lo sé, tampoco era indispensable una razón. Supongo que a ella y al marido, estaba casada entonces, los llevó alguno de los acostumbrados. El marido, desde luego, no se distinguía por su refinamiento. Era un banquero muy bien avenido con el régimen, tampoco ella había demostrado algún interés intelectual o artístico. Quizá tenía ganas de reunirse con gente inteligente, quizá buscaba un amante, quizás estaba aburrida.

—Y ahí entra él.

—En estas reuniones a veces se producían pequeños espectáculos, una representación de disfraces, un concierto improvisado, una lectura de poemas. Tengo entendido que fueron visitantes gente como Neruda, Alejo Carpentier, Malcuzynski. No sé si esto le sugiere algo.

—Creo que sé lo que ocurrió. En una de las visitas de Neruda, la anfitriona preparó un recital de sus poemas y se escogió a los mejores decidores. Alguien, quizás Otero Silva, fue el encargado de leer uno de los *Veinte poemas de amor*. Cuando se escuchó lo de «es tan corto el amor, y es tan largo el olvido», C. estaba al lado de su hermano y le preguntó, «¿te gustan los amores cortos o largos?»

—¿Y qué contestó él?

—Para ese momento su hermano era un militante del Partido Comunista y estaba metido de lleno en la conspiración contra Betancourt. Su vida podía ser corta o larga. Podía durar una noche o cuarenta años, de modo que su respuesta fue «hay que corregir a Neruda. Es tan corto el amor como el olvido».

—¿Y entonces?

—Entonces alguien los mandó a callar porque sus murmullos molestaban al recitador. Pero ya el pacto estaba cerrado.

—Sin embargo, veo un problema logístico. ¿Dónde se veían?

—Me sorprende su ingenuidad. Su hermano tenía un apartamento de soltero —*garçonnière* es el término apropiado para la época— en la avenida Libertador. Se encontraban los sábados por la mañana y C. le diría a su marido que iba de compras o a la peluquería. No es tan difícil. Probablemente el banquero jugaba al golf mientras tanto, y si, a su vez, tenía algún entretenimiento, los sábados se prolongaban hasta la noche, hora en que su hermano se iba a la casa de la pintora, a la que C., para evitar sospechas, dejó de asistir, y si volvió, fue en alguna otra oportunidad en que él no estaba presente.

—¿Tiene usted un pasado adúltero?

—No crea. Pero me gusta el folletín.

—¿Cree que mi hermano cumplió su promesa?, me refiero a olvidarla en corto tiempo.

—Supongo que sí. A partir de los acontecimientos de Puerto Cabello, la existencia se convirtió para él en una aventura demasiado complicada como para nostalgias personales. Un hombre que tenía que sobrevivir en una cárcel, planear una improbable fuga, y saltar al exilio, donde lo esperaba sin saberlo Irène Lenirov, no podía cargar con aquel fardo. Tenía, como dice Machado, que andar ligero de equipaje. Y la pobre C. era una carga pesada. Casada con un banquero, ¿qué fue de ella? Se limitó al recuerdo.

—Para ella sí fue corto el amor y largo el olvido.

—Es lo más probable. Quedó contenta de haber vivido un deseo efímero pero consistente; y también halagador, puesto que su amante era un hombre veinte años más joven, y sin desenlaces indeseables, ya que al muchacho lo ponen preso. C. llora la noche en que va a la casa de sus padres a obtener noticias. Está sincera y profundamente conmovida, pero aliviada. El peligroso corto amor ha terminado y comienza el tranquilo largo olvido.

—Veo que mi hermano va dejando en el camino una lista de adúlteras inconsolables.

—Ah, pero no puede comparar a C. con nuestra inolvidable Irène Lenirov. Para Irène el amor no es un acontecimiento que da un momento de brillo a su aburrida existencia. Para ella vivir es arriesgar la vida, no es una turista del amor. No lo mete en la cama para sacarse el fastidio de Miret, para eso serviría cualquiera. Se acuesta con el exiliado latinoamericano porque entre las sábanas siempre húmedas de su apartamento de rue Monsieur Le Prince, late la Revolución.

—¿No habíamos quedado en que la rusa era una espía profesional y que sus amores con mi hermano formaban parte de su trabajo?

—No, de ninguna manera, nunca quedamos en eso. Irène es una verdadera existencialista. Una joven educada entre Juliette Greco y Camus. Una niña para la nada. La existencia no era para ella un hecho asegurado sino una respiración que a duras penas se mantiene. Podía haber muerto en un acto de terrorismo, desaparecer en el hundimiento de un transbordador en el Mar Negro (¿hay transbordadores en el Mar Negro?) tanto como haber sido víctima de un atentado de la OAS en Argel. Era como su hermano, un posible héroe de la batalla de Carabobo o un soldado anónimo de las Brigadas Internacionales. Un combatiente herido en la Sierra Maestra o un campesino vietnamita que salta en pedazos bajo un bombardeo. Cuando se despiden en la Gare du Nord, a Irène se le va un pedazo más de su respiración en el tren que lleva a su hermano a Londres. Pero no tiene lágrimas para eso. Nunca ha pensado que la vida tiene lugar en un sofá confortable.

—Creo recordar que en la estación de tren vimos las lágrimas de Irène confundirse con las gotas de lluvia que resbalaban por la ventanilla del vagón.

—No se precipite, eso no ha ocurrido todavía, y además no sé si lloró o no en ese momento. Es probable que lo hiciera, pero yo no me refería a la exudación de sus lagrimales, ¡por favor! Me refiero a unas lágrimas metafísicas. Irène Lenirov no tenía un llanto para ofrecer en aquel momento. No era una ahorrista de momentos gratos, no estaba construyendo un recuerdo para los días de otoño, ni era una pequeñoburguesa lamentando el estropicio de unas copas rotas. Su hermano era parte de su propia existencia desvanecida. Había ocurrido y eso era todo. Su vida también estaba ocurriendo, al mismo tiempo que dejaba de ocurrir.

—No veo la diferencia con C.

—Definitivamente usted tiene poca perspicacia para las mujeres.

—Eso decía mi hermano.

—Y con razón. Pero no creo que él tampoco supiera nada de esto. Creo que se despidió de Irène de la misma manera en que pensó en C. cuando estaba encerrado en las fosas del castillo de Puerto Cabello. Sufrió la despedida con estoicismo pero su vida era coto privado.

—En eso nos parecemos. No me tome por un antifeminista pero la presencia de las mujeres me resulta agotadora. Debe ser que soy lo que usted llamó un ahorrista de momentos gratos, me gusta que sean cortos y me cansa la vocación por mantenerlos. Las mujeres tienen tendencia a ello.

—Su caso es distinto, querido amigo.

—Le confieso que me irrita este juego de las comparaciones. C. versus Irène Lenirov. El banquero versus Miret. Mi hermano y yo. Tengo la impresión de que usted nos va dividiendo en héroes y antihéroes, y no sé en qué funda su derecho a formar estos dudosos bandos.

—Estoy tratando de construir unos personajes. No es nada personal, y por favor, no lo tome a mal. Esta noche nos hemos divertido bastante.

Miré el reloj. El tiempo había pasado asombrosamente rápido. Me pregunté si yo estaba acumulando momentos gratos. Pensé fugazmente si la vida consistía en ello, y disipé tan inútiles pensamientos. Mi interlocutora ya se había puesto el impermeable. En la puerta me entregó la carpeta en la que había llevado las hojas de *La noche sin estrellas*.

—Se la estaba dejando —me dijo en un tono falsamente neutro.

Una vez en mi apartamento continué leyendo lo que mi hermano había escrito sobre la cárcel. Consideré que no añadía nada nuevo y que no se lo enseñaría. Recordé molesto mi acto fallido, olvidar la carpeta sobre la mesa. ¿Quería con ese gesto hacerle entrega a ella de mis recuerdos? ¿Quería perderlos definitivamente? Pensé que tenía, como todo el mundo, el derecho a una distracción y que no era sensato reflexionar por mucho tiempo acerca de una banalidad.

El camión salió del castillo y durante su recorrido los recuerdos del día 2 afloraron. Cada edificio, cada barco, cada pedazo de ese paisaje estaba unido a un recuerdo del que puedo rememorar todos los detalles. Me parecía que tenía meses preso, que hacía muchísimo tiempo del levantamiento, aunque apenas habían transcurrido ocho días. Todo parecía tan lejano. Salimos del área militar y enfilamos hacia la ciudad. No hablábamos. Cada quien iba ensimismado en sus propios pensamientos, que por otra parte debían ser los mismos. No hablar. No ceder ante el enemigo. No darles el gusto de que nos vieran asustados. Me preocupaba una idea: ¿resistiría las torturas?, ¿hablaría? Recordaba el dolor más intenso que había tenido en mi vida, una fractura por una caída de caballo, un día que montaba con el general Pardo. Me vendó como pudo y acostado sobre el caballo regresé a la hacienda. Si me hubieran dicho entonces que cometiendo una debilidad o una vileza desparecería el dolor, ¿lo hubiese hecho? No, me decía. Esos pensamientos me reconfortaban. En los últimos días había conversado mucho con un compañero que había sido torturado en la época de Pérez Jiménez. Él, muchos, habían aguantado; los buenos. Claro está que otros hablaron, los débiles. Yo no podía ser de ésos. Yo no hablaría, pero deseaba probarlo de una vez, que lo que fuera a pasar pasara pronto.

El camión entró a Puerto Cabello y se dirigió hacia la sede de la policía. El camino me era conocido, era el mismo que seguimos la noche del 2 de junio. Llegamos a la esquina donde habíamos dividido a los hombres. Yo había dado la vuelta con un pelotón para tomar la otra bocacalle. Nos paramos frente a la puerta. El suboficial se bajó, habló con un civil que armado de un fusil montaba guardia. Le enseñó un papel, regresó, el camión arrancó de nuevo. En dirección hacia la salida de la ciudad, nos detuvimos frente a la estación de tren, conocía bien el lugar. En la estación existe un bar, el Ferro-Bar, que fue mi punto de contacto con los oficiales de la Infantería de Marina. Es un bar muy popular donde se podía tomar cerveza y comer ostras sin despertar sospechas. Las luces del Ferro-Bar aparecieron ante mí desdoblándome como si fuera el protagonista de una película. Desde el camión pude ver a la gente que estaba adentro, y me parecía ser uno de ellos. Días antes del levantamiento vine a hacer el último contacto y concretar los detalles, me había pasado allí la mayor parte del día esperando el aviso de los oficiales de la base naval para unirnos al movimiento de Carúpano. Pero el camión pasó de largo con otro destino.

El año anterior se había construido un campo de concentración en la isla del Burro, un islote situado en el Lago de Valencia, donde anteriormente había existido un penal para delincuentes comunes. Ese penal fue acondicionado con unas cercas perimétricas electrificadas. Consistía en cuatro galpones enormes, de cien metros cada uno, divididos a su vez en dos salas y unos pocos baños. En una vieja casa del antiguo penal funcionaba la dirección y algunos calabozos individuales con un pequeño saloncito para los oficiales presos. Todos los detenidos por motivos políticos en las diferentes cárceles de Venezuela íbamos a ser recluidos allí. Cuando nos montaron en camiones y vimos que nos dirigíamos hacia Valencia, comprendimos nuestro destino. La sola idea nos desagradaba a todos. El Lago de Valencia es muy caluroso y la isla tiene mucha plaga, además del aislamiento natural que proporciona su ubicación. Nos montamos custodiados por la policía militar; en cada camión iban parados en el medio unos cuatro o cinco policías, nos seguía un gran aparataje de vehículos militares. Así salimos hacia Tacarigua. Serían las doce de la noche y llegaríamos como a las cuatro de la mañana al muelle, que yo conocía pues cuando vivía en Aragua solía pescar patos y tenía una lancha con la cual recorría frecuentemente la laguna.

La llegada fue brutal, nos recibió la Guardia Nacional a insultos, a empujones, a golpes. En esos días había ocurrido una acción insensata de un grupo de guerrilleros en el tren de El Encanto, en el que habían matado a cuatro guardias nacionales, y los insultos eran «éstos son los mata-guardias, ése dicen que es de El Encanto», y empezaron a darnos planazos. Nos montaron en una gabarra todavía esposados. Uno de los guardias la cogió conmigo y me dio como veinte planazos; para meterme miedo, supongo, en una forma muy infantil, me amenazaba diciéndome «mira, aquí en esta laguna hay un cocodrilo, te vamos a tirar para que te coma el cocodrilo»; en medio de la planazón y de la arrechera que tenía no podía reírme, pero era francamente cómico. Cuando llegamos a tierra nos recibió el comandante del penal, quien personalmente también nos empezó a echar plan, a lo que se sumaron otros guardias, y a plan nos metieron, haciéndonos caminar como unos doscientos metros por la isla, plan va y plan viene, indiscriminadamente, y así nos llevaron hasta los que iban a ser nuestros galpones.

Toda la isla estaba separada y cuadriculada con unas alambradas de púas muy altas, de cuatro metros, y con alambres más o menos cada cinco centímetros y en forma de zig-zag. Empezó a amanecer y nos dimos cuenta de que en uno de los galpones vecinos había otras personas además de nosotros, y nos comunicamos a gritos. Era la gente que venía de La Orchila, un grupo de guerrilleros recapturado en Puerto Cabello, a los cuales todos conocíamos. Como al quinto día nos abrieron la puerta y nos dejaron salir al patio, y pudimos saber que había otro lote de presos que venían de la Cárcel Modelo de Caracas. Bautizamos los galpones con los nombres de donde procedíamos: Porteñazo, Carupanazo, La Orchila.

Después de unos días la brutalidad disminuyó y se fue imponiendo una rutina que consistía en lo siguiente: a las cinco de la mañana se nos pasaba lista, luego se nos abrían las puertas y podíamos circular en el área comprendida en la explanada de tierra que estaba frente a los calabozos y por el patio de atrás, donde incluso se podía jugar béisbol. Era un patio que tenía como ciento veinte metros por otro tanto en cuadro, y alrededor de todo este conjunto estaban las cercas perimétricas y las garitas con centinelas de vista, más o menos cada veinte o treinta metros. Había dos tipos de cerca, una con alambres de púas y otra electrificada que funcionaba por un sistema de fotocélula, novedoso en Venezuela para ese momento, que daba la alarma al ser atravesado por un cuerpo. En este país tan original ocurrió que los rabipelados, que abundaban en la isla, empezaron a producir falsas alarmas, y los oficiales de guardia desactivaban la cerca porque todo el tiempo los mantenía despiertos y en movimiento con alarmas totalmente injustificadas. En efecto, nos dábamos cuenta de cómo repentinamente empezaban a prender luces y giraban los reflectores; eran los sorprendidos rabipelados que atravesaban por allí y que después se achicharraban en la cerca eléctrica, en la que los dejaban pudrir porque a los soldados les daba miedo acercarse.

En este patio podíamos estar hasta las once y media, hora en que nos daban el almuerzo, y de nuevo hasta las seis en que nos daban la cena. Después que comíamos, inmediatamente nos encerraban en los calabozos hasta la mañana siguiente. Los días de visita éramos conducidos a un terreno con unas matas de mango, bastante grande, tendría unos dos mil o tres mil metros cuadrados, con centinelas de vista que nos custodiaban pegados a la cerca.

Sobra decir que la rutina de un preso tiene muchas horas libres. Un grupo de nosotros decidimos complementar la escasa instrucción de muchos de los compañeros jóvenes, campesinos o muchachos pobres que no habían ido a la escuela. Decidí utilizar los conocimientos que me había dado Julio Medina y mis lecturas personales para comenzar por unas clases de historia de Venezuela, en las que pretendía darles una interpretación de la lucha de clases desde la Independencia hasta nuestros días. Conmigo estaba un profesor universitario que complementaba mis clases con nociones elementales de marxismo. Sin embargo, no llenaba todo el tiempo y pensaba obsesivamente en un plan de fuga.

El recuerdo del general Pardo también era recurrente. Evocaba las anécdotas que él me había contado de sus años de prisión en tiempos de Gómez. La imagen de Gómez formaba parte de mis evocaciones infantiles. Cuando era niño mis padres hablaban de él, en voz baja y sin mencionar su nombre, y también se referían constantemente a un conocido que llevaba muchos años preso. Lo llamaban «Pelón» y era el marido de una íntima amiga de mi madre. Yo me sentaba cerca de mis padres y simulaba jugar con mi colección de soldaditos de plomo, pegar sellos en un álbum, o leer historietas, para escuchar qué era lo que decían mientras susurraban el nombre de Pelón. Después me iba a la calle y, en unos terrenos vacíos, jugaba a la guerra. Yo era Bolívar, o Napoleón, o D'Artagnán, y saltando entre las piedras y los matorrales me veía a mí mismo entrar en la cárcel en la que Pelón se estaba muriendo, y con un golpe de mi espada lo liberaba. Pero, más tarde, al regresar a mi casa, veía el rostro apenado de mi madre, la luz en penumbra del atardecer, y sabía que Pelón seguía preso, y yo inexplicablemente triste.

El día que murió el general Gómez hubo en mi casa el mayor alboroto que puedo recordar de mi infancia. Salí con mis padres a recorrer las calles; en medio de los saqueos y gritos de «abajo la tiranía», yo pensaba «ahora soltarán a Pelón». Y efectivamente así fue. Fuimos a su casa, nos recibió su esposa, la amiga de mamá. Pelón estaba acostado en su habitación. Vivió, creo, uno o dos meses más. Recuerdo también que al salir de la casa de Pelón vimos en una pared un letrero en rojo que decía «Asesinos». Mi padre dijo que estaba escrito con sangre.

A los dos meses de estar en el penal, Alberto Araujo consiguió una cédula falsa para poder visitarme. La visita se efectuaba dando paseos por aquel terreno inmenso y las conversaciones entre los presos y sus visitantes no eran escuchadas. Alberto y yo no perdimos tiempo en explicaciones acerca del levantamiento y la detención. Mucho menos en las diferencias estratégicas que habíamos mantenido en el Partido. Tampoco quise relatarle las torturas, no he querido nunca hablar de ellas. Me bastaba con saber que las pude resistir. Ya todo eso había pasado. Discutimos las posibilidades de fuga que a primera vista eran improbables. A partir de la conversación con Alberto, decidí ser uno de los primeros en intentarlo, pues era sabido que después de una fuga se iban cerrando las grietas iniciales. Y como aquélla era una cárcel nueva tenía que haber grietas. Así empecé junto con otros dos compañeros a estudiarlas para trazar un plan que ejecutamos el 25 de diciembre de 1963.

Decidí no llevar ese fragmento. Contenía la parte más heroica y, francamente, a estas alturas me resulta una emoción innecesaria.

17

—¿DE QUÉ HABLA el manuscrito de Irène Lenirov? —insistió mi interlocutora en nuestro siguiente encuentro.

Sabía que ese tema había tocado su curiosidad femenina y me divertía alargarlo.

—Algo de visitar la tumba de Antonio Machado, se quejaba de que no habían ido juntos.

—¿Tiene usted idea de por qué Irène Lenirov quería visitar la tumba de Machado?

—Supongo que quería ver el cementerio blanco de Collioure mirando al mar.

—¿Ha estado allí?

—Ya le dije que no he estado nunca en Francia.

—¿Y cómo sabe que el cementerio de Collioure es blanco y mira al mar?

—No es necesario haber estado en un lugar para saber cómo es.

—¿Pero trajo o no el manuscrito de Irène Lenirov?

—Está actuando como una niña.

—Acaba usted de decir la frase más estúpida posible. ¿Se está burlando de mí?

—En absoluto.

Me quedé en silencio sorprendido. No pensé que mi respuesta, sin duda estúpida, pudiera haberla molestado, y siempre repetiré que me desagrada producir una molestia gratuita. Me gusta pasar inadvertido y producir una molestia es dejar una huella. No, por el contrario, quiero pasar al lado de los demás sin que puedan recordarme, sin que sientan que los he tocado. Me da asco tocar los sentimientos ajenos.

—Vamos —le dije sonriendo forzadamente e intentando simular una paciencia que no tengo—, no se ponga así. Ya le he contado muchas cosas así que también le mostraré la página de Irène Lenirov. Si no es esta noche, será cualquier otra.

Mi interlocutora optó por un silencio recio y entendí que la huella se había producido. Aún a su edad conserva ese rasgo femenino de la sensibilidad. Uno de los que más me cansan. Al rato dijo:

—¿Irène no le dejó ningún objeto a su hermano? ¿Ningún recuerdo?

—No que yo sepa.

—Un camafeo, por ejemplo. Yo creo que una rusa debe tener guardado un camafeo que fue de su abuela y que sus padres lograron sacar escondido cuando huyeron de Rusia.

—¿Un camafeo que ella le regaló cuando se separaron en la estación de tren?

—Seguramente ese día, cuando su hermano se iba de París, estaba lloviendo. No es difícil que llueva en París, una lluvia culta y delgada que lentamente empapa los abrigos. Es una escena muy conocida pero maravillosa, hay gotas de lluvia en el vidrio, la cámara enfoca un primer plano de Irène llorando frente a la ventanilla, y después el rostro de su hermano, algo borroso, del otro lado. Suena el pitido anunciando la salida del tren, una señora con un niño de la mano corren en dirección al vagón y logran montarse, chocan con Irène que queda en el andén viendo alejarse a su amor. Tristemente vuelve caminando a la rue Monsieur Le Prince donde seguramente la esperan Miret y un sandinista. Nunca más se verán, a menos que nosotros decidamos otra cosa.

—¿Y el camafeo? —pregunté.

—El camafeo se lo entrega Irène en el momento en que él la abraza por última vez al subir al tren. Su hermano lo guarda en el bolsillo interior del impermeable. Es un regalo sin sentido. Simplemente Irène quiere darle un objeto irremplazable. Ese camafeo se pierde. Su hermano, de un viaje a otro, se desprende del impermeable. Quizá lo deja tirado en el hotel de Londres, no le va a hacer falta en Santo Domingo. Probablemente se lo llevará algún empleado del hotel.

Hicimos una pausa, embargados por la tristeza de un camafeo perdido. Continué:

—Cuando tuve que desocupar la casa de La Florida en la que habíamos pasado más de veinte años, me di cuenta de que la vida de mi madre se acumulaba en aquellos objetos que yo hice desaparecer en una semana. Fue una orgía del desvanecimiento. Llené decenas de bolsas de basura con fotos, artículos de periódico, revistas, relojes fuera de uso, discos, llaves perdidas, partes de artefactos descontinuados, hojas de papel, cartas, sombreros de mi padre, sombreros de mi madre, frascos de medicinas. En fin, no quiero exagerar la enumeración. La vida en sus objetos. Me parecía que yo tenía la misión de hacerla desaparecer, que era un dios cansado de observarla y que procedía a su renovación. La vida de mis padres, y por supuesto la mía también, se reducía al polietileno de las bolsas de basura. A partir de entonces he sido muy cuidadoso con ese problema. Trato de no acumular absolutamente nada.

—Lo comprendo. Cada objeto guardado representa un dolor que nos amenaza en el futuro. Cuando murió mi padre puse especial empeño en conservar un llavero que siempre utilizó para las llaves del automóvil. Lo guardé durante años como si en él estuviera la mano de mi padre, y un buen día no lo encontré más.

—¿Qué quiere decir con eso?

—Nada muy distinto a lo que usted quiere decir con su orgía del desvanecimiento; que por instantes los objetos dan testimonio de la existencia pero es necesario vaciar la existencia de testimonios. O dicho de otro modo, el testigo a su vez debe desaparecer.

—La muerte se encarga de eso, ¿no cree?

—De un modo incompleto. En cambio, usted metiendo en bolsas de basura los inútiles objetos que su madre atesoró toda la vida constituye una escena extraordinaria. Representa un acto de voluntad. La muerte a secas puede ser como un golpe de viento, se lleva algunas hojas y otras no. Es azarienta. Usted demostró una verdadera intención de desaparición y eso es digno de alabanza.

—Yo sólo quería vaciar la casa para venderla. No me atribuya una intención ética o estética que no tuve.

—No sea modesto. Sus padres habían muerto. Su hermano había optado por una desaparición que podríamos llamar geográfica, y en ese momento usted ignoraba que había tenido una hija. Vendió la casa y la fábrica de muebles. Nada quedaba de nada. Usted quería darse otra identidad, salir de su historia, del confinamiento de su pequeña historia. Se las arregló para que su mujer se perdiera entre los rascacielos de Nueva York, y luego metió en bolsas de basura la historia de una familia. Es usted un genio.

—Une las situaciones dándoles un sentido que no tienen. Fabricándolo a su antojo.

—El único problema —siguió sin ponerme atención— es *La noche sin estrellas*. Allí le falló el acto de desaparición. Carmen Leonor, por su misma ignorancia, guardó esa caja de zapatos con los papeles de su hermano, se la entregó y usted pisó la trampa. No pudo resistir la tentación de monumentalizar el testimonio. ¿Por qué no se deshizo de la caja de zapatos? No tuvo la grandeza de deshacerse de sí mismo.

—Esos papeles hablan de mi hermano, no de mí.

—No sea majadero. Usted es su hermano. Lo sé hace tiempo. Usted se inventó a su hermano, o sea, el personaje que quiere representar.

—Lo que dice es demencial.

Se puso a reír sin poder parar. —Se asustó, ¿no es verdad? Se asustó por un momento de ser él. Alguien cargado de testimonios, de memorias, de nostalgias, alguien que apesta a pasado. Usted en cambio no huele a nada, es un ser puro. Se limita a existir y nadie lo recordará cuando deje de hacerlo. En cambio, la voz de su hermano es una pesadilla. No hay más que oírla relatando para sentir que se le viene a uno encima todo lo que no existe. Una ciudad, un país, una lucha política, un sistema de ideas. Una aventura trascendida. Produce ganas de vomitar.

—No tiene que escucharlo si no quiere —interrumpí molesto—. Le he leído algunos fragmentos porque se mostró interesada pero no me siento necesitado de hacerlo.

—¡Ah, no sea embustero! Claro que se siente necesitado. Cuando yo era niña me gustaba el olor de la gasolina, me gustaba y a la vez me repugnaba. Me gustaban olores así, el de un animal de peluche que olía a sudor, a orina, a intimidad. Me gustaba meter adentro la nariz, y me gustaban las estaciones de gasolina cuando mi padre me llevaba en el carro, y aspirar profundamente aquel olor que me excitaba y a la vez me daba ganas de vomitar. También me gusta el olor nauseabundo de un compartimiento de segunda de un tren europeo, y me gusta el olor de hacinamiento que producen todos esos presos entre los cuales se encontraba su hermano. Y así, de ese olor, es la voz de su hermano. La pestilencia de los detalles que marca, los matices que anota, la contextura de realidad que le da a su pasado narrando sus aventuras. La gigantesca construcción que alza a partir de las nimiedades de una existencia. La convicción de la importancia del país que describe. A usted le gusta sumergirse en ese olor, no lo niegue porque no se lo creo, y además le hace daño negarlo. No se despoje de ese placer atormentado de ser observador de lo inexistente. De ese placer que debe ser parecido al que experimenta cuando se masturba pensando en Eurídice.

—Me parece que hay ciertas reglas en este juego y deben ser respetadas.

Me dio lástima su expresión de niña regañada al ser descubierta en una travesura, pero no quise ablandarme.

—Yo no me doy el derecho de hablar con esa soltura de su intimidad, sobre todo porque no me interesa. Y menos de inventármela —le dije conteniendo la furia.

—Tiene razón —contestó ella en voz baja—. A veces me sobrepaso. Le ruego que me disculpe. Quise decir...

La interrumpí. —Ya sé lo que quiso decir.

Mi interlocutora quedó avergonzada.

—Estaba pensando en Irène Lenirov —dijo al rato— y en Eurídice. Mi Eurídice, no la suya. Pensé que yo podría utilizar la vida de la rusa, en fin, la vida o el relato que usted hace de su vida, para justificar la desaparición del personaje sin ese desenlace que me parece tan ramplón como el accidente de automóvil.

—Había entendido que la novela de Crooks tenía lugar en el presente. Irène debió nacer hacia 1916, más o menos.

—Eso no tiene ninguna importancia. Yo la puedo meter en una trama actualizada. ¿Qué le parece el espionaje israelí? ¿El narcotráfico? ¿La ETA? ¿El Sinn Fein? ¿Los neonazis? ¿La disidencia cubana? Yo la puedo perfectamente hacer aterrizar en Belice para que desde allí prepare un traslado de armas a la isla, como podría mandarla a Irak a espiar las bases nucleares de Hussein. Hasta se me ocurre otra posibilidad, un poco localista, es cierto, pero plausible. La pongo de amante de un circunspecto político sexagenario que la manda a matar antes de que un servicio de investigación bancaria descubra que poseen varias cuentas conjuntas en Londres, Zurich y Toronto. Ella es tan ávida que está dispuesta a revelar el secreto a cambio de una suma fabulosa que le ofrece otro político, opositor del primero, y que le va a pagar con dinero proveniente del cartel de Medellín. ¿Cómo lo ve?

—Nauseabundo, ya que le gusta ese adjetivo.

—Eso es lo que quería oírle decir. Me gusta su fidelidad hacia nuestra Irène Lenirov. ¿Podemos decir que es un poco de los dos?

—Era sobre todo de mi hermano.

—Ambos han pasado a ser propiedad nuestra. Al fin y al cabo los estamos reconstruyendo y salvando del deterioro en que los había dejado la vida. Su hermano murió, y en cuanto a ella, si está viva a estas alturas, creo que Miret, que era más jovencito, ha debido meterla en un asilo, porque subirla sin ascensor al apartamento de la rue Monsieur Le Prince debe ser difícil. ¿Sabe usted si habrán puesto ascensor?

—Quizá deberíamos viajar a París a visitar a los Miret, tocar el timbre, seguro estarán en casa. Es invierno y él ya estará jubilado de la universidad, deben salir poco; se sientan junto a una estufita y ven televisión. Nos presentaremos como los últimos mohicanos de la revolución venezolana, nos harán pasar inmediatamente, y nos ofrecerán un té. Supongo que una rusa debe tener un samovar. Tomaremos el té, les diremos que nosotros somos sus autores, y que gracias a nosotros podrán tener la vida que quieran. Podemos escribirles cualquiera. Si no nos creen, le ofreceremos a Miret publicarle el tratado sobre los movimientos revolucionarios que algo me dice no ha visto la luz.

—Fantástico. Ha comprendido usted de lo que se trata. Estaba segura, desde el primer momento en que lo vi entrar aquella noche, que sería el hombre ideal. ¿Le dije que me produjo cierta conmiseración ver que cojea ligeramente de una pierna?

—No, pero yo tampoco le he hablado de la piedad que me inspira su viejo impermeable.

—¿Ve usted muchas películas de Fassbinder?

—Mi actor preferido sigue siendo Errol Flynn.

—Fantástico, de nuevo. Yo le hablé de Errol Flynn esa noche.

—Lo recuerdo perfectamente. No crea que es común que a uno le hablen de *El corsario de los siete mares*, si es que ése era el título de la película.

—No lo era pero he olvidado el verdadero.

—Como Irène y Miret habrán olvidado su vida.

—¿No le parece que la vida es una historia olvidada? El autor, Dios o quien sea, la escribe y de pronto la interrumpe en cierto episodio. Al tiempo se le olvida y ya no puede continuarla. Ese episodio es, por lo tanto, el punto final, el desenlace. A mí me parece que la vida de Irène podría tener como última escena su apartamento en la rue Monsieur Le Prince. Lee un libro que cae sobre sus rodillas. Miret entra y la encuentra muerta. Mira el libro; no lo era. Era un diario de 1966. La página abierta empieza con una entrada en la que dice, «Carlos vino a mi encuentro...» ¿Su hermano se llamaba Carlos? No. Bueno, no importa, ella le dio un falso nombre en el diario para evitar que Miret identificara a su amante. Podía saber que tenía un amante pero no era prudente que conociera al verdadero.

—También podría ser así: Miret ha muerto. Irène le ha sobrevivido a pesar de la diferencia de edad. Tiene un gato. Ella ha sufrido una arritmia después de subir los cuatro pisos (no habían puesto ascensor). Se sienta a descansar, se da cuenta de que la espita de gas está abierta pero no tiene fuerzas para levantarse. Última escena: el gato salta sobre ella. He comprendido, usted quiere decir que la vida de ficción puede acomodarse de acuerdo a la voluntad del autor.

—De ninguna manera. Lo que quiero decir es lo que dije, que la vida es un relato olvidado.

—A veces se pone demasiado abstrusa para mi gusto.

—Abstrusa. Esa palabra me gusta. Intentaré utilizarla con más frecuencia.

Al despedirnos le prometí para el día siguiente el fragmento de Irène Lenirov, dándole a entender que no soy un hombre rencoroso. No me había importado tanto el comentario que hizo sobre mis posibles masturbaciones con el recuerdo de Eurídice, sin embargo, no debe permitírsele a una mujer que le comente a uno su propia vida sexual. Es una invitación a entrar en ella, y aunque mi interlocutora no ha dado muestras de pretenderlo, es mejor estar sobre aviso. Evita incomodidades futuras. Escuché su taconeo mientras se alejaba, y para reforzar el desaliento que me producía, esperé a que los gatos hicieran saltar como siempre las latas de refrescos que se amontonaban a la puerta del bar, pero no ocurrió. Cerca se oyeron unos disparos y sentí miedo.

18

—POR FIN SE DECIDIÓ a traer el manuscrito de Irène Lenirov.

—Léalo usted misma.

Concierto Nº 5 de L'Estro Armonico. *O los de viola d'amore. Saca un poco de hielo, un whisky, agua. Enciende el tocadiscos, escucha la música. Hace mucho calor esta tarde. Calor que derite el hielo en los vasos antes de llevárselos a la boca. Voy a tomar el whisky y veo con placer el dorado del vaso, y los hielos me refrescan, pero más que nada quiero escuchar el concierto. Voy imaginándome un acercamiento triste pero continuo hacia ti, unos pasos que inciertamente me llevan a tu centro, una marcha que sostenidamente avanza, y comienzo a sentir que tu voz me toca, que mis movimientos han sido secundados por los tuyos, y que en distinto tono repiten los míos. Voy sintiendo que te enlazas a mi cuerpo y que mis brazos buscan el tuyo, mucho más allá de donde reposa, que intento abarcarte pero apenas voy repasando las líneas del placer te has ido alejando en una melodía inalcanzable que suavemente se hunde si no fuera por qué, si no fuera porque te adoro, te deseo con una alegre fuerza que quisiera penetrar tus pensamientos, que un anhelo imposible se ha apoderado de mí, y que obligadamente, como los violines, quisiera despertar un deseo en ti, un deseo que reposa lentamente pero que conozco porque lo he visto en los pliegues de tus ojos, de tu piel, de tus gestos, y pienso que me aguarda con paciencia pero a la vez imperiosamente, y ciertamente te estoy esperando para dejar poco a poco entres en mí como lo estás haciendo, como estoy sintiendo el ritmo de tu ascenso, el inicio breve de un estallido dentro de mí, para dejar que surja una fuente que ignoro o que conozco, pero que siempre es nueva, para que brote en mí esta alegría desesperada que deseo inacabable, y que por ello espero no se determine aún, para lograr todo esto, tengo que abrirme a un desgarramiento, a un olvido, a un dejardeser que me es tan difícil por cuanto somos todo el tiempo, somos desesperadamente somos esos seres inaguantables, pues aguantan todo el peso de ser alguien definido, y alguien que es muy alguien tiene, por ejemplo, un resentimiento. Yo no te perdono que no me hayas llevado a Collioure, a ver la tumba de Machado, que ya no veré porque nunca iremos a Collioure y era tan importante. Y tú en cambio no me perdonas algo tan prosaico como que me haya venido la regla en México, y qué culpa tengo yo de haber manchado el asiento del taxi, y tú, enfurecido limpiándolo con el pañuelo. Yo, en cambio, tengo la absoluta negación de Machado en Collioure y un restaurante de mariscos que había en Port-Vendrés, al que no fuimos nunca, y que después íbamos a tener no sólo el placer de recordar ahora, sino que ya lo estábamos recordando en la cama de un hotel de tercera, en unas sábanas blancas y raídas que para siempre tendrían la forma de nuestros cuerpos aquella tarde en Collioure, donde yo iba a creer que era un momento para siempre, y tú me lo negaste porque te pareció lejos o perdido, fuera de ruta, yo qué sé. Nunca más te amaré como te amé esa tarde en Collioure. Pero debo olvidar el asunto Collioure si quiero*

—¿Estamos seguros de que es un original Lenirov? —le pregunté muy satisfecho de haber sido un niño bueno.

—¡Por supuesto que es de Irène! ¿De quién más podría ser? Tiene errores ortográficos, una sintaxis absurda. El viaje a Collioure estaba, o hubiera debido estar, en la ruta París-Argelia cuando viajaron a recibir las armas que pretendían enviar.

—Lo que no me cuadra es lo de México. No supe de ese viaje, pero la verdad es que no supe de todos los movimientos que hizo mi hermano mientras vivió en Europa. Quizá fueron a México a algún contacto.

—No tiene importancia. Fueron a México y no lo sabíamos, como tampoco sabremos otras muchas cosas.

—Pensé que estábamos jugando a la imaginaria reconstrucción de mi hermano.

—Jugar me parece un verbo muy ligero —me regañó. Luego, para sí misma, continuó con el tono del que ha mordido un limón:

—Esta página de Irène es francamente decepcionante, mejor dicho, es repugnante.

Decididamente el humor de mi interlocutora había variado. La noté inconforme. Había llevado aquella página pensando que cumplía con su capricho de leerla y que afirmaría sus hipótesis sobre el personaje de Irène Lenirov, y el efecto logrado era el contrario. Recordé al dueño de la tienda de video, es argentino y sabio. «Las mujeres son como la gata Flora; si se la meten grita, y si se la sacan, llora.» Intenté cambiar el tema pero ya era tarde.

—Irène tuvo un momento romántico. Quiso perpetuar la pasión. Quiso crear un escenario para una simple relación sexual. No me lo hubiera imaginado. Pensó que si su hermano la hubiera *viola-d-amore* en Collioure tendría un recuerdo para siempre. Acabo de decepcionarme de ella. Irène Lenirov también quería un recuerdo para sus días de otoño, diríamos de invierno, a estas alturas del campeonato. Esta carta es la prueba de que la rusa era una mujer como cualquier otra. Borraré todo ese discurso de que era «una niña para la nada», una discípula de Camus, una heroína del instante existencial.

Permaneció en silencio como si Irène Lenirov fuera culpable del asesinato de su inocencia.

—¿Hay otros papeles que no sean de la mano de su hermano?

—Éste es el único, le estoy diciendo la verdad —me estaba sintiendo como un criminal acorralado.

—Al fin y al cabo es usted quien controla la caja de zapatos. Veamos, la carta se interrumpe diciendo que debe dejar de pensar en Collioure para dedicarse a otra cosa, probablemente la misión que los unía en ese viaje. En el fondo no es una carta. Es un desahogo, esas palabras que se escriben cuando pensarlas parece no caber dentro de las situaciones que las provocan. Irène estaba un día sola, en su apartamento de rue Monsieur Le Prince, que en verano debe ser muy caluroso, así como lo es muy frío en invierno, y tuvo un deseo sexual *in absentia*. Se acordó del fallido viaje a Collioure, del fallido envío de armas, de la fallida revolución y...

—Miret entró en ese momento.

—Miret entró en ese momento, y ella, en su mejor estilo de heroína flaubertiana, escondió el papel en el bolsillo de la falda. Por la noche, o al día siguiente —en invierno la gente no se cambia tanto de ropa—, se encontró con su hermano, se desvistió, y el papel se cayó. Él lo encontró días después, o cuando estaba recogiendo sus cosas para irse de París, y tuvo un gesto de ternura. Lo recogió y lo guardó.

—Y estuvo cargando con él hasta Turmero donde empezó a escribir *La noche sin estrellas*. Complicado, ¿no?

—Hay papeles, objetos, fotos, que se niegan a desaparecer a pesar de los viajes, las mudanzas, los años. Son testimonios muy importantes. Nos obligan a saber que somos los mismos. Fíjese que usted, cuando incineró los recuerdos de su familia, no lo logró totalmente y le quedaron algunas fotos que luego pudo regalarle a su sobrina. Y la misma «noche sin estrellas». Todo indicaría que Carmen Leonor, a quien no le sobra precisamente el espacio en su modesta casa, hubiera debido deshacerse de esa caja de zapatos. O alguno de sus nietos destruirla sin ni siquiera saber qué estaba haciendo ni qué contenía, sin embargo no ocurrió así. Y en su apartamento la caja se arrinconó y fue milagrosamente rescatada del olvido por la conserje que le hace la limpieza. Es el azar el que nos salva de la desaparición.

Fuimos interrumpidos por el dueño. No podía dejar de pensar en el robo del que había sido víctima esa mañana y quería darnos los detalles de todo lo que hubiera podido suceder.

—Por media hora nos salvamos, por media hora. Mi mujer tenía cita con el médico y acabábamos de salir, y precisamente yo venía del banco de hacer los depósitos. Si nos encuentran aquí seguramente me hubieran amarrado para hacerle cualquier barbaridad a mi mujer. Pero como no estábamos y no había dinero en caja, sólo se llevaron unas botellas y la televisión. Yo lo que digo es que aquí hace falta mano dura con esos bandidos. ¿No les parece? Mano dura y se acaba toda esa vagabundería de gente que quiere vivir del trabajo de los demás.

Mostramos nuestro absoluto acuerdo, lo felicitamos por la suerte de que los daños a lamentar fueran pocos, le ratificamos nuestro propósito de seguir acudiendo a La Fragata, a pesar de la inseguridad y, como siempre que estaba conmovido, nos mandó a la mesa unas copas del vino rancio que guardaba para las invitaciones. Me sentí molesto por su interrupción. Después mi interlocutora y yo no pudimos retomar el tema anterior, o en todo caso se nos degradaba un poco.

Volví a Irène Lenirov porque no pude evitar releer el papel cuando regresé a mi apartamento, y pensé que probablemente la interrupción era la causa de su dolor. Ella había imaginado un extraordinario momento en Collioure y la realidad lo había interrumpido. No conozco ese lugar ni nunca hubiera pensado que pudiera ser tan importante para alguien. Tampoco, es verdad, conocí a Irène. Pero mi hermano, tan experimentado con las mujeres, debería haber medido la importancia de ir a Collioure. Supongo que decidió no hacerlo porque su interés estaba puesto en llegar a Argelia. Seguramente atribuyó el malestar de Irène a la sensibilidad femenina, a la perturbadora capacidad de las mujeres de aferrarse a nimiedades sentimentales cuando está en juego la Revolución con mayúscula, o a lo mejor, simple y llanamente, le aburría el desvío. No estoy muy seguro de dónde queda y si el desvío era mucho o poco. Creo que más bien se trataba de un desvío en sus planes o en sus gustos. Luego, cuando leyó el papel, a lo mejor en el tren que lo llevaba a Londres, o en Caracas cuando regresó, o un buen día en Turmero, comprendió el gran error de no haber ido con Irène Lenirov a Collioure. Pero es que siempre es así. Siempre el gran momento es el que no ocurrió. Siempre la consistencia de las cosas está en razón directa de su no ocurrencia. Todo lo que ocurre es biodegradable, por eso es que yo no caigo en la trampa de querer acortar la distancia entre la realidad y mis deseos. Mi hermano era diferente. Él sí tenía urgencia de realidades, él sí hubiera querido que Irène Lenirov lo amara frente al cementerio blanco de Collioure, y por eso él debería haberla llevado. Tengo que comunicarle estas ideas a mi interlocutora, pensé, y apagué la luz.

19

DECIDÍ NO DECIRLE nada acerca de lo que había pensado. Las mujeres toman ese tipo de comentario como una invitación a discutir las relaciones sentimentales, y al fin y al cabo, se trataba de un reclamo de Irène Lenirov a mi hermano, ocurrido muchos años atrás, y que yo no necesitaba solventar.

—Debo decirle que falta muy poco para terminar con la caja de zapatos —anuncié.

—Entonces va siendo hora de que aparezca Rosita Fanuil. No hemos sabido más de ella.

Me había leído el pensamiento, porque, en efecto, ése era el fragmento que tenía en el bolsillo. Me molesta comprobar las pequeñas verdades de los lugares comunes. Por ejemplo, que las mujeres son más intuitivas que los hombres. Mi madre dejaba pasar muchas arbitrariedades del carácter de mi padre, esperando su reivindicación en silencio. Recuerdo una discusión por no sé cuál motivo, en la que él pegaba gritos y se negaba a una petición de ella. Mi madre, con el estoicismo y pericia de un viejo lobo de mar que baja las velas mientras cae la tempestad, aguantó la escena en silencio. Pasados unos días había triunfado. «¿Cómo sabes que papá iba a ceder?», le pregunté. Me miró con la condescendencia de quien no se burla de un minusválido. Acepté, pues, que mi interlocutora estaba en lo cierto. Después de todo, ¿qué importancia tiene?, saqué los papeles y los puse sobre la mesa.

—No dice demasiado —añadí—. De Irène Lenirov a Rosita Fanuil media toda una educación sentimental.

—Lo que pasa es que a usted le interesa más la épica que la lírica. Al grano.

Dejé pasar el comentario. Huelo a leguas la provocación femenina.

—La señorita Rosa Fanuil, protagonista de algún juego floral en la histórica ciudad de Puerto Cabello, asidua paseante dominical de la Plaza Flores, y domiciliada en alguna casa de la aduana colonial, refaccionada en los años cuarenta, heredera de la mejor heladería del malecón, valga decir la única de la noble ciudad porteña, sería un buen personaje para una novela del corazón. Toda la pasión de una joven reprimida y custodiada en espera del caballero que su familia encuentre, dentro de las pocas oportunidades que el punto ofrece, puesta en acción por el fogonazo fortuito que le provoca el joven caraqueño que semanalmente comienza a frecuentar la heladería para comerse un helado dc limón después de haber realizado el misterioso propósito que lo trae a Puerto Cabello: la visita a un amigo encarcelado en las frías bóvedas del Castillo Libertador, en castigo a su alzamiento militar contra el reciente gobierno democrático.

Hice una pausa.

—Siga, siga, va muy bien.

—¿En serio?

—Me gusta Rosita Fanuil. Me gusta el melodrama. Esta muchacha, la supongo un poco rellenita, debería tener en su futuro ser la novia del hijo de algún próspero comerciante de apellido alemán, y prepararse para sus próximos siete partos. En cambio, la vida la sorprende con un joven que inesperadamente llega a la ciudad por razones que no confiesa, se come su helado de limón mientras la saborea con la mirada, y le da a entender que él está en la vida, mientras ella, Rosita Fanuil, sólo está en Puerto Cabello.

—Ya que usted la conoce tan bien, continúe por su cuenta —le dije.

—Eso es lo que hago. Rosita le comenta a su madre la presencia del joven caraqueño en la heladería, y ésta, a su vez, pregunta el apellido del joven. Informada por su hija, la madre no encuentra en el apellido nada significativo, y sigue pensando que un pretendiente de familia tradicional porteña continúa siendo la mejor alternativa. Rosita comprende este pensamiento, aunque no haya sido expresado en alta voz, y decide que sus nuevos sentimientos deben pasar a la clandestinidad. Insiste, sin embargo, en la posibilidad de recibir alguna visita pública; aprobada su petición por el padre, quien es de carácter más aventurero que la madre, tenemos al joven caraqueño de visitante de la familia Fanuil, y en la intimidad de su sala le dan a probar más helados.

—Es coherente.

—Pero Rosita Fanuil no se conforma con estas visitas que, por cierto, ya han comenzado a despertar envidiosos comentarios por parte de sus amistades.

—¿Qué quiere?

—Todo y nada. Quiere casarse con el hijo del comerciante de apellido alemán, tener muchos hijos, seguir siendo parte de la aristocracia provinciana, y vivir felizmente mirando el mar hasta su avanzada edad. Pero quiere conocer, al menos una vez en la vida, el misterio. Con billete de ida y vuelta, por supuesto. Para eso ha venido su hermano.

—Amor imposible.

—No es *Romeo y Julieta*, no se confunda. La familia Fanuil, una vez que ha frecuentado más de cerca al joven visitante, comprende que no es una alternativa despreciable. Estudiante de derecho, de próspera familia caraqueña, blanco, de buenos modales, con mucha gracia para la conversación. Por el contrario, los esposos Fanuil están muy gratamente sorprendidos con la posibilidad que se le ha abierto a Rosita, sin salir de la heladería.

—¿Cuál es el obstáculo, entonces?

—Ninguno. No hay obstáculo. Su hermano y Rosita pasean agarrados de la mano por la Plaza Flores. Se sientan en un banco, vuelan frente a ellos unas palomas. Respiran el olor del mar. Ven de lejos llegar y salir los barcos cargueros. Escuchan el batido de las olas contra los muros del Castillo Libertador. Una gabarra transporta a los marineros que cruzan hacia la fortaleza en la que Alberto Araujo está preso.

—¿Eso es todo?

—Eso es todo.

—La clandestinidad de los sentimientos de la señorita Fanuil, el melodrama...

—Eso nos toca ponerlo a nosotros, querido amigo.

—No sé si soy capaz. Me parece que Rosita Fanuil fue una más de las novias de mi hermano, no demasiado importante, y que no hay nada de particular en el hecho de que él le sacara fiestas, en el aburrimiento mortal que debía ser Puerto Cabello en 1947.

—¿Eso es todo lo que se le ocurre?

—Más o menos todo —contesté dubitativo porque su tono me hizo pensar que a lo mejor había algo importantísimo en todo aquello y yo no me había dado cuenta.

—¿Cree que Rosita guardó toda la vida una pasión insatisfecha por mi hermano? —pregunté tratando de ver si acertaba, pero no lo logré.

—¡Qué mal conocedor de las mujeres es usted!

Ante aquella definición tan taxativa renové mi vaso y guardé silencio.

—¿No le habló nunca su hermano de esa novia porteña?

—No, nunca.

—¿No trató de demostrar ante su hermano menor sus condiciones de donjuán?

—No. Supe de ella a través de una alusión consignada en *La noche sin estrellas*.

—¿Y eso no le demuestra nada? ¿Eso no le indica nada?

—Que la recordaba.

—Vaya, menos mal, ¿y le parece poco? Cada recuerdo es un privilegio. Cada recuerdo es un pequeño homenaje que le hacemos a la vida, a nosotros mismos. De los millones de recuerdos posibles sólo algunos alcanzan el estatuto de tales, la mínima vigencia de permanecer un instante en nuestro pensamiento. Usted se imagina, ya que hablamos de un puerto, cuál es la situación de un barco atravesando el mar en la oscuridad. En una noche sin estrellas. Eso es lo que quiso decir su hermano. Que había perdido las señales de su destino. Que el viaje había dejado de serlo y que era un movimiento perdido. Entonces intentó capturar sus propias señales. ¿Recuerda lo que le dije la primera noche que nos citamos? Le hablé de las estatuas griegas, cuando habían perdido su sentido, y le hablé de los clavos que las sujetaban para evitar su total desaparición. Bien, Rosita Fanuil es uno de los clavos que sujetaba a su hermano cuando empezó a navegar en una noche sin estrellas. Rosita Fanuil es un recuerdo desolado. Nada ocurrió, nada se desencadenó. Su hermano murió. Rosita, no sabemos si está viva. Pero entre ambos existió ese recuerdo desolado. Rosita pudo al menos conocer el melodrama, saborear un instante la prefiguración de un amor imposible por un hombre misterioso. Pudo construir esa desaparición para combatir la aplastante felicidad que la esperaba. Y su hermano pudo llevarse, entre el sabor del helado de limón de la heladería Fanuil, el mucho más memorable de un encuentro que no tenía otro fin que el de hacer más tolerables las horas de espera. Pudo conservar el recuerdo de sí mismo como un adolescente solitario que necesita de la presencia de Rosita Fanuil bajo la sombra de los árboles de la Plaza Flores, de ese instante de miedo en que él por primera vez le toma la mano, para encontrar su propia soledad, su propio hastío, su propio fracaso. Él, entonces, necesita como todos, conocer la pérdida y la imposibilidad. El destino que no es ni será el suyo. Necesita saber que deja el amor, sentado en un banco de la Plaza Flores, porque la vida no puede detenerse, y de continuar al lado de la joven heredera de la heladería Fanuil, todo desaparecería, hasta el recuerdo. Necesita que Rosita sea Eurídice, que se esfume, que él un buen día se voltee a mirarla, cuando se hayan despedido, seguro de que no volverá más a Puerto Cabello.

—Volvió, sin embargo.

—Volvió, pero en otras circunstancias. Volvió otro hombre que no sabía nada, ni quería saber, de Rosita Fanuil.

—El problema de mi vida debe ser que no tengo un pasado de Rosita Fanuil. Esa posibilidad que usted encuentra tan maravillosa, de sentarse desde la adolescencia a fabricar los recuerdos del futuro, no la he disfrutado. No he sufrido ese momento extraordinario en que le tomo la mano a alguien para saber que es una despedida. En fin, las señales del viaje han sido, en mi caso, pocas.

—Eso es lo que le envidia a su hermano. La profusión de señales que fue dejando a su paso. La capacidad de crear recuerdos a partir de simples casualidades. La posibilidad de construir una narrativa de su existencia.

—Toda una narrativa que cabe en una caja de cartón.

—Así es. Como un cadáver cabe en una caja de madera.

—Quería hacerle una pregunta, es una observación que quería verificar —le dije cambiando de tema porque estaba agotado con las consideraciones a las que nos había llevado Rosita Fanuil—. ¿Usted nota menos gente en La Fragata?

Miramos alrededor como si en ese momento nos hubiéramos dado cuenta de que estábamos allí y de que otros seres compartían el mismo espacio.

—Más o menos los mismos —dijo mi interlocutora.

—Tengo la impresión de que hay menos, pero quizá sea sólo eso. Una impresión. Mi apartamento está en un octavo piso y tiene un balcón con una buena panorámica de la ciudad. A veces me quedo mirando desde el balcón y veo la ciudad muy sola. Como si la hubiéramos abandonado. Particularmente los domingos, no sé si usted se ha dado cuenta de la desolación que la invade los domingos. Pasan los carros, pocos, a toda velocidad, o bien, lentamente se asoman a una esquina, olfateando el peligro. Sí, efectivamente, nos encontramos en las esquinas, a pie o en automóvil, y nos olfateamos como los animales, para medir el grado de peligrosidad que representamos para el otro. Es una sensación extraña, no la había tenido antes.

—Bueno, no había razones para tenerla.

El dueño se acercó a la mesa y como si hubiera escuchado la conversación, o quizá porque sí la había escuchado, comentó:

—Menos mal que a La Fragata siempre vienen los amigos. Tengo conocidos que han cerrado el negocio.

—Precisamente estábamos diciendo que parece como si viniera menos gente...

—¿Menos gente? ¿En La Fragata? No, aquí siempre los mismos. Siempre. Yo no hice este negocio para enriquecerme de la noche a la mañana, como otros. Yo lo hice para que creciera según yo lo podía atender, y por eso, aquí estamos. Veinte años. Pasa lo que pasa y aquí seguimos.

Lo felicitamos por su persistencia y se alejó contento. El silencio se hizo presente y nos costaba trabajo volver a nuestra conversación anterior. En una esquina de La Fragata se sentaba, aferrada a su recuerdo, Rosita Fanuil.

—Volvamos a Puerto Cabello —ordenó mi interlocutora.

Durante el tiempo que Alberto estuvo preso en el Castillo Libertador de Puerto Cabello (aproximadamente un año, pues su sublevación fue en el 47, y al triunfar el golpe de Pérez Jiménez contra Gallegos al año siguiente, salió del país), lo visité asiduamente, casi sin excepción todos los fines de semana. En Puerto Cabello tuve la suerte de encontrarme con un antiguo compañero de colegio, quien era entonces oficial de la Marina y me permitió entrar en el castillo con más frecuencia que la prevista para los visitantes. De ese modo llegaba los viernes por la noche en autobús y los sábados por la mañana muy temprano me montaba en una gabarra que salía del embarcadero frente a la Plaza Flores, desde un lugar llamado La Planchita. Eran gabarras para el traslado del personal de la fortaleza, por lo que para cruzar en ellas se establecían múltiples requisitos que mi ex condiscípulo me había allanado. Pasaba la mañana con Alberto, y a mediodía regresaba. Los domingos no había visita sino para los presos comunes, y me quedaba en Puerto Cabello hasta la tarde en que volvía a tomar el autobús de vuelta. En medio de esta rutina tenía otros alicientes que en cierta forma me hacían sentir culpable con Alberto.

Yo era muy amigo de un muchacho Hauser que estudiaba conmigo en la universidad y cuya familia era de Puerto Cabello. Cuando le dije que necesitaba ir con frecuencia, se ofreció a acompañarme, puesto que él también viajaba casi todas las semanas a ver a su padre. El viejo Hauser era todo un personaje, como suele decirse. Vivía solo, acompañado por una antigua sirvienta que dedicaba gran parte del tiempo a cocinar para él. Creo que su mujer había enloquecido y se la habían llevado a una pequeña hacienda que tenían cerca del Fortín Solano, pero en la versión oficial había muerto. Era de ascendencia alemana, como muchos otros comerciantes e importadores del puerto y vivía en una de las viejas casas, de estilo antillano, de muchos balcones. Al atardecer se sentaba en un balcón volado sobre la plaza con una o dos botellas de ron Carúpano por delante. Me gustaba escucharlo, aunque a medida que se iba vaciando el ron se iba haciendo incomprensible. Hablaba de temas diversos, no demasiado coherentes, mucho de mujeres, de prostitutas, de comercio, de su padre que había venido a Venezuela a finales del siglo XIX; *también de pesca, a la que era muy aficionado. A las diez de la noche, completamente borracho, se trasladaba a la cama, tambaleante, y al día siguiente se despertaba fresco y recién bañado para ir a su oficina, que era la parte inferior de la misma casa. Algunos sábados nos llevaba a su hijo y a mí al Club Comercio, en el que se daban cita viejos comerciantes descendientes como él de alemanes o de ingleses.*

Parecía una escena del siglo pasado, como la he visto en las películas donde salen clubes de hombres en Londres, que fumaban, bebían, intercambiaban información, concertaban negocios, y luego se retiraban muy tranquilos a sus hogares. Pero debo decir que por las tardes, en el intermedio entre mi visita a Alberto y mis conversaciones con el viejo Hauser, emprendí unos amores platónicos con Rosita Fanuil, que era muy linda. Era la hija del dueño de una heladería, lo que constituía una novedad para la época y para la ciudad. Nuestra relación fue ingenua y ambos sabíamos que mis visitas a Puerto Cabello tenían un motivo muy concreto, desaparecido el cual se interrumpirían de la misma manera en que habían surgido. Sin embargo, Rosita me esperaba todos los sábados por la tarde, me invitaba a un helado, y luego salíamos agarrudos de la mano a pasear por el malecón hasta la Plaza Flores, que quedaba a unos cien metros de su casa.

Algunas noches, después de la habitual botella de ron, íbamos con el viejo Hauser a un burdel de nombre El Canary. En realidad era un restaurante de mariscos, con vivero propio para langostas, situado al borde del mar en un pequeño muelle. Tenía un salón de baile al que acudían parejas previamente constituidas y otras que se constituían con las muchachas del establecimiento. Era difícil distinguir a primera vista cuál era la relación entre los que bailaban. Tenía también un bar, casi siempre frecuentado por hombres solos, al que no se acercaban las pupilas. Conocí en El Canary a una muchacha, hija de un estibador que sin duda la hubiera matado de saber lo que hacía. No sé muy bien por qué había entrado en el oficio, eran pobres pero no miserables. Una muchacha cualquiera de aquel pueblo que entonces era Puerto Cabello. Yo la invité a bailar, como era la costumbre para iniciar el acercamiento, y después de bailar un rato, me condujo a la habitación donde se acostaba con los clientes. Cuando entré me metí la mano en el bolsillo del pantalón para buscar la billetera y pregunté cuánto era porque no andaba muy sobrado de dinero, y también para dármelas de experimentado. Ella me sacó la mano del bolsillo y sin decir nada me empujó a la cama. Era tan estúpido entonces que se lo conté a mi amigo Hauser, para presumir de galán con suerte. Él me dijo que seguramente la próxima vez me cobraría la tarifa habitual, que ya no recuerdo a cuánto ascendía, pero no fue así. Nunca fue así, en todas las ocasiones que estuve con ella, durante todos los fines de semana que fui a visitar a Alberto en Puerto Cabello.

—Le advertí que no dice mucho.

—¡Qué quiere que diga! ¿Que explique a qué sabían los besos de Rosita Fanuil o cuál era el secreto favorito de la pupila? Su hermano es muy discreto cuando habla de mujeres, sean vírgenes, adúlteras o prostitutas. Se limita a consignar que se mecía entre todas ellas. Algún día quiero hacer mi listado de recuerdos. Su hermano en eso es francamente excepcional. Tiene la capacidad de recortarlos y presentarlos con gran precisión. Los introduce como una noticia periodística, sin abarrotarlos con el relleno que nos tienta cuando pensamos en el pasado.

—No me había dado cuenta.

—No hay nostalgia en su discurso. Solamente un registro de momentos, de personas, de lugares.

—No la veo con ganas de elucubrar más acerca de nuestra protagonista de hoy.

—Estoy cansada. Vine solamente para no decepcionarlo. ¿Nos vamos?

—Me puedo sentar solo en un bar —contesté tratando de aparentar distancia.

—¡Cómo no! Los hombres tienen siglos sentándose solos en los bares. ¿Sabe lo que tiene mérito? Ser mujer y sentarse sola en un bar.

—¿Porque alguien puede pensar que está buscando compañía?

—¿No lo pensó usted el día de nuestro primer encuentro?

—Yo no pensé nada —mentí—, sería el dueño.

—Ya eso no me interesa. Nos vemos mañana, de verdad estoy cansada.

La acompañé a la puerta y regresé a la mesa. Siempre nos vamos juntos pero aquella noche era temprano, y además quería estar seguro de que puedo sentarme solo en un bar. Mi interlocutora tiene la cualidad de hacerme dudar de mí mismo y a estas alturas del partido no estoy para dudas.

20

—POR EL PRECIO es obvio que lo compró hace mucho tiempo. Editorial Losada. ¡Cuántas cosas leí en los libros de la Editorial Losada! —exclamó nostálgica—. Ya no hay editores así, dispuestos a presentarle al mundo la literatura del mundo.

Mi interlocutora repasó ávidamente las páginas del libro. Aquella noche había sacado todos los papeles para ver si quedaba alguno sin leer y los había doblado de nuevo; entremezclado con ellos, apareció un pequeño libro: *Romancero de Castro Alves* de Jorge Amado. Evidentemente siempre había estado en la caja pero no le había dado importancia. Lo traje para darle una nota distinta a nuestro acostumbrado diálogo que, me estaba pareciendo, comenzaba a languidecer, y lo metí en el bolsillo de la chaqueta. Se le habían despegado la contratapa y algunas hojas. Mi interlocutora lo abrió por la primera página y lo examinó:

—Una dedicatoria: «...que compartas mis sueños y comprendas... mi vida, tu Castro Alves. Turmero 1978»; se han borrado algunas palabras y falta el nombre de la persona a quien lo dedicó. La página tiene una mancha de humedad. ¿Era para Carmen Leonor?

—No lo creo, francamente.

—¿Piensa que una campesina no podría leerlo? Vea lo que dice Jorge Amado en esta nota final: «Como él, escribo para el pueblo en mi condición de hombre del pueblo».

—Una bella frase, sin duda.

—Quizá fue el último libro que leyó, o que releyó, mejor dicho. Se lo quiso regalar a una mujer para entregarle el deseo de su vida, el personaje en el que hubiera querido vivir y morir. Esta letra, ¿podría ser una R? Ésta, ¿quizás una F?

—R.F. Rosita Fanuil.

—¿Tendría lógica enviarle el *Romancero de Castro Alves*? En 1978 Rosita Fanuil debía tener como treinta kilos más y unos cuantos nietos a los que vigila mientras su próspero comerciante de apellido alemán duerme la siesta en el caluroso mediodía de Puerto Cabello. A Rosita Fanuil, el inquieto joven caraqueño que conoció en 1947 se le ha más que olvidado.

—¿No quedamos en que había construido con él un recuerdo desolado para combatir la aplastante felicidad que la esperaba?

—Es cierto. Lo había olvidado. Es que no creo mucho en la fidelidad de los recuerdos de Rosita Fanuil, ¿sabe?, tengo la impresión de que su felicidad los ha, finalmente, aplastado.

—Entonces, si no se lo dedicó a ella, ¿a quién? Si no es una R, ¿podría ser una B?

—O una C, o una E. Podría ser cualquier letra, la mancha de humedad se tragó el nombre de la destinataria. Bueno, hemos decidido que era una destinataria; a lo mejor era un destinatario, quizás usted mismo.

—No creo que mi hermano haya pretendido mandarme este libro para que por fin yo comprendiera el sentido de su vida, y menos que lo firmara «tu Castro Alves». En cualquier caso, el libro no fue enviado, puesto que apareció en la caja de zapatos.

—A lo mejor cuando ya estaba enfermo se lo entregó a Carmen Leonor para que lo enviara y a ella se le olvidó, o simplemente decidió no hacerlo. Le pareció una tarea inútil puesto que ya él había muerto. ¿Ha leído el libro?

—No es el tipo de libros que me atraen.

—Me gustaría releerlo, a lo mejor encuentro alguna clave.

—¿Lo conoce? Es usted una persona de lecturas raras.

No prestó atención a mi comentario y lo metió en su maletín. En ese momento me recordó a una profesora de idiomas que mi madre alguna vez contrató con el inútil propósito de que yo aprendiera francés. Mi padre aceptó pagar algunas clases a regañadientes; para su mentalidad el francés era un idioma femenino apropiado sólo para muchachas ricas y desocupadas. Por esta razón se interrumpieron las clases y me inscribió en el Centro Venezolano Americano, en la Avenida Principal de Las Mercedes, donde todavía está, para que yo aprendiera el idioma masculino y eficiente que me llevaría al progreso. Vi a aquella brevísima profesora saliendo de nuestra reciente casa de La Florida, maletín en mano, despidiéndose de su infructuoso alumno, que debía tener entonces unos catorce años. Tiempo después, convertido en el flamante conductor del automóvil de segunda mano que mi padre me regaló para ir a la universidad, la crucé en un semáforo de la Avenida Miranda bajo un aguacero. Llevaba el mismo maletín y se tapaba la cabeza con un periódico —el paraguas caraqueño por excelencia. En aquellas milésimas de segundo, mientras cambiaba la luz de tráfico, me planteé un problema ético y filosófico de gran envergadura, que fue resuelto por el insistente corneteo que se produjo a mis espaldas. ¿Cómo puede ser que los grandes problemas de la existencia deban resolverse en la vertiginosidad, mientras para las necedades el tiempo pasa tan lentamente? No lo sé, no soy un hombre de cultura filosófica para saberlo. Sólo sé que cuando los exasperados conductores levantaron su corneteo para despertar al joven que dudaba entre seguir o detenerse para recoger a su vieja profesora de francés que se mojaba bajo un inmisericorde palo de agua, a los gritos de «¡pajúo, arranca!», ese joven aceleró su automóvil de segunda mano, cruzó la Avenida Francisco de Miranda en dirección a El Rosal, atravesó el puente de Las Mercedes, se estacionó frente al Centro Venezolano Americano, y entró en el salón de clases de Inglés Intermedio, mientras su ex profesora chapoteaba en algún hueco de la avenida entre el humo de los autobuses, abrazada a su maletín. Aquella decisión histórica, tomada con la rapidez que las circunstancias impusieron, le hizo comprender para siempre que el pasado no era más que un pedazo desarticulado, y que perder al adolescente que quizás había amado por un brevísimo tiempo a su efímera profesora de idioma femenino no era sino el principio de lo que le esperaba. Es posible que desde entonces me haya propuesto, sin demasiadas consideraciones, dejar ir todos los pedazos desarticulados que han sucesivamente compuesto a la persona que soy, y que haya aceptado sin excesiva preocupación la propia amputación de mí mismo. Muy de vez en cuando —por ejemplo, si por azar paso frente al Centro Venezolano Americano— reconozco algunos de esos pedazos desarticulados y, debo confesarlo, siento su dolor. Pero es breve; breve como lo fue aquel momento en que dudé entre recoger a mi profesora de francés o continuar. Y continué. En ese sentido me gusta Caracas. Conserva pequeñas claves —clavos, diría mi interlocutora— que me ayudan a reconocerme. No me he atrevido todavía a dar el salto, el gran salto de ser anónimo para mí mismo.

Mientras pensaba todo esto, mi interlocutora había abierto el maletín y sacado de nuevo el libro.

—Vea esta frase —me dijo—. Es la frase perfecta para definir su deseo: «Quien cae en la lucha con gloria, cae en los brazos de la historia».

—Como el soldado desconocido —dije yo.

—No. Su hermano jamás quiso ser un soldado desconocido, un héroe anónimo. ¡Por favor! Todo menos eso. Me sorprende qué poco lo conoce.

—Ya le he dicho varias veces que más que un hermano fue un huésped, alguien que de vez en cuando se dignaba jugar conmigo a los carritos, llevarme al cine Lido, comprarme una Green Spot o acompañarme mientras pasaban en la televisión las aventuras de Rin Tin Tin. ¿Vio usted esa serie?

—Por supuesto. Y también a Mike Nelson, *El investigador submarino*, pero no se desvíe a otras novelas, eso ya está consignado en *El exilio del tiempo*.

—No la he leído. ¿De quién es?

—No recuerdo en este momento. Volvamos a nuestro héroe. He podido comprender que la saga guerrera del general Pardo lo llenó de ansias libertarias, que se pensó un caudillo montonero, un prócer independentista, pero, ¿por qué un ángel justiciero?, ¿por qué, en vez de mirar a los campesinos aragüeños como sus futuros peones, ese niño pensó en su reivindicación?

—En la educación política del príncipe, a los campesinos de Aragua, es necesario añadir un combatiente de las Brigadas Internacionales y los limpiabotas de Macuto.

—De eso no habíamos hablado.

—Porque ha sentido usted tal devoción ante el *Romancero de Castro Alves* que no he tenido tiempo de enseñarle los papeles que estaban dentro.

Mi infancia en Caracas, fuera de la muerte del general Gómez, la recuerdo muy brevemente. Es curioso que solamente puedo referirla a la hacienda del general Pardo, y por supuesto, a dos momentos en cierta forma extraños al resto de mi vida.

Cuando tenía unos diez años mis padres alquilaron una casita en Macuto para pasar una temporada de vacaciones. Fuimos mi madre, mi abuela y yo; todavía era hijo único. Mi padre bajaba los sábados por la tarde y subía los domingos. La casa daba sobre el playón, un paseo peatonal junto al mar, separado por un rompeolas, y la costumbre era que los adolescentes se paseasen en filas de un lado al otro conversando, mientras los mayores se sentaban en algunas mesas que habían instalado en el paseo los dos bares más importantes, el Bar Versalles y el Bar Colonial. Para los niños la diversión consistía en bañarnos en la playa, llamábamos playa a un pedregullero que quedaba junto a los antiguos baños, ya derruidos; eran unas construcciones sobre pilotes que entraban cuarenta o cincuenta metros en el agua y que estaban unidos a la orilla por un puentecito de madera. Caminar sobre las piedras era difícil, pero las aguas eran tranquilas por la barrera que presentaban los baños, y en ellos había un trampolín desde el cual nos podíamos tirar al agua. Yo no conocía a ninguno de los muchachos que pasaban allí sus vacaciones, la mayoría eran hijos de familias ricas y tenían sus propios grupos de amigos en los que no me aceptaban. Pero en Macuto gozaba de absoluta libertad, no tenía que andar con mi madre y mi abuela, y pronto me hice amigo de los hijos de los pescadores, la mayoría limpiabotas. Sabían pescar y nadar y conocían muchos lugares escondidos. A veces los acompañaba mientras limpiaban los zapatos de los huéspedes del Hotel Miramar, otras hacíamos incursiones en cayuco, solos o con sus padres; con ellos vi como se tejían las nasas y me explicaron algunos secretos de la pesca costanera y artesanal.

En la tarde salían emperifolladas todas las muchachas a darse bombo en el paseo, cogidas de la mano, y los muchachos lo hacían también en grupos exclusivamente masculinos en dirección contraria; solamente cuando eran novios, o en forma muy ocasional, los grupos se entremezclaban. En las mesas, una serie de hombres, para mí viejos —me parecía que tenían ochenta o más años aunque posiblemente no llegaban a los cincuenta—, jugaban dominó, tomaban brandy o cerveza. Era fácil acercarse a las mesas, y con la excusa de escuchar o de observar la partida de dominó, los mayores nos brindaban un refresco que era invariablemente una colita Zeta; también con buena suerte podíamos conseguir que nos dieran un sandwich de mortadela, que lo hacían excelente en el Bar Versalles.

Mi madre hubiera quedado horrorizada si hubiese sabido que yo, junto con los limpiabotas, mendigaba la merienda. Por la noche me daba dinero para que los invitara al cine; era un cine curioso, prácticamente al aire libre pues no tenía techo, como asiento sólo unos bancos, y las señoras y señores de mayor edad se hacían llevar por el servicio sillas más cómodas para ver desde allí la película. Las más frecuentes eran las películas de vaqueros, Tom Mix y Tim MacCoy, El Potro Pinto. *Pero las mejores y las que más nos emocionaban eran las llamadas series; cada domingo se pasaba un episodio y la serie podía durar cuatro, cinco o seis domingos. Era emocionante porque la película siempre culminaba en el momento en que el muchacho iba a morir o en el momento en que le iba a pasar por encima un tren o cuando un indio le iba a clavar un «tomahawk» en la cabeza, y siempre nos quedaba la duda de cómo se salvaría, pues desde muy temprano aprendimos que los buenos nunca morían en las películas. Así es que no nos preocupaba tanto que el héroe perdiese la vida sino el ardid mediante el cual la iba a salvar y cómo se las arreglaría para matar al malvado. Los malvados casi siempre eran indios, en otros casos eran mexicanos; había también algunos blancos malvados, pero decididamente menos frecuentes. Esas vacaciones en la playa fueron imborrables pero no se repitieron. Al año siguiente mi padre no volvió a alquilar la casita y me mandaron a la hacienda del general Pardo.*

El otro episodio es el único viaje que hice antes de mi salida a Europa, después que me escapé de la Isla del Burro. No recuerdo de qué nacionalidad era el barco pero nunca olvidaré su nombre, el Excalibur. *Regresábamos en él de las Canarias a La Guaira. Era pequeño, de unas cinco mil toneladas, en realidad un carguero que se había habilitado para llevar pasajeros, dada la escasez de barcos que había ocasionado la guerra mundial. Nosotros conseguimos un camarote para los tres, mis padres y yo, lo cual era un verdadero lujo pues la mayor parte de las personas viajaban en bodegas convertidas en dormitorios comunes, e incluso en el puente cubierto, en sillas de extensión. La mayor parte de los pasajeros eran refugiados de la guerra que huían hacia América. Entre ellos recuerdo a una familia polaca, con un hijo, muy gordo, dos o tres años mayor que yo, que hablaba algo de español porque habían estado en España. Nuestras relaciones se agriaron desde un primer momento porque el muchacho me rompió un papagayo que me había regalado mi tía canaria, y yo, acobardado por su tamaño y edad, había tenido que quedarme callado y con mi papagayo roto. Pasados unos días no aguanté más y decidí enfrentarlo. Lo agredí y nos liamos a golpes. El gordo no sabía pelear y era bastante cobarde pero era pesado y grande, y en la pelea, a pesar de que yo manejaba mejor los puños y la cabeza, y algunas veces le daba también su patada, él llevaba la mejor parte. En eso, un joven de veinticuatro o veinticinco años, con el pelo rapado, intervino; e intervino en forma manifiestamente parcializada hacia mí, pues le dio, con la excusa de separarnos, varios golpes al gordo. Desde ese momento nos hicimos amigos.*

Era un hombre extraño, se pasaba horas conversando conmigo a pesar de la diferencia de edad. Me contó que era norteamericano, había combatido en las Brigadas Internacionales y luego había estado preso en un campo de concentración. Había logrado salir en libertad, y como era muy difícil conseguir barcos por la cantidad de refugiados que intentaban huir, le habían aconsejado viajar a las Canarias que tenían mayor tráfico con Suramérica para de allí regresar a su país. Tenía todavía el pelo rapado del campo de concentración del cual había salido hacia menos de un mes. Era militante del partido comunista norteamericano. Yo, que sentía en aquel momento aversión por los comunistas, me quedé muy sorprendido de que aquel joven simpático, y que había sido mi aliado oportuno en la lucha contra mi atacante, pudiera ser comunista. Empecé a pensar que los comunistas eran menos malos de lo que decían en mi casa. También conversaba con mi padre quien, a pesar de las diferencias políticas, lo escuchaba con mucha atención. Como cosa curiosa recuerdo que le di mi dirección y me escribió en cuatro o cinco oportunidades. En la última carta que recibimos de él, según recordaba mamá, nos decía que se había alistado pues los Estados Unidos acababan de entrar en guerra. No escribió más, supusimos que lo mataron.

Nunca podré comprender por qué mi padre decidió aquel absurdo viaje, en medio de la guerra europea, para recuperar unas fantásticas tierras de las que nunca se había preocupado. En cierta forma nos colocamos en una posición de sobrevivientes y refugiados sin ninguna razón. Para un hombre tan poco amigo del azar como mi padre fue un acto inexplicable.

—¿Usted no estaba en ese viaje?

—Fue un «pre-viaje». Mi madre descubrió que estaba en estado de quien sería luego mi persona, en ese barco nauseabundo en que ella, mi padre y mi hermano viajaron desde Tenerife. Parece ser que un buen día llegó una carta de una hermana de mi abuelo paterno, en la que llamaba a mi padre para que fuera a recuperar unas tierras que le correspondían en herencia. Una herencia en disputa, porque mi abuelo era el tercero de ocho hermanos. Todos habían muerto, a excepción de la que escribía la carta, y de otro, bastante más joven, que había emigrado a Venezuela junto con mi abuelo. Este señor, es decir mi tío abuelo, viajó a las islas sin que mi padre lo supiera, con la finalidad de apoderarse de los terrenos. Las tierras en cuestión eran de poco valor, y creo que mi padre gastó en el viaje más de lo que hubiera ganado en el caso de recuperarlas, pero por un problema de orgullo decidió ir, y así se produjo el viaje, del que como usted comprenderá no sé nada. Y además fue un acontecimiento que mi padre decretó olvidar. Eso era muy típico de él. Decretar los olvidos, como hizo con Alberto Araujo. Por ese motivo perdimos todo contacto con la familia paterna, mi padre no perdonó la traición. Las tierras quedaron a nombre de su tío, y sólo se volvió a hablar de ellas en una oportunidad en que mi madre comentó haber leído en la prensa que las Canarias se habían convertido en una zona de gran turismo. Un comentario como «¡cuánto hubiera valido eso!» Pero del viaje no se habló nunca más porque cuando mi padre llegó a Tenerife ya el chanchullo estaba consolidado. ¿No le interesa lo que le cuento?

—Sí, cómo no —dijo educadamente—, pero estaba pensando en el efecto de ese viaje sobre el destino de su hermano.

—Joven soldado de las Brigadas Internacionales, proveniente de un campo de concentración, encuentra a niño venezolano que, esquivando los torpedos de Hitler, viaja con sus padres a las islas Canarias en busca de una imaginaria herencia.

Mi interlocutora escuchó mis palabras con el gesto de desdén que solía tener para mis intentos de ironía.

—¿A usted no le conmueve un joven soldado de las Brigadas Internacionales de la guerra de España? ¿Usted no ha cantado nunca *Ay Carmela*?

—No, pero me gustó mucho *Las bicicletas son para el verano* —dije tratando de reivindicarme.

—Ya. ¿La vio en su casa, en video?

—Sí.

—Yo la vi en Barcelona. Afortunadamente la calle del cine tenía muchos bares. Necesitábamos un whisky, y secarnos las lágrimas.

—¿Quiénes eran?, los de las lágrimas, quiero decir.

—Gente que se conmueve con los jóvenes soldados de las Brigadas Internacionales de la guerra de España. ¿Sabe la diferencia entre usted y su hermano?

Estaba seguro de que no le interesaba mi respuesta así que la dejé continuar.

—Usted quiso ser usted, su hermano quiso ser otro.

Ante tal muestra de sabiduría decidí no agregar ningún comentario. En todo caso, después de releer aquellos fragmentos había comprendido algo que no estaba dispuesto a regalarle a mi interlocutora así como así: tengo nostalgia de la infancia de mi hermano, la encuentro mucho más hermosa que la mía.

—Un día de éstos me gustaría que me contara su infancia —le dije.

—No vale la pena —contestó—, no me produce nostalgia.

Sentí por ella una breve ternura y di por terminada la noche.

21

ERA VIERNES y las noches de los viernes nuestras conversaciones tenían forzosas interrupciones. Aprovechando la pausa anunciada por el hombre-orquesta, mi interlocutora sacó de su maletín un recorte de prensa.

—¿Vio esto? «Frustrado atentado subversivo. En horas de la tarde de ayer la Disip logró desmantelar un arsenal de explosivos en un apartamento situado en las inmediaciones del Congreso. Se encontraron bombas de fabricación casera y fue arrestado un ciudadano, de nacionalidad española, de setenta y dos años, residente desde hace más de treinta años en el país, quien fue puesto a la orden de los cuerpos de seguridad. El citado, de nombre Vicente Roig, estuvo preso durante los años sesenta por sus vinculaciones con el movimiento guerrillero, y se considera que es un experto en la fabricación de este tipo de artefactos. Se sospecha que él y otro ciudadano que huyó sin ser arrestado tenían la intención de arrojar los explosivos al automóvil presidencial, cuando el Sr. Presidente de la República hiciera su aparición en el Congreso para declarar acerca del destino de los 250 millones de bolívares de la partida secreta.»

—Sorprendente. Es bastante parecido al cuento de los dos viejos subversivos.

—No sé de qué está hablando. ¿Qué me ha ocultado?

—No habíamos tenido oportunidad de comentarlo. Hay un fragmento de *La noche sin estrellas* titulado «Los subversivos», es un relato en el que se narra el intento fallido de atentar contra un presidente, tal como dice la noticia.

—Me pregunto qué le hizo sentirse autorizado a ocultármelo.

Guardé silencio. Tengo por norma no aceptar que las mujeres me hablen con el tono en que se le habla al niño que no se lavó los dientes.

—Bien, sigamos. ¿Qué más decía ese fragmento que usted me negó?

—Es una anécdota relatada como un cuento y se parece extraordinariamente a la noticia que acaba de leer. El nombre del subversivo también tiene una coincidencia impresionante. Recuerdo ahora que poco antes de irse a Turmero, Alberto pasó por casa y mi hermano y él estuvieron bebiendo y rememorando viejas glorias. Hablaron de un catalán anarquista que se refugió aquí durante el franquismo y que estuvo muy ligado a las guerrillas urbanas. Era un tipo que ayudó en la fabricación casera de dinamita. Operaba en una casa que el Partido le había conseguido en las afueras de la ciudad. Lo llamaban Vicente, pero no sé si era su nombre verdadero. Les gustaba ese juego de la clandestinidad de los nombres falsos.

—¿Podría tener ahora unos setenta y dos años?

—Podría.

—Y si fuera así, ¿quién era el otro? ¿El ciudadano que huyó sin ser arrestado?

En ese momento el colombiano reapareció y las muchachas de la Nueva Trova procedieron a asesinar a Juan Luis Guerra, tuvimos que cortar la conversación. Observé que mi interlocutora escuchaba la música distraída.

—¿Qué piensa? —le grité.

—Después le digo —me gritó a su vez.

Hicimos una segunda pausa para escuchar a Violeta. Mi interlocutora comentó que le producía mucha lástima. Ya dije que no soy buen conocedor del género, a mi modo de ver la muchacha desentona bastante pero en conjunto no lo hace del todo mal. Resuelve su falta de voz con la sabrosura del tono pero no quise comunicarle esa apreciación a mi interlocutora para no ser catalogado de machista. En cuanto a si es digna de lástima, no tengo opinión. Me parece irrelevante.

—Yo voy a averiguar quién es ese español. Sé a dónde ir.

En ese momento don Silverio empuñaba el micrófono y cantaba un pasodoble de Billo Frómeta, *Caracas*. Aquel viernes don Silverio parecía haber bebido más de la cuenta porque trastabilló en el escenario. De una esquina salió la sombra de Daniel Santos y se acercó a él para ayudarlo. El movimiento fue apreciado en un sentido negativo por parte del tambaleante, quien repuesto de su tropiezo empujó a Daniel Santos. Éste volvió a su lugar, es decir, desapareció por la misma esquina en que se encontraba antes del incidente. Don Silverio siguió, pues, con su número que se me hizo más insoportable que otras veces. Tuvimos que esperar a que lo diera por terminado.

—Ese día que Alberto visitó a su hermano, ¿qué más hablaron de Vicente, el anarquista?

—Nada concreto, solamente lo recordaron. ¿Tiene alguna idea de cómo saber de él?

—Había una librería en Sabana Grande, que era, precisamente, de un catalán anarquista. Es posible que allí puedan decirme algo.

—¿Usted cree?

—Estoy harta de él. De don Silverio, quiero decir. Me molestó la manera en que empujó a Daniel Santos. Su manera de hacerle sentir que no existe, salvo para los prontuarios de la policía. Eso es lo que más me molesta del pensamiento burgués, su legitimación. Don Silverio considera que sus pasodobles son legítimos aunque sea un viejo borracho disfrazado de llanero.

—Yo no diría que don Silverio es la representación más típica del burgués.

—Usted confunde el pensamiento burgués con una cierta forma de servirse de los cubiertos. Yo no estoy hablando de eso. Estoy hablando de la legitimación.

—Entiendo —dije, para terminar con su digresión, pero no lo logré.

—Don Silverio considera que cuando él canta, todos debemos escucharlo, y que cuando canta Daniel Santos es un regalo que se le hace por ese tiempo que ocupa el espacio musical de La Fragata.

Comprendí que iba a continuar en su mitin y que lo mejor era el silencio para no darle casquillo.

—Don Silverio considera que él existe y que Daniel Santos debe pedir permiso para existir. No sé si me explico.

Le aseguré que sí, atemorizado de que quisiera extenderse en el estatuto existencial de un personaje que a mí me resulta absolutamente indiferente. Traté de atraerla hacia otros temas.

—¿Y qué más se le ocurre con lo de Vicente?

—Se me ocurre irlo a visitar a donde está detenido. Tengo una amiga catalana. Creo que podría convencerla para que se haga pasar por su hermana y yo la puedo acompañar.

—¿Ha pensado en la posibilidad de que la harán identificarse y que fácilmente comprobarán que no es su hermana?

—Sí. Pero Vicente es un hombre clandestino y diremos que utiliza una falsa documentación y un falso nombre.

—Muy ingenioso.

—Ambas luciremos muy ingenuas e inofensivas. Llevaremos una bolsa de comida, una camisa limpia, una afeitadora y un cepillo de dientes con pasta.

—Veo que tiene experiencia en la visita de presos.

Le tocó el turno del micrófono a Daniel Santos, lo que indicaba que era tarde. Mi interlocutora me pidió silencio. Quería legitimar a Daniel Santos.

Al día siguiente esperé con impaciencia nuestro encuentro. Vivir dentro de una novela policial, en un asunto tan distante de mi vida como la búsqueda de un anarquista septuagenario, o quizás octogenario, me resulta excitante. Llegué un poco antes de la hora y me senté en nuestra mesa habitual a esperarla. Observé que no estaba el dueño, detalle extrañísimo, y aunque no soy una persona imaginativa, pensé que todo apuntaba hacia el misterio. Me vi defraudado porque al poco tiempo el dueño apareció, con sus anteojos de visera como siempre, y supuse que su momentánea ausencia se había debido a alguna circunstancia trivial. Pero mi interlocutora no aparecía y eso sí me parecía más digno de consideración. Esperé una hora, quizás hora y media, y le pregunté al mesonero si había dejado algún mensaje para mí, pero no había ningún mensaje, así que me retiré derrotado, y una vez en mi apartamento decidí consolarme con un policial francés. Odio el género policial francés pero me la tragué completa, *Nikita*.

El domingo, cuando entré a La Fragata, la vi enseguida. Los domingos, como es normal, hay mucha menos gente, tanto así que el dueño nos comunicó que, a pesar de su principio de no cerrar ningún día, estaba comenzando a considerar la posibilidad de cerrar los domingos a partir de las seis de la tarde.

—Los domingos, no sé qué pasa, parece que a la gente le da más miedo salir que los demás días.

Argumenté que también era la proximidad del lunes, de la rutina del trabajo, etc., pero no lo convencí. De todas maneras había iniciado una especie de encuesta entre los más habituales para sacar la cuenta de si valía o no la pena abrir los domingos y quería saber nuestra opinión. Mi interlocutora le contestó que si durante tantos años había mantenido abierto el negocio toda la semana, no debería cambiar su política. Me pareció verlo contento, como si ese comentario justificara de alguna manera su existencia, y le gritó a su mujer:

—¿Ves? La señora dice que sí.

—¿Y entonces? ¿Dio con el anarquista?

—No —me contestó en un tono apesadumbrado.

—Si quiere la ayudo a buscarlo.

Me miró sorprendida. —Nunca me ha ayudado en mis investigaciones.

—Esto es distinto.

—Supone que no tiene nada que ver con su hermano. Por eso me ofrece ayuda.

—En parte es eso.

—Y en parte, ¿es qué?

Decidí no contestar.

—Fui a la librería.

—¿Y no supieron decirle nada?

—La librería ya no existe. Es un negocio de fotocopiado.

Otra coincidencia con «Los subversivos», pensé.

—Bueno, tendremos que hacer como con Irène Lenirov. Inventarlo.

—En este caso, no. Este caso es real.

Di un vistazo alrededor. La mesa que estaba ocupada a unos pasos de la nuestra se había vaciado. Dos hombres en la barra pagaban la cuenta. La esposa del dueño se había puesto ya la bata que usaba cuando se quedaba a solas con la máquina registradora. El dueño nos gritó desde la barra:

—No se preocupen. Quédense todo el rato que quieran.

Pero no queríamos.

—No me voy a dar por vencida —fueron sus palabras al despedirnos.

Cuando llegué a mi apartamento me di cuenta de que no le había preguntado por su ausencia de la noche anterior y me felicité por ello. Mi reserva con respecto a su vida me garantizaba la suya.

No tenía sueño pero la única película que hubiese resultado apropiada era *Netchaiev ha vuelto* y no la tenía.

22

NUNCA HE COMIDO en La Fragata, prefiero ir después de haberme preparado algo en mi casa, y generalmente como temprano porque en la oficina almuerzo con un sandwich que me llevo preparado. El lunes estaba calentando una sopa de cebolla Campbell antes de salir cuando escuché el teléfono, pero no lo atendí y dejé que lo hiciera la contestadora.

—Atienda, sé que está allí. Tengo algo importante que decirle y esta noche no puedo encontrarme con usted. Atienda, sé que me está escuchando.

Decidí levantar el teléfono porque supuse que si no lo hacía volvería a llamar.

—¿Me estaba escuchando?

—Estaba en la cocina... —contesté con tono avergonzado. Ésa es otra de las características femeninas, avergonzar a los hombres. Creo que se fundamenta en la costumbre de haberlos visto desnudos y llenos de excremento desde su nacimiento.

—El hombre que escapó, el que no arrestaron, también tiene unos setenta años. La policía logró verlo pero se les escapó en la calle.

—¿Quién le dijo eso?

—Daniel Santos.

—¿Daniel Santos es un informante de la policía?

—Las amistades de Daniel Santos, como usted se supondrá, no son precisamente las más recomendables.

—¿Usted se encontró fuera de La Fragata con él?

—Querido amigo, nuestra vida en común transcurre en La Fragata, fuera de ese bar yo hago diferentes cosas de las que no tengo por qué darle cuenta

—No creo estar preocupado por lo que hace, solamente me sorprendió que hubiese hablado con él.

—El viernes pasado, después que terminó de cantar, yo me levanté para ir al baño. No sé si se fijó. Fui muy hábil y llamé al dueño para que le diera conversación mientras tanto. Me acerqué a Daniel Santos que estaba en la barra tomando una última cerveza, y le dije que me acompañara al baño. Él lo hizo porque pensó que yo quería comprarle droga. Lo cité al día siguiente, allí mismo, en la tarde, para darle dinero, y le ofrecí más cuando me trajera la información que quería. Es decir, lo que pudiera saberse de los tipos que habían arrestado por la bomba frente al Congreso. Me costó bastante caro, ¿sabe? A Daniel Santos los políticos no le interesan y se puso difícil, pero, en fin, como se sabe, el dinero allana todas las dificultades.

—¿Y qué información logró?

—Bueno, eso, que el hombre que escapó tiene unos setenta años, que lo están buscando, y que a nuestro amigo Vicente le dieron unos palos que casi lo matan. Pero está vivo. Parece que la embajada española intervino para pedir su deportación, pero la Disip no lo quiere soltar hasta que diga dónde está el otro. Suponen que el español es un mercenario y que la red subversiva viene por el otro lado, el lado del que se escapó.

—A lo mejor están equivocados. En el cuento los dos hombres actuaron solos, en un acto desesperado y absurdo, sin ninguna organización que los apoyara.

—Por supuesto que están equivocados. Habrá que esperar a que se den cuenta y acepten la solicitud de deportación. Entonces podremos hablar con Vicente.

—¿Nos lo dirá Daniel Santos?

—Nos lo dirá. Si sus honorarios son muy altos espero que contribuya con ellos.

Me reí y acepté. La oportunidad de formar parte de una película de terrorismo y bajos fondos me pareció única. No es fácil para un contador de una empresa de seguros.

—Le avisaré cuándo podremos vernos. En este momento la prioridad es Vicente. Lo lamento.

Me abstuve de decirle que me sentía en total capacidad de tolerar su ausencia.

El jueves, al llegar de la oficina, encontré un mensaje en la contestadora. Nuestros encuentros quedaban renovados.

—Vicente salió ayer hacia España. No tenía un centavo y la embajada le pagó el pasaje a cuenta de su pensión de jubilación. Afortunadamente el avión tenía retraso, si no, no lo alcanzo. Daniel Santos me dio la información a última hora, y como estaba lloviendo no encontraba taxi para llegar al aeropuerto. Pero lo encontré.

—Y bien, ¿qué dijo Vicente?

—Bueno, Vicente estaba muy asustado. Es un hombre chiquitico, muy delgado. Creo que tiene más de los setenta y dos que decía el periódico, y verlo da bastante lástima, por lo menos se la dio al empleado de Iberia que le ofreció una silla de ruedas para llevarlo hasta el avión. Vino escoltado por dos tipos siniestros, de esos disfrazados de hombres-moscas, pero más bien debería haber venido escoltado por dos enfermeras y un equipo de oxígeno. Camina con dificultad y respira muy mal. Me imagino que su estadía en la policía le ha empeorado seriamente el estado de salud, que ya debía ser precario. Me le acerqué y le dije que estaba escribiendo un reportaje sobre la desobediencia social y que estaba muy interesada en entrevistarlo. Me miró como quien ve a un extraterrestre y dijo que no tenía nada que declarar. Le expliqué que no era una declaración sino una entrevista. En eso, los tipos que lo escoltaban se distrajeron con el asunto de la silla de ruedas y le pude decir que quería ayudar al otro, al que se había escapado, que yo era parte de la red. «¿Qué red ni qué ocho cuartos?», me contestó. Volvieron los hombres-moscas y me apartaron amenazándome con llevarme presa si seguía hablando con el detenido. A todas éstas, Vicente, cada vez más nervioso. Me fui detrás de él hasta el puesto de control de emigración y tuve suerte. El funcionario, cuando revisó el pasaporte, dijo que tenía prohibición de salida del país. Ése fue el momento que pude aprovechar porque se formó una discusión entre los distintos poderes del Estado acerca de si Vicente Roig podía o no abandonar el país. Mientras, el altavoz anunciando que la salida del vuelo era inminente y llamando al pasajero Lois a la puerta de embarque. Nunca pueden decir los nombres correctamente, era obvio que lo estaban llamando a él. El funcionario revisaba la pantalla y argumentaba que no se había dado orden de quitar su nombre de la lista de prohibiciones de salida; los hombres-moscas exigían que se llamara al Ministerio del Interior. Etcétera, se imaginará la escena. Vicente en su silla de ruedas parecía un insecto. Volví a acercarme a él mientras los cuerpos de seguridad del Estado abandonaban el puesto en busca de una información definitiva acerca de la situación del detenido. ¿Dónde está él?, le dije al oído, quiero ayudarlo. «Turmero», me suspiró también al oído. Salí corriendo. En eso volvieron los hombres-moscas y la suerte de Vicente Roig se decidió favorablemente. La silla de ruedas cruzó el puesto de emigración y se perdió entre los pasajeros.

—Increíble.

—¿Verdad que sí?

—Quiero decir que no le creo una palabra.

—No utilice ese modo insultante, por favor. Usted no quiere creerme porque lo que le estoy contando es demasiado fuerte para su sensibilidad.

Fingí una carcajada.

—De todo lo que le conté hay una palabra que lo ha descolocado de su cómoda posición de contador de una empresa de seguros. La palabra «Turmero».

Era tan obvio lo que decía que no quise ni siquiera contestarle. Hicimos un silencio que ninguno se atrevía a interrumpir. Decidí tomar la iniciativa para darle una muestra de coraje masculino.

—Supongo que va a volver a Turmero.

—Sí. Quiero buscar la partida de defunción de su hermano.

—Me parece bien —contesté.

—Bueno, hoy no me puedo quedar más tiempo —dijo levantándose—. Lo cité solamente para tenerlo informado.

—Me hubiera podido llamar por teléfono.

—¿A usted le parece que esta conversación es apropiada para el teléfono?

Desconcertado por la absurda idea de que mi línea de teléfono estuviese controlada, regresé a mi apartamento de mal humor. Ese mal humor que tiene la particularidad de extenderse como una plaga que nos invade y contamina hasta los más pequeños detalles. No encendí la luz al entrar y me tropecé con un mueble, el golpe en la rodilla me hizo saltar de dolor. Fui a la cocina y calenté un café pero me distraje y la olla se quemó. Me acerqué al equipo de video y tomé ese tipo de decisión que se toma en los momentos que estoy describiendo. Decidí cambiarlo de lugar. Los cables de los distintos equipos estaban un poco enredados, y al mover el aparato, se soltaron. Volví a conectarlos pero uno de los terminales del cable no entraba bien, lo presioné con demasiada fuerza y se dobló. De todos modos me sentía demasiado cansado para ver una película pero me enfurecía saber que al día siguiente tendría que comprar un cable nuevo. Me acosté en la cama y cerré los ojos; no me gusta quedarme dormido sin haberme lavado los dientes, así que me incorporé y fui al baño. No había agua. Hay noches así, pensé, noches en que sólo dormir nos permite continuar. No sé si el despertador dejó de sonar, sería demasiada fatalidad, pero de cualquier manera me desperté tarde. Quizá sí sonó pero estaba muy cansado y no lo oí; raro porque es un despertador muy bueno, pero no lo oí y llegué a la oficina con una hora de retraso. Por supuesto, todo el mundo se preocupó mucho, pensaban que estaba enfermo o que me había ocurrido algo grave. «Me quedé dormido», dije. A veces una respuesta simple produce mayor perplejidad. Nadie me creyó.

Trabajé todo el día muy disperso, sin mi habitual concentración. A la salida me fui a comprar el cable coaxial pero no lo tenían en ese momento, prometieron conseguirlo para el día siguiente. Decidí ir al cine, a la última sesión. Había mentalmente cancelado la cita con mi interlocutora, sin previo aviso, al igual que ella lo hacía. Pero no era solamente para ponerme en igualdad de condiciones. Era sencillamente porque no quería seguir hablando de Vicente Roig. La hipótesis de que mi hermano estaba vivo y había concertado con Roig un acto subversivo para matar al Presidente de la República era inverosímil, sin embargo, me molestaba que Roig hubiera dicho «Turmero». De todos los lugares posibles, ¿por qué había escogido ése? Tuve un pensamiento tranquilizante: mi interlocutora me había mentido. ¡Cómo no me había dado cuenta antes! Repasé la base de datos: 1. Un anciano escoltado por los cuerpos de seguridad es abordado en el aeropuerto por una mujer bastante estrafalaria; 2. Permiten al detenido hablar con ella, y encima se distraen, dándoles tiempo a que establezcan un diálogo susurrado que nadie escucha; 3. El anciano subversivo está detenido por el presunto delito de haber atentado contra la vida del Presidente, y sin embargo confía a la desconocida que le habla de una inexistente red, el paradero de su compañero de aventuras; 4. El anciano musita su última palabra antes de abandonar este país: Turmero, 5. Yo le creo a esta mujer toda la historia que da pie a que ella se proponga visitar de nuevo ese infausto pueblo para comprobar, gracias a la ayuda de Carmen Leonor, Chona Ruiz González y Ramoncito, el loco de Turmero, que en realidad mi hermano no murió, según habíamos creído todos estos años, sino que se halla escondido («enconchado» sería la palabra que él hubiera utilizado), huyendo de los cuerpos de seguridad del Estado, y esperando a que mi interlocutora lo encuentre y le diga «encantada de conocerlo, su hermano me ha hablado mucho de usted». Todos estos pensamientos me tranquilizaron, como ya dije, y acto seguido revisé el periódico para ver a qué película podría ir. Encontré algo maravilloso. En función de medianoche repetían *Fanny y Alexander* en el cine del Centro Plaza. Al menos tres horas de proyección. Mi interlocutora se quedaría esperándome porque, definitivamente, esa noche no acudiría a La Fragata. Además, era otra vez viernes y había tomado la decisión de no ir más los viernes. Los aficionados y yo somos incompatibles.

23

CASI ME VOMITO de la lástima. El impermeable fassbinderiano chorreaba como nunca; los zapatos de mala calidad se veían empapados por dentro; el tinte de las canas no había resistido la lluvia. En fin, un perro apaleado. Y además, fracasado. Esto último me contentaba.

—¿Y qué? —dije con mal disimulada inocencia—, ¿cómo le fue en Turmero?

—Sabe bien que no logré nada, de lo contrario ya se lo hubiera dicho.

Teníamos unos diez minutos comentando *Fanny y Alexander* porque yo había excusado mi ausencia diciendo que no la había visto, lo cual es incierto, la he visto varias veces.

—No, no supe nada —dijo con el tono que usaba para hablar consigo misma— pero llegaré a saberlo. No encontré al loco de Turmero, no estaba por ninguna parte. Fui a la casa de los Ruiz González y toqué la puerta un buen rato pero no contestaron. Y Carmen Leonor había salido a Maracay al médico porque parece que está bastante enferma, eso me dijeron. Sin embargo, hay un personaje nuevo.

—¿Quién es?

—¿Curioso?

—Si usted está a punto de demostrar que mi hermano no murió como creíamos, no me parece raro que sienta al menos curiosidad.

—Estamos hablando de hipótesis. Hay un atentado contra el Presidente, similar al descrito como ejercicio de ficción en unos papeles que escribió su hermano. Lo llevan a cabo dos hombres de edad avanzada, uno es un español que sabe fabricar dinamita y que trabajó para el Partido Comunista durante la lucha armada, y casualmente su hermano conoció a un personaje similar con el mismo nombre; el otro es un hombre de unos setenta años que se escapa y se refugia en Turmero. No hace falta pertenecer a Scotland Yard para preguntarse si su hermano tiene que ver con esto, lo que evidentemente desemboca en la pregunta de si verdaderamente murió.

—Añada a sus premisas de investigación que las dos únicas personas que informaron de su muerte son bastante desconocidas, una vive en Los Totumos, la otra en Bélgica. Y yo no puedo dar cuenta del entierro, no vi nunca el acta de defunción, no he visitado su tumba. Nadie me ha vuelto a hablar de él nunca más.

—Caben dos posibilidades: a) Carmen Leonor y su hija mintieron; b) Carmen Leonor y su hija creyeron en su falsa muerte.

—La última me parece más probable. ¿Qué sentido tendría haberme mentido? Me entregaron una caja de zapatos y desaparecieron de mi vida. No trataron de que yo, como único pariente de su padre, me hiciera cargo de ellas en algún sentido. No pretendieron absolutamente nada, por lo tanto mentirme era inútil, salvo que mi hermano les hubiera pedido que lo hicieran, que él quisiera asegurarse de que todas las personas relacionadas con él creyeran en su desaparición.

—¿Para desaparecer legalmente...?

—Para desaparecer legalmente y estar preparado, en la más absoluta clandestinidad, cuando llegara una oportunidad de actuar en un algún hecho subversivo. Es demencial.

—¿Qué hay de Alberto Araujo? ¿Cree que su hermano le hubiera confiado su propósito?

—Es probable. Siempre tuvieron una confianza total el uno en el otro.

—La noche que se encontraron aquí, ¿mencionaron a su hermano?

—No. Usted fue testigo de que apenas nos saludamos.

—¿Dónde vive Alberto Araujo?

—No tengo la menor idea.

—Pero sabrá dónde queda la hacienda de Trujillo.

—Sí, eso lo sé.

—Vaya, vamos mejorando.

—¿Va a ir a Trujillo?

—Esta vez le toca a usted. He tenido la delicadeza de no pasarle la cuenta de lo que cobró Daniel Santos por decirme qué día llevaban a Vicente Roig al aeropuerto. El viaje a Turmero no es caro, pero de todos modos tendré que hacer algunos gastos. El de Trujillo va por su cuenta, y además usted conoce a la familia, no tendrá nada de raro que si está por allá, pase a visitarlos y de una vez se informe acerca del paradero de Alberto.

—A lo mejor su teléfono está en la guía. A veces ocurre.

Se levantó como un resorte y se acercó a la máquina registradora. El dueño tenía por costumbre no prestar el teléfono: «los borrachos hacen llamadas muy largas», dice. Le aseguramos que no íbamos a hacer una llamada, solamente buscar un número. En efecto estaba: Araujo T., Alberto José.

—Se evitó el viaje pero no la llamada. Comprenderá que lo lógico es que sea usted quien lo llame y lo cite para conversar de viejos tiempos. Esperemos que tenga la habilidad de sacarle algo.

Hasta el momento yo me había limitado a escuchar el resultado de sus investigaciones y a creer en ellas, o a dudar, según el caso. La idea de tomar un papel protagónico me resultó inquietante.

—No sé si yo estaré preparado para eso.

—La verdad es que no pareciera. Hagamos una cosa, limítese a citar a Alberto Araujo en La Fragata, yo haré el resto.

—Citarlo, ¿para qué?, yo no soy alguien que anda citando a viejos amigos para hablar pendejadas.

—Dígale que llegó de París una antigua novia de su hermano y que desea mucho conocerlo.

Para mi sorpresa, Alberto Araujo aceptó la cita para el día siguiente. «¿Es Irène?», preguntó. Sí —le dije—, es Irène. No había pensado inventar que era ella, pero cuando él lo propuso me pareció una buena idea.

—¿Podrá imitar el acento de una rusa que vive en Francia y que aprendió el español con la ayuda de Miret y los cubanos?

—Puedo eso y mucho más —me contestó con su tono sobrado.

Alberto Araujo llegó puntualísimo. Mi interlocutora y yo lo estábamos esperando desde temprano. Él observó que el dueño nos saludaba con mucha familiaridad y preguntó si íbamos con frecuencia, a lo que contesté que yo de vez en cuando. Irène viajaba a Machu Picchu (nos pareció lo más apropiado para una francesa sesentaiochista) y había decidido pasar unos días en Caracas para conocerme. Afortunadamente el día en que nos habíamos encontrado con Alberto había bastante gente y no se fijó mucho en mi interlocutora. Hice bien en no presentarlos entonces. Sin embargo, es un hombre observador y me pareció que la detallaba. Mi interlocutora se había disfrazado de rusa que vive en Francia y es amiga de antiguos exiliados latinoamericanos. Yo, en realidad, nunca he visto a nadie que quepa en esa clasificación, pero evidentemente era un buen disfraz. Supuse que tampoco Alberto Araujo conocía a seres de la especie, y además querría a toda costa creer en ella, de modo que no se daría cuenta del engaño. En cuanto a su modo de hablar, debo reconocer que fue perfecto. Hasta yo, por un momento, pensé que era Irène Lenirov.

Mi interlocutora se precipitó sobre él y con mucho dramatismo le tomó las dos manos y las retuvo entre las suyas un buen rato. Luego se pasó un dedo por el ojo, imitando a quien enjuga una lágrima, se sentó y se sirvió un vaso, quedándose en silencio varios minutos. Yo la observaba detenidamente, y a pesar de que no soy demasiado astuto, como ya he dicho, comprendí que me tocaba iniciar una conversación entre hombres, mientras la antigua amante de mi hermano se reponía del encuentro con su mejor amigo. Calculé bien, y le dejé a ella la iniciativa para entrar en materia.

—Soy contentísima de conocerlos a ustedes —habíamos ensayado el consabido juego del «ser» y el «estar» que requiere de una madre hispanoparlante para su absoluto dominio.

—También yo —dijo Alberto Araujo—; usted es de esas personas que uno tiene la impresión de conocer de toda la vida.

Alberto pasó entonces a relatar las aventuras vividas con mi hermano. Era un relato largo y aburrido que se remontaba a la infancia y que recayó en la consabida anécdota de la niña de La Pastora con la que lo iban a obligar a casarse. Me pareció que se extendía demasiado en detalles irrelevantes; sabía que mi interlocutora estaba impaciente pero no podíamos precipitarnos. Era necesario esperar.

—Sufrí mucho cuando supe su muerte —dijo al fin mi interlocutora-Irène (de nuevo enjugó una lágrima).

Ambos observábamos el rostro de Alberto Araujo como un investigador de bacterias lo haría frente a un microscopio. No parpadeó, no movió un músculo, no hizo absolutamente nada de lo que haría alguien que supiera que están hablando de un muerto que no ha muerto. Por el contrario, ante el dolor de Irène, guardaba silencio. Temí que el tema cambiara hacia otros rumbos y decidí un movimiento de avanzada. Sentía pánico. Si me equivocaba, la mirada fulminante de mi interlocutora caería sobre mí como el Dios de Israel. Pero parece que lo hice bien.

—Me duele no haber estado en el entierro. ¿A ti no? —dije.

—Agradezco no haberlo sabido. He tenido suerte en ese sentido. Por distintas razones no he estado presente en el entierro de mis mejores amigos. Carmen Leonor no me avisó a tiempo.

Recogí este comentario como un ave de presa.

—¿Quién es Carmen Leonor? —pregunté con mi mejor inocencia.

Alberto Araujo tartamudeó. Pensó que era indelicado con Irène mencionarla, pero ya había metido la pata y siguió adelante.

—Bueno, tú sabes, cuando regresó a Turmero estaba muy solo, muy derrotado, en fin, Carmen Leonor vivió con él esos años.

—No tenía idea —mentí ya con bastante seguridad—. ¿Y tú la conoces bien?

—No, no tanto. Un par de veces que fui a verlo a Turmero. Pero no hablé mucho con ella.

—¿Estuvo enfermo mucho tiempo?

Algo pareció cambiar en el rostro de Alberto Araujo. Una nube, una distancia, algo se interpuso.

—No, no creo.

También habíamos ensayado lo de Turmero. Nos parecía improbable que Irène no se equivocara con el nombre.

—Él habló tanto de Tumeremó...

Pero Alberto Araujo no pisó el peine. Se hizo el loco y comenzó a preguntarle a Irène sobre París, sin regresar al tema de la muerte. Cuando mi interlocutora se levantó para ir al baño (un movimiento absolutamente calculado para dar un espacio a que Alberto me dijese algo) lo que comentó es que le había gustado mucho conocerla pero salía al día siguiente para Trujillo y tenía que retirarse temprano. En efecto, cuando ella regresó, se volvieron a tomar de las manos, Irène lo besó dos veces, y Alberto Araujo salió del bar.

—¿Impresiones? —pregunté.

—Confusas. O es mejor actor que nosotros o no sabe nada.

—Noté que cuando le pregunté acerca de la enfermedad no quiso seguir en eso.

—Yo también, pero no asegura nada. Simplemente le pareció doloroso, o se sintió culpable por no haberlo visitado, o pensó que no era conveniente hablar de ese tema delante de mí puesto que inevitablemente llevaba a Carmen Leonor.

—A lo mejor yo podría llamarlo de nuevo más adelante. Puesto que nos hemos encontrado dos veces en La Fragata, puede ser que yo quisiera volverlo a ver. O a lo mejor él lo hace, le di mi teléfono cuando lo llamé.

—No. Aquí termina Alberto Araujo. No dirá nada más.

—¿Es su intuición femenina la que habla?

—No dirá nada más porque no lo sabe o porque no quiere. No perdamos más tiempo con él. Volveré a Turmero.

—¿Cuándo?

—Mañana le digo.

Pero la noche siguiente no se presentó. De todos modos esa tarde había encontrado dos películas de Atom Egoyan, un director que no conocía. Mis conversaciones en La Fragata han disminuido mi capacidad de espectador cinematográfico y eso es algo que me preocupa. No me gusta romper mis hábitos.

Me sentía ligeramente avergonzado de mí mismo. No soy de los que se torturan mucho tiempo reclamándose la incongruencia de sus actos; trato de actuar lo menos posible. Pero mi interlocutora me había llevado a representar aquella pequeña escena, yo había accedido, y no podía volver atrás. No me sentía culpable con Alberto Araujo, al fin y al cabo, nada malo le había ocurrido. Había conocido a una falsa Irène Lenirov, pero probablemente, de haber conocido a la verdadera, el encuentro hubiese sido muy similar. No había, en realidad, una diferencia fundamental entre la Irène de Les Antiquaires y la Irène de La Fragata. La verdadera y original Irène Lenirov no hubiese dicho o actuado de una manera demasiado distinta, y nada mejor hubiese podido suceder. Por otro lado, la Irène Lenirov verdadera era tan desconocida para mí como para Alberto Araujo. Una suerte de sentimentalismo nos hace pensar que un encuentro de esa naturaleza tendrá una fuerza existencial capaz de evocar todo el pasado, incluso de hacernos sentir que no es tal pasado y que todo ha permanecido. Ni Alberto Araujo ni Irène Lenirov (la verdadera) sienten por mi hermano más allá de una nostalgia difusa, una sensación de fantasma conocido, de que ellos en algún momento fueron otros, pues existieron en un escenario en el que estaba mi hermano, es decir, un escenario otro. No pasan esos encuentros de ser una película de la que recordamos algunas escenas incompletas, un cierto sabor que nos dejó el verla, o que hemos producido con el paso del tiempo. Una impresión de que nosotros fuimos otros en tanto vimos una escena o participamos en ella, de la cual queda alguna prueba material de su existencia. Un gesto de cámara congelada. En el caso de Alberto Araujo la prueba de su existencia es mi propia memoria, pues lo conocí y doy fe de ello; en el caso de Irène Lenirov la prueba es la palabra de mi hermano, la palabra hablada y escrita. Y al fin y al cabo ellos existen mucho más allá de esas pruebas. Sus vidas se cruzaron con la de mi hermano, y por lo tanto, colateralmente con la mía, pero ese cruce no las resume. Pareciera que Irène Lenirov y Alberto Araujo tienen la única función de ser compañeros de viaje de mi hermano, personajes de su novela, cuando no es así. Es quizás al contrario. Mi hermano fue durante un cierto tiempo un nombre dentro de sus propios relatos.

Me estaba enredando con aquellos pensamientos y no había logrado disipar mi incomodidad por lo sucedido. Como dije, no me preocupaba haber mentido sino haber actuado. Haber producido un acto que encadenaba las circunstancias. Y sobre todo, unas circunstancias que no tenían otro fin que comprobar algo que no necesitaba de comprobación, como es que mi hermano había tenido un amigo llamado Alberto Araujo, una amante llamada Irène Lenirov, una concubina llamada Carmen Leonor, y que entre todos ellos no había ninguna relación más que la que estábamos creando mi interlocutora y yo, a quienes no nos une ninguna circunstancia. Sin embargo, decir que no me interesaba nada su anunciada visita a Turmero hubiese sido estúpido. Su ausencia me dejaba en un estado de suspenso, pero había decidido no decirle nada al respecto. Las mujeres toman ese tipo de comentarios como un reclamo, y si algo he querido evitar es la rutina del reclamo y la explicación. Da pie a relaciones confusas.

lud, y la muerte súbita abrió la sospecha de que le habían hecho «un daño».

—Es absurdo.

—Absurdo para usted, que se piensa muy racional. Pero veámoslo de otra manera. La muerte inesperada significa que no estaba enfermo, a la gente le extrañó que muriera y a lo mejor es que no murió. Desapareció y Carmen Leonor dijo que había muerto. Usted es el Orfeo perfecto. No sólo le desaparecen las mujeres, también los hermanos.

—¿Pero qué es lo que está imaginando?

—Creo que cuando su hermano decidió desaparecer en vida fue a esconderse en casa de los Ruiz González. Le pidió a Chona que lo dejara vivir en las habitaciones de los sirvientes del tercer patio, el que está condenado. Alguien lo vio, la sirvienta, o Ramoncito. Rodaron la especie. Había entrado en el patio en el que salen fantasmas —a excepción de los miércoles, creo—, y empezaron a regar que habían visto al fantasma del ahorcado.

—Mi hermano era un hombre profundamente racionalista. Cuando yo era pequeño me daban miedo los fantasmas, supongo que todos los niños sufren de ese miedo. Él se burlaba de mí. Le parecía que era de mariquitos. A él, por lo visto, nunca le dio miedo nada. No me extraña que entrara en el patio condenado, le gustaba desafiar el peligro.

—No creo que él viera ningún peligro en ese patio. Entró por otros motivos. Porque era un buen lugar para esconderse; por la nostalgia de sí mismo, por recordar a doña Francisca, o al mismo ahorcado, porque alguna vez en ese patio le pellizcó una nalga a una de las Ruiz González. Porque quiso sentarse bajo la sombra del samán y ver en la pared de los muros su propia sombra reflejada, cuando era la de un hombre joven, fuerte, activo. Porque no se resignaba bien a haberse perdido, y allí, en ese patio, efectivamente estaba el fantasma, pero no el del pobre mudo que decidió ahorcarse sino el suyo. El que vivía una novela de aventuras. Alguien que ya no tenía mucho que ver con él. Un personaje al que amaba. ¿Qué le pasa?

Me había quedado viendo a alguien que en ese momento entraba en el bar. Se me había parecido a mi hermano. No quise decírselo, comprendí que mi equivocación delataba que estaba muy conmovido.

—Nada —dije volviendo a la realidad.

—El problema no es envejecer. El problema es quedarse fuera del escenario. En realidad siempre vivimos dentro de un escenario. La única diferencia entre la juventud y la vejez es que cuando somos jóvenes creemos en nuestro escenario. Nos parece real, consistente. Y poco a poco esa consistencia se va corroyendo, se va agujereando, nos vamos dando cuenta de que es una invención, de que jugamos un papel que bien podría ser otro, y de que estamos allí como podríamos estar en otra parte. Cuando el escenario va desapareciendo —no duran mucho, en general—, sólo quedan los clavos, y nos aferramos a ellos porque son la prueba de que no hemos estado locos todo ese tiempo. Son la evidencia de que el escenario, cierto o falso, existió, y por consiguiente, nosotros. Su hermano entró en el tercer patio porque allí había un clavo importante. Allí él ayudó a enterrar a un desdichado, allí cayeron sobre la tierra unas gotas de sudor, el sudor de una mañana muy caliente de Turmero, mientras doña Francisca daba órdenes a los hombres que abrían el hueco. Allí estaba la tumba del ahorcado, y él sabía exactamente dónde estaba, probablemente debajo del samán. Él puso sus pies sobre las mismas huellas que pisó el día del entierro. Los demás quizá piensan que allí sale un fantasma. Él no. Él pensó que allí estaba un cadáver muy concreto. Unos huesos muy definidos, los del mudo, sirviente de doña Francisca. Todo aquello había ocurrido. Él, parado sobre la tumba vegetal en la que no se puso cruz porque el párroco no le rezó, él, allí, daba fe y constancia de haber existido.

—Le gustaban esas marcas, tiene razón. Recuerdo que cuando mi madre se enfermó y él vino de Turmero a verla, estábamos sentados en la habitación de la clínica acompañándola. Mamá hacía un esfuerzo por seguir la conversación, como si hablar le permitiera sentir que no se iba todavía, y le preguntaba cosas de la hacienda del general Pardo; que si había estado por allá, «allá» ya le dije que era la forma de referirse a la hacienda, que cómo estaban las tierras, que si seguían cultivando café. Mi hermano le iba contando, describiendo, y de pronto le dijo: «¿sabes una cosa?, una vez el general Pardo y yo montamos un tubo para pasar el agua por una quebrada, y todavía está. Está igualito. ¡Ese tubo sí lo montamos bien!» Lo dijo con una inmensa alegría, parecía un muchacho a quien le ha aparecido un juguete perdido. Mi madre se sonrió, con esa alegría ingenua de la que ella era capaz, la alegría por una tubería de agua pasando arriba de una quebrada. Ese orgullo por la hazaña. Creo que yo, si bien fui el hijo sumiso y atento, no le produje nunca ese tipo de alegría.

Hice una pausa. Tenía ganas de llorar y me hubiera molestado mucho que se diera cuenta. Fue generosa conmigo, siguió hablando ella.

—Me gusta mucho ese recuerdo de la tubería de agua. Me parece verlo mirando el tubo completamente cubierto por unas lianas, sonreído, diciéndole a Carmen Leonor «ahí está el tubo que monté hace cuarenta años».

—No sé si Carmen Leonor estaba en ese recuerdo.

—¿Sabe por qué usted no le producía alegrías ingenuas a su madre? Porque no es capaz de sentirlas.

Su generosidad para conmigo había terminado.

26

COMENZÓ A LLENARSE el local. Aquella noche era otra vez viernes y yo no había cumplido mi promesa de no volver los viernes. Los días se parecen tanto que a veces no me doy cuenta, o a lo mejor es una mala excusa para la debilidad de mi carácter. Se repitieron los habituales; allí estaban don Silverio, el profesor cantando *Granada*, la señorita Violeta, y el colombiano hombre-orquesta acompañaba a las chicas ex Nueva Trova en su espantosa interpretación de Juan Luis Guerra. Todo parecía indicar que a continuación nos aburriríamos felizmente.

Entró Daniel Santos y mi interlocutora me hizo notar que el muchacho estaba muy nervioso y además nunca llegaba tan temprano. Se sentó en la barra y se puso a hablar con el mesonero. Fijé en ellos mi atención y obviamente no era una conversación trivial. Algo terrible se desprendía de la cara asustada del mesonero que sacaba una cerveza tras otra a medida que Daniel Santos vaciaba los vasos. Después de un rato se acercó al micrófono y cantó con su voz ronca y su mirada de miseria. El dueño se acercó al teclado y le dijo algo al oído al colombiano que procedió a guardar sus instrumentos dejando a Daniel Santos sin acompañamiento. Mi interlocutora comentó que su voz ganaba sin el ruido que producía el teclado electrónico. Miré hacia atrás y vi que el mesonero que le había servido las cervezas hablaba con el dueño y éste agitaba las manos y se encrespaba. De pronto se acercó al cantante y le dijo en alta voz que terminara porque estaban cerrando. El muchacho no le obedeció y el dueño bajó los interruptores dejando el local en una oscuridad casi total.

Únicamente al fondo, donde está la caja registradora, quedaba un foco encendido. Era absolutamente sorprendente, jamás el dueño había despedido a su clientela. Siempre esperaba tranquilamente a que abandonase el local a su propio gusto, pero no contento con quitar la luz se dirigió a todos pidiéndonos con una cortesía forzada que nos fuéramos porque había un problema de electricidad y tenía que apagar el aire acondicionado.

—Vámonos —dije—. Me parece que está pasando algo.

—Es precisamente el momento de quedarnos. Cuando ocurre algo fuera de lo esperado es cuando la vida nos llama la atención.

Le dije que la situación no estaba para reflexiones acerca del azar y que creía de elemental cordura irnos. Sin embargo no pudimos hacerlo. El dueño se había abalanzado sobre Daniel Santos y a empujones lo llevaba hasta la puerta. El muchacho se defendía y, a pesar de su escasa contextura física, logró impedir que lo sacaran, dando patadas y mordiscos y tirándose al piso. Me levanté y fui a hablar con el mesonero. Daniel Santos se negaba a salir porque había entrado al local huyendo de unos sicarios que lo seguían para un ajuste de cuentas. Había logrado sortearlos saltando por la ventana de su casa, en un bloque obrero del oeste de la ciudad, y desde allí un amigo lo había traído en una moto hasta La Fragata. El automóvil de los traficantes lo perdió durante varias calles, logró recuperarlo en un cruce de avenidas, para de nuevo perderse. Se le había ocurrido refugiarse en La Fragata hasta que amaneciera y pudiera esconderse en otra parte.

Los mesoneros acudieron a ayudar al dueño a sacar al muchacho pero éste logro zafárseles y se encerró en el baño. La maniobra no podía durar mucho y a los pocos minutos alguien encontró la llave, y desde allí, acorralado, Daniel Santos fue llevado en vilo hasta la puerta que se cerró violentamente a sus espaldas. El dueño se acercó a nosotros y nos condujo a una puerta trasera que salía a un callejón. Una vez afuera agarré por el brazo a mi interlocutora y eché a andar rápidamente.

—No me diga que estamos huyendo.

—No sea terca.

Caminábamos por la calle paralela a la entrada del local sin que nos cruzara absolutamente nadie. Pensé que lo mejor sería tomar un taxi pero era improbable que pasara alguno y yo no tengo teléfono celular. En eso se oyó el motor de un automóvil a alta velocidad. Me pareció que eran varios.

—Vamos a mi casa. Está cerca —me desagradaba la idea de meterla en mi apartamento pero no se me ocurría otra solución.

Escuchamos disparos. Exactamente tres.

—Creo que ya no es necesario —dijo ella.

Al día siguiente busqué la noticia en un diario vespertino porque, por lo avanzado de la hora en que se dieron los acontecimientos, no estaban reseñados en *El Nacional*, que corrientemente leo. En efecto, estaban contabilizadas las muertes de la noche anterior. Entre ellas la de un ciudadano de 21 años, de nombre Winston López, que había sido abaleado en la calle tal, aproximadamente a la una de la mañana. Los cuerpos policiales se habían presentado en el lugar de los hechos pero no pudieron alcanzar a los atacantes. Se suponía que el motivo del crimen era un ajuste de cuentas por parte de una banda de narcotraficantes que tenía asolado al barrio cual. Un comité de vecinos se había dirigido al módulo policial para exigir medidas de protección.

—Eso es todo —le leí a mi interlocutora.

El dueño se sentó a nuestra mesa. Se veía compungido y nos daba explicaciones que no le habíamos pedido.

—Yo no puedo dejar que se me acabe el negocio de la noche a la mañana. Son más de veinte años de trabajo. Si yo dejo a ese muchacho esconderse aquí estaríamos lamentando quién sabe cuántas muertes. Hasta ustedes mismos podrían haber sido heridos. Sale en el periódico, «crimen en el bar La Fragata», y todo para el carajo. Un local donde hay un crimen no levanta cabeza. Pregúntenle a cualquier patrono y se los dirá. Queda empavado.

Lo tranquilizamos, le aseguramos comprender su actitud, y luego lamentamos los tres la desaparición de Daniel Santos. Mi interlocutora añadió que era un cantante con talento.

—Carne de presidio, se lo digo yo. Estaba metido en esa porquería desde hace tiempo. Eso sí, yo se lo había advertido, si te veo en el local repartiendo esa mierda no te dejo entrar más nunca. Se le daba una cervecita porque a los de última hora les gustaba lo que cantaba, a mí francamente no, pero a los clientes les gustaba, y por unas cervecitas que se tomaba él, se sacaba una botella de whisky servida en mesa. Pobre muchacho, no crean que no me da lástima, pero no tenía mucho camino.

Estuvimos de acuerdo en la precariedad del destino de Winston López y cerramos el tema.

—¡Hoy va por la casa! —nos gritó el dueño desde la barra.

Tuvimos que aceptar su pésimo vino.

—Si mi hermano estuviera vivo y hubiéramos comentado la muerte de Daniel Santos, tendría una explicación acerca de la identidad de lumpen del joven, del grado de explotación de su madre, quizás empleada doméstica o trabajadora de una fábrica de pantalones. Del probable abandono de su padre y de la segura presencia de una pila de hermanitos. De sus fracasos escolares, de su incapacidad laboral, de la insuficiencia de su pensamiento político que le impedía acceder a una lucha revolucionaria y, por el contrario, lo conducía al embotamiento de la coca, y quién sabe cuántas cosas más. Después hubiésemos incursionado en discutir si Pablo Escobar había sido un Robin Hood contemporáneo. Mi hermano era un fanático de la explicación.

Mi interlocutora no se interesó en el comentario, yo tampoco tenía ganas de seguir conversando. Aquella noche nuestro habitual encuentro en La Fragata fue corto. Quizá porque en el ambiente se sentía la desaparición de Daniel Santos, los mesoneros servían con lentitud y desinterés, y el dueño sólo se despegó de la caja registradora para decirnos que había decidido cerrar los domingos. Dejamos a medio camino la copa que nos había ofrecido y nos retiramos temprano.

27

TOMÉ LA DECISIÓN durante la mañana. La muchacha promotora de seguros me había vuelto a llamar y le pedí a mi secretaria que por favor le dijese que estaba en una reunión. Eso es lo que se dice cuando no se quiere atender el teléfono. Su llamada me causó una interrupción y ya no pude volver a tomar el hilo de lo que estaba haciendo. Observo que últimamente estoy cumpliendo mi trabajo con distracción, creo que algunos compañeros de la oficina lo han notado también. Esa interrupción me llevó a salir del edificio en el que está la compañía de seguros, crucé la acera y entré en un centro comercial. Estamos en diciembre y las vitrinas de las tiendas están decoradas con motivos navideños. Pasé frente a ellas mirando los precios como si fuese un posible comprador. No tengo nada que comprar, no tengo ningún regalo que hacer, salvo el que me corresponda en el acostumbrado intercambio de la oficina. Generalmente compro un bolígrafo o un disco porque es un regalo unisex y no tengo que preocuparme de quién me haya tocado en el sorteo. Compré una tarjeta de felicitación de año nuevo para enviársela a mi sobrina como todos los años; la mando con bastante anticipación para que le llegue más o menos en la fecha. A la conserje del edificio donde vivo le doy un dinero en efectivo. Me detuve en una librería y pasé revista a los estantes. En ese momento se me cruzó la idea de que debería hacerle un regalo a mi interlocutora y pensé que un libro estaría bien. No encontré, sin embargo, ninguno que me gustara y salí. Me senté en un café y me dije que regalarle no era, a lo mejor, una buena idea. Podría interpretarse de manera confusa. En todo caso, faltaba bastante para la navidad y podía pensarlo con más cuidado. Si ella me regalaba algo, entonces sería apropiado corresponderle. O si hacía algún comentario alusivo. Sobre este tema creo que es mejor esperar.

Como dije, tomé esa mañana la decisión. Regresé a la oficina y comenté que no me sentía bien y que iba a ir al médico por la tarde. Me fui a mi apartamento y desde allí llamé diciendo que tenía un virus muy fuerte y no iría al trabajo al día siguiente. Los compañeros se preocupan mucho por mí porque vivo solo, y mi asistente me propuso pasar por la tarde para ver si necesitaba algo. Le aseguré que estaba en perfectas condiciones y que no necesitaba su ayuda. Fue un forcejeo lento pero logré convencerla. Muy temprano al día siguiente salí en dirección a Turmero. Pensé que tendría tiempo suficiente para regresar a la hora del acostumbrado encuentro con mi interlocutora y así fue.

Siento asco de mí mismo. Soy, en general, alguien que se comporta éticamente, que nunca ha necesitado del engaño o de la mentira para lograr sus fines. Mi vida ha sido fácil, nunca dudé del amor de mi madre, de que podría estudiar en la universidad, de que una vez que finalizara mis estudios, trabajaría en la compañía de mi padre; nunca, tampoco, dudé de mi padre. No me propuse nada que estuviera alejado de mis posibilidades concretas, nunca me imaginé un camino imposible. Enterré a mis padres con serenidad y tristeza. No formé parte, como mi hermano, de grandes proyectos colectivos, ni siquiera de pequeños proyectos colectivos. Me interesa muy poco lo que sucede a mi alrededor, a excepción de lo que pueda alterar mi rutina. Si no fuera por Eurídice podría decir que mi vida ha transcurrido sin nunca alterarse, y la verdad, a tantos años de distancia, su desaparición es un misterio que casi me divierte recordar; también a veces me duele recordar, pero no mucho para ser sincero. Entonces, ¿por qué, a estas alturas, había aceptado una bajeza que exigía de mí mentirle a una persona que no me ha hecho nada? Era una mentira pequeña. Casi inofensiva. Pero era una mentira contra alguien que no me debe nada. Y sin embargo, fui arrastrado a hacerlo. No por la presión de mi interlocutora. Sería injusto decir que la dueña del impermeable fassbinderiano tiene ese poder sobre mí. No. Ella había urdido la trama unas noches atrás, y yo, después de desacreditarla como un plan insensato, me había sentido empujado por una imposición interior que no pude combatir.

Me dirigí a Turmero en automóvil. Decidí alquilar uno para evitarme la incomodidad de los transportes públicos. Durante el trayecto iba pensando que a lo mejor no la encontraba. Si, por casualidad, yo llegaba a su casa y nadie atendía, como era muy probable que sucediera, habría satisfecho un doble propósito. Por una parte, lo había intentado, por otra, fracasado. Pero Carmen Leonor estaba sentada en la puerta de su casa, en la silla de aros metálicos cubiertos con plástico que hay en todos los pueblos de Venezuela, y como solamente había una, me hizo pasar al interior. Una especie de zaguán, pasillo y sala de estar, en la que había más sillas y una televisión. Al fondo se veía un patio de tierra, medio corral, en el que jugaban unos niños. «Son mis nietos», explicó.

No mostró ninguna sorpresa en su expresión ni en su tono de voz. Me recibió con una hostilidad encubierta, o quizá no era hostilidad sino su forma habitual de relacionarse con el mundo. La detallé rápidamente y pensé que su apariencia era idéntica al personaje que era. Una campesina prematuramente envejecida. Había miles de mujeres como ella; si la volviera a ver en medio de una multitud, o simplemente atravesando una calle de Turmero, no la reconocería. Pensé que mi hermano tampoco la reconocería, y recordé el indigno propósito de mi visita.

Cuando le relaté a mi interlocutora la síntesis de mi conversación con Carmen Leonor, me pareció que no le había hecho mucha gracia que yo tuviera la iniciativa de ir solo a Turmero y me encontré a mí mismo dando excusas por ello. En principio habíamos planeado ir juntos pero ya dije que tomé la decisión y fui solo.

—Encontré a Carmen Leonor.

—Ah, ¿y qué, ya se curó?

Noté un tono de celos en su voz, como si Carmen Leonor fuera de ella y de nadie más.

—Le recordé nuestra conversación telefónica de muchos años atrás. No noté en ella sorpresa por mi presencia ni ningún gesto especial, si acaso un poco apenada de que la casa estaba en desorden, de lo cual se justificó diciéndome que había estado yendo y viniendo a Maracay al hospital. Parece que necesita una operación. Le pregunté por su hija, si había sabido de ella, y me contestó lo mismo que le había dicho a usted, «Turmero está muy lejos para que estén llegando cartas». Le dije que yo le mandaba todos los años una postal de navidad y ella hacía lo mismo. No contestó. Me trajo café y preguntó qué se me ofrecía. Le dije que había venido a Maracay por una cuestión de trabajo y también para hablar con ella acerca de algunos asuntos de la herencia de mi padre. Éste fue el único momento en que dejó traslucir algo, me miró con desconfianza y era evidente que estaba incómoda pero no le di importancia. Pasé a agradecerle que me hubiera entregado la caja de zapatos con los papeles de mi hermano, le dije que los había leído con mucha atención y que me habían interesado mucho. Me miró con ignorancia y me pareció una ignorancia convincente.

—¿Qué caja de zapatos? —preguntó.

—Bueno, la caja de zapatos que me entregó su hija cuando vino a Caracas.

—No sé nada de esa caja de zapatos —insistió—, deben ser cosas de la muchacha.

—Pero, ¿cómo? —insistí yo a mi vez—. Ella me dijo que usted la había guardado después de su muerte.

—Yo no guardo nada —dijo con un tono final.

Traté de volver a la nostalgia, le hablé del general Pardo, de la hacienda, de que cuando yo era niño mi mamá hablaba mucho del general Pardo. Nada la conmovió. «Todo eso está perdido ya»; de allí no logré sacarla.

—Pero usted no hizo lo más importante —mi interlocutora se sentía indudablemente satisfecha con mi fracaso en el interrogatorio de Carmen Leonor.

Estaba esperando a que me lo preguntara.

—Sí, sí lo hice. Antes de ir a casa de Carmen Leonor visité el cementerio. Estuve más de dos horas recorriendo tumbas adornadas con cuadritos y fotografías de José Gregorio Hernández, pero no encontré la de mi hermano. No vi ninguna tumba con su nombre.

—A eso quería llegar. Lo más lógico hubiese sido enterrarlo en Turmero, ¿no cree?

—Ahora viene la segunda parte. Había estudiado muy bien mi guión y cómo lo iba a interpretar. Le dije a Carmen Leonor que después de un largo proceso legal había logrado despejar la totalidad de la herencia de mi padre y que estaba en los trámites para recuperar un edificio que valía mucho dinero en Caracas. Divagué un rato acerca del edificio y de por qué no se había resuelto todavía, como si ella me hubiese pedido que justificara la lentitud de procedimientos del Ministerio de Hacienda, pero Carmen Leonor lo resumió en una frase clave: «las cosas de papeles se demoran mucho». Su rostro no se inmutaba con ninguno de los prolijos detalles que yo iba inventando, y, por el contrario, parecía estar más atenta a los nietos que jugaban a pocos pasos de nosotros, y varias veces se levantó, pidiéndome excusas, para limpiar de tierra la boca del más pequeño. Me sentí forzado a preguntarle si comprendía el asunto porque era un poco complicado, y me contestó: «su papá tenía un edificio y ahora le toca a usted».

Abrumado por su poder de síntesis, le contesté que, en efecto, ésa era la situación. Como el problema no se había resuelto en vida de mi hermano, yo, ahora, necesitaba su acta de defunción y el acta de nacimiento de su hija para poder presentar la declaración de herencia y recuperar el edificio, que como le había dicho valía mucho dinero y pensaba repartir con mi sobrina.

—La muchacha no es reconocida —dijo levantándose de nuevo para darle un tetero de agua a uno de los niños que había empezado a llorar.

—Pensé que mi hermano la había reconocido —contesté verdaderamente sorprendido.

Carmen Leonor no añadió una palabra a mi comentario. Comprendí que su poder de síntesis incluía el no repetir una información, y cumplida su tarea de darle de beber al nieto, volvió junto a mí y se quedó mirándome en silencio. Me sentía no sólo indigno sino ridículo y decidí continuar con mi indignidad.

—Si mi hermano no la legitimó, eso no tiene importancia para mí. Una vez que recupere el edificio y lo venda, quiero darle la parte que le corresponde.

Pensé que iba a decir algo, algo como «a ella no le hace falta su dinero», pero no dijo nada. Siguió mirándome en silencio. Pensé que iba a decirme algo desagradable, algo como «no tengo más tiempo para estar conversando», pero tampoco lo hizo. Continuaba en su misma posición, en el mismo silencio, y yo sentí unas lejanas ganas de llorar de vergüenza.

—Necesito presentar el acta de defunción de mi hermano —dije, compitiendo con su poder de síntesis.

Se levantó y esperé, debo confesarlo, con una gran agitación que traté de ocultar. Iba a ver el acta de defunción de mi hermano. Iba a saber el día exacto de su muerte. Nuestro juego de imaginar que quizá no había muerto, estaba por terminar. La espera fue muy larga. No fue una impresión subjetiva, de eso estoy seguro. Vi el reloj y Carmen Leonor desapareció por más de media hora, al punto que pensé que se había ido y me había dejado solo en aquella estúpida situación. Volvió a su silla pero no se sentó para indicarme con ese gesto que la visita estaba terminada.

—No la encuentro —dijo.

Estaba preparado para esa respuesta. Había ensayado qué iba a decir en el caso de que el papelito no apareciera.

—Eso pasa mucho con los papeles —me mostré comprensivo—. Cuanto más uno los guarda, más difícil es encontrarlos. Tendré que ir a la jefatura.

—¿Y sin el papel no le dan el edificio? —preguntó con verdadera preocupación.

—No, porque en los documentos sale que mi padre tenía dos hijos, ¿comprende?, entonces yo tengo que presentar el acta de defunción de mi hermano para que me lo den a mí.

—No lo tengo. Nunca tuve ese papel.

Era evidente que me estaba diciendo la verdad y era yo quien se sentía totalmente sorprendido. No había preparado nada para esa posibilidad. Pensé en usted, tiene más recursos que yo y se le hubiera ocurrido algo mejor. Le dije, simplemente:

—Pero, para el entierro... usted necesitaba ese papel para el entierro.

—¡Eso es en Caracas!

Por primera vez Carmen Leonor se rió. Luego se levantó y me hizo un gesto de que la siguiera. Salimos por el patio donde jugaban sus nietos hacia el exterior. Era un conuco abandonado.

—Ya no se siembra nada aquí —explicó.

—Caminamos unos metros y nos adentramos en un terreno cubierto de sombra. Es un terreno grande, no sé si le pertenece totalmente. Me señaló un montículo de tierra que parecía apisonada deliberadamente pero conozco muy poco del campo como para asegurarlo. Sobre el montículo estaba clavada una pequeña cruz de madera.

—Aquí la gente se sigue muriendo en su casa y la entierran ahí mismo —comentó.

—Esto sí es una sorpresa —exclamó mi interlocutora—. ¿Qué piensa hacer?

—No se le estará ocurriendo la abyección de que haga desenterrar el cadáver para hacer una experticia forense y saber si verdaderamente es el de mi hermano.

—No, eso sólo pasa en las películas. Hay que acudir a los testigos. Carmen Leonor pudo, efectivamente, enterrarlo allí, pero no pudo hacerlo sola. Alguien tuvo que ayudarla. ¿No le preguntó eso?

—Francamente, no —dije molesto.

—La hija debe saberlo...

—Magnífico. En la postal de navidad de este año le escribo, «muy felices pascuas y próspero año nuevo», y luego, una posdata, «por cierto, ¿recuerdas si el que dice tu mamá que está enterrado en el conuco es tu papá, o es otra persona?»

—No pierda tiempo en chistes malos. Alguien tiene que haber sido testigo de su entierro, alguien la ayudó a cavar ese hueco y a transportar el cadáver hasta él. ¿Dice usted que está algo retirado de la casa? Es obvio, sí, es obvio que un hombre la ayudó. Uno de sus hijos, quizá... Ahora comprendo. Está claro por qué la mujer aquella me previno contra la casa. La casa está empavada. Es el mismo caso del ahorcado que está enterrado en el tercer patio de los Ruiz González. Lo enterraron y no lo rezaron.

—Pero, aun siendo así, el problema no se resuelve. ¿Qué nos asegura que el enterrado era mi hermano? Y además, usted me dijo que uno de los hijos de Carmen Leonor es o fue jefe civil, ¿no es un poco raro que en ese caso no haya procedido a levantar el acta de defunción? Si el procedimiento aburre a los campesinos, en el caso de Carmen Leonor quedaba allanado por la condición de su hijo. ¿La convence?

—Eso no es lo importante. Con acta de defunción o sin ella, el problema reside en saber si el que está enterrado allí es su hermano, si es que hay alguien enterrado allí. La respuesta la tiene el testigo, el que la ayudó a enterrarlo. Ése es el que sabe si adentro está su hermano, y si no hay testigos, si nadie sabe nada del asunto, queda en pie suponer que fue un falso enterramiento. Apisonó la tierra, puso una cruz. Eso no requiere de ayuda.

—Chona confirmó que mi hermano se había pegado un tiro.

—Podría estar equivocada. Confundir su muerte con la de cualquier otro. Sin embargo, su comentario no es inútil. Si murió por arma de fuego, caben dos posibilidades. O la accionó él, en forma accidental o voluntaria, o la accionó otro. Carmen Leonor entró en pánico, llamó a su hijo. El jefe civil reflexionó sobre los enredos a los que se vería expuesta su madre, y decidió un entierro rápido y secreto.

—No se me había ocurrido la posibilidad de que fuera un asesinato. ¿Qué razones habría para ello?

—Todas o ninguna, pero me inclino por un crimen político. Su hermano se refugia en Turmero para dar la impresión de que está alejado de la política pero es falso. Mantiene contacto con los grupos subversivos que continúan actuando en las montañas. Alguien considera que su hermano es un traidor o un delator, o que por alguna razón debe ser eliminado. No es tan difícil ser víctima de un asesinato.

—No, ciertamente no lo es, pero es una hipótesis que nunca habíamos contemplado.

—Chona oyó algo de un tiro pero equivocó el tirador. O todo el mundo está de acuerdo en decir que es un suicidio para que no se mezclen complicaciones. Tenemos un jefe civil, recuerde. Una autoridad que fácilmente puede hacer desaparecer el cadáver. Carmen Leonor tiene pánico de que venga la policía y descubra que es un asesinato, tiene un terror infundado de que piensen que ella es la culpable, y decide, junto con su hijo, ocultar los hechos. Pero en un caserío tan pequeño es imposible ocultarlos del todo. Alguien sabe que la muerte fue violenta y que el entierro no fue como Dios manda.

—Por eso Alberto Araujo no quiere hablar mucho al respecto.

—No me extrañaría que él fuese el autor intelectual. Lo mandó a matar porque por alguna razón su hermano estaba poniendo en peligro el proyecto político en el que estaban metidos. No se puede descartar nada.

—Entonces, esa historia que aparece en *La noche sin estrellas*, a lo mejor no era un ejercicio literario sino el plan que un grupo terrorista estaba trazando. Buscar a dos viejos desconectados de toda organización para cometer la acción.

—El problema es que su hermano, esté vivo o muerto, escribió eso muchos años atrás, y el atentado contra el Presidente acaba de suceder. Las circunstancias políticas en aquel momento eran muy diferentes, nadie hubiera pensado entonces en un acto de esa naturaleza. Es improbable la continuidad entre ese fragmento de la caja de zapatos y lo ocurrido ahora.

29

NOS ALOJAMOS en el Madison, un hotel frente a la plaza de Saint Germain de Prés en el que mi interlocutora había reservado dos habitaciones sencillas. Vi con cierto temor el precio de las mismas en un aviso pegado detrás de la puerta pero ella me atajó el comentario diciéndome que era necesario estar cerca de Irène. Por otra parte, dirigía todas las operaciones, se entendía con la gente, y me trataba como a un niño que sacan a pasear al zoológico y le van enseñando los nombres de los extraños animales que lo miran desde las jaulas.

Habíamos llegado por la mañana y decidimos acostarnos a descansar un rato porque el vuelo nos había dejado muy cansados. Cuando me desperté estaba completamente de noche y pensé que era mucho más tarde, pero eran apenas las cuatro de la tarde. La llamé a la habitación pero no contestó. Me bañé con calma, me vestí, y al rato sonó el teléfono. Me esperaba abajo. Enfundados en nuestros respectivos abrigos y bufandas, paraguas en mano, desafiamos una lluviecita oscura y salimos en dirección a la rue Monsieur Le Prince, que está a unas pocas cuadras del hotel. Es una calle estrecha, empinada, me pareció algo lúgubre, quizá porque llovía y la gente caminaba rápido. Nosotros también caminábamos rápido y sin hablar. Era obvio que no sabíamos el número del edificio en el que vivía Irène Lenirov. Probablemente en las cartas que ella le había escrito a mi hermano estaba la dirección completa, pero, cómo podía saber yo, cuando incineré todos los contenidos de las gavetas de la casa de mis padres, que alguna vez iba a necesitar la dirección de Irène Lenirov.

—Tendremos que preguntar. En estos barrios todo el mundo se conoce, no será difícil.

Mi interlocutora preguntó en varios lugares, en una farmacia, en una mercería, en una tienda de comestibles. Le rogué que no siguiera haciéndolo porque el gesto de desagrado que causaban sus preguntas en los interrogados indicaba que en algún momento alguien llamaría a la policía o al manicomio. Es una calle con pocos cafés, creo que sólo uno, queda al principio, hacia el Odeón, y por lo tanto, si ella vivía en la otra punta, no la veríamos. Entramos de todas maneras a reconfortarnos un poco, y mi interlocutora volvió a la carga. El empleado del café se mostró más amable.

—Madame Miret, madame Miret —decía rascándose la cabeza y tosiendo mucho.

Parece que le sonaba pero no estaba seguro de dónde vivía. En todo caso, preguntó dónde nos alojábamos para decirle que la buscábamos, si por casualidad pasaba por allí madame Miret.

Mi interlocutora tenía un gesto impaciente. No había previsto esta pequeña dificultad y me miraba con el aire de haber encontrado al culpable.

—Usemos la lógica —dijo después de sorber el café—. ¿Cuáles serían los movimientos propios de una mujer de setenta y ocho años en pleno invierno en París?

—Pocos —contesté enseguida.

—Exactamente, pocos. Tratará de salir lo menos posible del apartamento, sin embargo, hay algunos asuntos indispensables. Tiene que comprar comida, tiene que comprar cosas en la farmacia, tiene que ir al correo. El correo, por supuesto. ¡Qué estúpida! —Se levantó a la cabina de teléfono—. En todos los bares de París hay un teléfono y en todos los teléfonos hay una guía. La mejor guía de teléfonos del mundo.

Regresó desconcertada. No aparecía ni por Lenirov ni por Miret.

—Quizá se han mudado —osé decir.

—No, no se han mudado. Simplemente no aparece. Volvamos a las hipótesis. Tenemos la farmacia, las tiendas de comida, el correo. ¿Qué otro lugar podría ser lógico? La Librería Española, está en esta misma calle. Busca en ella algunos libros que le recuerden a la revolución cubana. Sí, también la Librería Española. Y el café. A veces se aburre en casa y sale a tomarse fuera un cafecito o una copa de vino. Pero no con esta lluvia y este frío. Librería. Farmacia. Comida. Correo. En eso es que debemos concentrarnos.

—¿Sabe algo? He olvidado un asunto de grave importancia.

—¿Quiere que volvamos al hotel?

—No lo puedo resolver en el hotel.

—Pero, ¿qué es lo que le pasa, por favor?

—He olvidado cuál es la verdadera razón por la que queremos encontrar a Irène Lenirov.

No me contestó y siguió repasando las hipótesis. Librería. Comida. Farmacia. Correo.

—¿A qué hora cree usted que una mujer de setenta y ocho años haría sus cosas, en pleno invierno, en París?

—Supongo que de diez a doce.

—Exactamente. Vendremos mañana a las nueve y media, nos apostaremos en los lugares propicios. Usted en la farmacia, yo en el correo. Debe haber una panadería más arriba, vamos a buscarla. Lo más urgente y diario tiene que ser el pan.

En efecto, había una panadería más arriba, pero madame Miret no estaba comprando pan.

Cuando nos dirigíamos al hotel se me ocurrió algo que no habíamos considerado. Miret. ¿Por qué no buscar a Miret? Miret era más joven, o menos viejo, y tendría más actividad. Por lo tanto utilizaría el metro. El metro era un punto fácil. El metro Odeón.

—Está bien su idea, la pondremos en práctica si fracasa lo demás.

Llegamos al hotel, siempre bajo la misma lluviecita que me irritaba porque no tenía la sensación de mojarme por fuera sino por dentro. Le propuse tomarnos algo, eran ya las seis de la tarde y tenía hambre. No habíamos almorzado y el cansancio del viaje empezaba a hacer estragos en ambos. Nos metimos por una calle cercana al hotel, avanzábamos sin rumbo fijo y mi interlocutora iba muy ensimismada. A pesar de conocer tan bien la ciudad no parecía buscar un sitio en particular. De pronto los dos nos paramos en seco.

—Ahora sí estoy segura de que encontraremos a Irène Lenirov —dijo—. La suerte está de nuestro lado.

Me costaba trabajo creerlo pero la evidencia se impuso ante mí. Estábamos parados frente a un pequeño restaurante cuyo nombre era La Frégate. Entramos, por supuesto, y mi interlocutora pidió una botella de vino de la casa.

—Abandone usted sus costumbres whiskeras, amigo.

Nos servimos los vasos y brindamos, como siempre, por nuestra querida e inolvidable Irène Lenirov.

A la mañana siguiente ocupamos nuestros puestos de guardia. Yo en la farmacia, ella en el correo, pero no apareció ninguna persona que pudiera ser madame Miret.

—Será que no necesita nada de la farmacia y tenía pan suficiente para hoy. Pero no pueden pasar muchos días sin que compre pan.

Me permití dudar, a lo mejor no comía pan. Mi interlocutora dijo que eso era imposible. Ella comía pan.

—Por la tarde cubriremos las otras dos locaciones, panadería y café.

—¿Locaciones? —pregunté sorprendidísimo.

—Locaciones. Es como una película, ¿no se da cuenta?

Decidimos, sin embargo, ir después de almorzar a la quinta locación, la librería Hispano-Americana. «Hubiera jurado que se llamaba Librería Española, pero ésa debe estar en otra calle», dijo mientras esperábamos a que abrieran; abrían a las tres. Miramos los libros un buen rato, y yo tomé una iniciativa. Había observado que la dueña hablaba español con un cliente que buscaba un libro de San Juan de la Cruz. Un estudiante, seguramente. Me fui acercando a ella hasta que me atreví a preguntarle si, por casualidad, conocía al profesor Miret. Habíamos sido muy buenos amigos en otra época y sabía que vivía cerca pero había olvidado la dirección exacta. Estaba de paso por París y me hubiese gustado verlo. La mujer se mostró desconsolada. Claro que conocía al profesor Miret, vivía en esta misma calle, y daba clases de literatura española, por lo que era uno de sus clientes más antiguos y regulares. Pero, desgraciadamente, el profesor Miret había muerto el invierno pasado. Una neumonía mal curada. Simulé un gran dolor ante la noticia, y luego le dije que en ese caso me gustaría presentarle mis respetos a la viuda. La mujer, era obvio, sentía mucho aprecio por el difunto Miret y le pareció más que natural mi deseo. Era el número 4, no sabía el piso. Se lo agradecí mucho, le compré un librito que no pensaba leer, y salí de la librería seguido de mi interlocutora. Quería que ella misma reconociera mi triunfo. Irène vivía. Su edificio era el número 4. Miret estaba fuera de juego.

Tocamos el timbre varias veces. Por fin, un odioso ser que arrastraba una pierna se acercó a la puerta y dijo ser la conserje. Tuvo un breve diálogo con mi interlocutora y supimos que, efectivamente, madame Miret seguía viviendo allí, el profesor había fallecido (creo que la palabra que usó fue «reventó») el año pasado, y madame Miret había salido. ¿Quiénes éramos nosotros los que pretendíamos visitar a la viuda, una persona a la que sin duda (no era necesario hablar francés para comprender su malevolencia) ella detestaba? Tuve un segundo gesto de audacia. Saqué de mi billetera un papelito y escribí mi nombre y el del hotel. El odioso ser lo guardó en el bolsillo de la falda y murmuró algo entre toses. Mi interlocutora me tradujo que el odioso ser se lo entregaría a madame Miret cuando ésta llegara, si llegaba temprano, porque la puerta de la conserjería se cerraba a las siete.

Mi interlocutora se consideró en la obligación de llevarme a ver el Arco de Triunfo, los Campos Elíseos, la Torre Eiffel y el Cementerio de Montparnasse. Después del recorrido, me sentía totalmente destruido y le rogué que volviéramos al hotel a esperar la llamada de Irène Lenirov, pero a las nueve no había ocurrido y decidimos salir a comer. La Frégate nos recordaba mucho a nuestra Fragata caraqueña. El ambiente, si bien muy distinto —no había ningún colombiano hombre-orquesta ni nadie parecido a don Silverio o a Daniel Santos—, era de restaurante de barrio, y rápidamente identificamos a los que tenían pinta de habituales. El mesonero se acercó a la mesa y preguntó si queríamos «lo de costumbre». Me maravilló que un día fuera costumbre en Europa, y en efecto, trajo una botella del mismo vino que habíamos pedido la noche antes, y que no era muy bueno, o será que a mí no me gusta el vino. Irène no había llamado hoy pero seguramente lo haría al día siguiente. O a lo mejor, cuando regresáramos al hotel, encontraríamos su mensaje. No fue así. Llegamos al hotel aproximadamente a las once, preguntamos en la recepción, y muy tristes cerramos las puertas de nuestros respectivos cuartos. Al rato sonó el teléfono y pegué un brinco en la cama. Estaba intentando leer el libro que había comprado pero me aburría mucho. Pensé, es Irène. Pero era mi interlocutora.

—Creo que esto de esperar a que ella llame no resulta —dijo—. Por alguna razón no lo hará. Iremos mañana, muy temprano. Ponga el despertador a las siete.

Recibidas las instrucciones de mi comandante apagué la luz. Estaba helado, me levanté para constatar que la calefacción funcionaba, y una apenas cálida sensación invadió mi mano. Estornudé varias veces y me acordé de Miret y su neumonía.

Serían poco más de las ocho, después de nuestro frugal desayuno hotelero, cuando nos dirigimos a 4, rue Monsieur Le Prince. Esperamos frente al portal, y aproximadamente a las nueve vimos con gusto que el odioso ser caminaba con la cesta del mercado bajo el brazo, arrastrando su pierna en dirección a la panadería. Supusimos que saldría alguien más y por fin salió una muchacha. Mi interlocutora sostuvo la puerta, y con una falsísima sonrisa que no le conocía, le dirigió un amable buenos días. La muchacha iba apurada y ni se fijó en nosotros que nos colamos adentro. El edificio era muy viejo, en general había observado que la mayoría lo eran, y el pasillo estaba mal iluminado. Mi interlocutora apretó un interruptor y se prendió una luz por unos segundos, que nos permitió leer los nombres de los buzones de correo. *Prof. J. Miret, 2eme.D.* Subimos las escaleras, porque no habían puesto ascensor, y tocamos el timbre.

—La conserje acaba de entregarme su nota. Adelante, pasen, por favor. Los estaba esperando.

Frente a frente de la verdadera e inolvidable Irène Lenirov sentí una conmoción. Creo que a mi interlocutora le pasaba lo mismo aunque aparentaba un gran dominio de la situación.

Su «los estaba esperando» me introdujo en una película sobre el Mossad que había visto hacía poco. La complicidad del tono, la mirada rápida con que nos detalló, el gesto de «estamos entendidos» con que nos hizo entrar, todo delataba que a partir de aquel instante pasábamos a formar parte de un comando de espionaje. Me senté frente a una mesa redonda recubierta de un terciopelo marrón, debajo de la cual había un brasero y un gato, como habíamos previsto en Caracas. Irène trajo tres tazas de té en una bandeja; sus movimientos eran bastante ágiles y precisos para tener los setenta y ocho o quizás ochenta que le adjudicábamos. Detrás de la mesa frente a la que estábamos sentados, había una consola en la que se apiñaban varias fotografías. En una de ellas estaba con quien supuse J. Miret, abrazados en la calle, una mala fotografía, de esas instantáneas de antes. En otro marco con dos medallones, una pareja; evidentemente, sus padres. Él, de militar zarista, ella luciendo un camafeo que me resultaba conocido pues ya lo habíamos descrito. En otra una niña antigua, pudiera ser la propia Irène. Y en un marco bastante grande, más grande que los demás, vi a un grupo de hombres, entre ellos mi hermano con barba, vestido de caqui, sonriéndole a la cámara en 1961. Supongo que era 1961. Me levanté para detallar la imagen.

—Sí, es su hermano —dijo Irène mientras le servía la leche a mi interlocutora—. A Joaquín y a mí nos gustaba mucho esa foto.

Derrumbaba así mi hipótesis según la cual ella la había puesto después del entierro de J. Miret.

—Es en alguna parte de su país —se rió—, ¿Tumiquiremo?

—Turimiquire —corrigió mi interlocutora.

—Tumiriquire —repitió mal Irène—. ¡Qué difícil esos nombres indígenas!

Comenzó a sorber el té lentamente. Sobre la mesa había un paquete de cigarrillos negros y encendió uno. Me molesta muchísimo el humo y más el de cigarrillo negro. Por otra parte, me iba aproximando cada vez más a la neumonía y empecé a toser. Ella, sin embargo, no le dio importancia. Todo el mundo tose en París, pensé, y no es raro que yo también lo haga. Mi interlocutora se había levantado y miraba una fotografía del Che Guevara que estaba frente al comedor. Pensé que iba a hacer algún comentario.

La situación se tornaba ridícula. Nos mirábamos, o mejor dicho, éramos mirados por ella, en silencio. Tomábamos té, Irène fumaba; por los visillos de la ventana, bastante amarillentos, se traslucía el patio interior del edificio. Un agujero negruzco en el que caían las mismas gotas de lluvia que estaba harto de ver desde que me había bajado del avión.

Mi interlocutora se había cansado de contemplar al Che y sonreía estúpidamente con su —hasta entonces desconocida— sonrisa de ser amable. Miré de reojo el reloj. Quería saber cuánto tiempo los seres humanos pueden tolerar una situación de aquella naturaleza. De pronto escuché la voz de Irène; me estaba hablando.

—Supe de su muerte por un amigo que pasó por París, pero no sé exactamente cuándo ocurrió.

—Yo tampoco —contesté esperando que se sorprendiera pero no le llamó nada la atención que yo ignorara la fecha de la muerte de mi hermano.

—¿En Turemero? —preguntó con la tímida voz de una niña que teme no saberse la tabla de multiplicar.

—En Turmero, efectivamente —la corregí con suavidad.

—Una de las razones por las que hemos venido a verla es porque dudamos de su muerte, pensamos que ha participado en un acto subversivo y está escondido —interrumpió mi interlocutora.

—¿Y cómo podría saberlo yo desde aquí?

Era tan contundente su respuesta que me hizo sospechar algo. Cambió de tema y cruzamos algunas banalidades. Después dijo:

—Bueno, ahora tengo que salir pero me gustaría que volviesen pronto. Son ustedes como un regalo de otro tiempo, de otro mundo. ¿Cuándo quieren volver?

Le dijimos que escogiera ella el momento más apropiado para nuestra visita, y nos citó al día siguiente a las cinco de la tarde. Estábamos bajando las escaleras y tuve que devolverme porque había olvidado el paraguas. Madame Miret me dirigió una sonrisa espléndida, la sonrisa de una rusa que vivía en Francia y era amiga de antiguos exiliados latinoamericanos, la misma sonrisa que usaba cuando era espía en la guerra fría, la misma sonrisa, quizá, que había visto mi hermano. Con esa sonrisa me preguntó.

—¿Es su esposa, naturalmente?

—No, es una compañera de trabajo —le contesté.

—¿Qué le pasa? —sabía que mi interlocutora me iba a interrogar cuando saliéramos de nuevo a la misma lluvia.

—Nada.

Quería guardar para mí toda la tristeza de la vieja sonrisa de Irène Lenirov.

Dimos vueltas mojándonos cultamente por el Barrio Latino hasta que sentimos hambre y nos encaminamos hacia La Frégate. Puede haber en París los mejores restaurantes del mundo pero nunca hubiésemos pensado en ir a otro que no fuera ése. Por otro lado, la gastronomía no me interesa, y los precios me comenzaban a abrumar, habida cuenta de que todo el viaje salía de mi bolsillo. Nos sentamos, el mesonero pidió excusas porque no tenía libre nuestra mesa ya que nos esperaba por la noche y no para el almuerzo, y llegó nuestro vino. Mi tos iba empeorando.

—Espero que no se me enferme ahora que hemos encontrado a Irène Lenirov.

—¿No le pareció raro que Miret consintiera en tener la foto de mi hermano en la sala?

—En absoluto. Es la prueba contundente de que Irène y su hermano eran amantes. Un amigo común, nada más. Un héroe en común. Un héroe del Turimiquiremo.

Nos reímos y el mesonero trajo el primer plato del menú de precio fijo.

30

Al día siguiente me desperté con fiebre. Mi interlocutora fue a la farmacia y subió con un termómetro, unas aspirinas y un jarabe para la tos.

—Estaré de regreso a las cuatro en punto, voy a almorzar con unos amigos. Tómese el jarabe y trate de estar curado para las cuatro y media —de comandante en jefe había pasado a déspota oriental.

Me arrastré por el Boulevard Saint Germain, acicateado por mi déspota, y logramos llegar a 4, rue Monsieur Le Prince a las cinco en punto.

—Lo contrario hubiese sido una ofensa —dijo—. La puntualidad francesa.

En medio de mis ataques de tos y estornudos me tomaba un té. Esta vez Irène había sacado el samovar y lo alabamos bastante.

—A su hermano le divertía mucho —comentó.

—¿Venía con frecuencia a visitarlos? —preguntó mi interlocutora.

Irène Lenirov la miró con dureza. No me había dado cuenta hasta ese momento de la dureza que puede contener la mirada de una rusa que vive en Francia y es amiga de antiguos exiliados latinoamericanos.

—Me fastidian los interrogatorios. Quizá sea una antigua costumbre pero no puedo olvidar los gustos de la policía.

Vi enrojecer a mi interlocutora. Por fin alguien le paraba los pies.

—No es necesario que me pregunte nada —continuó—, tengo muchas ganas de hablar con ustedes. Tengo pocas ocasiones de hablar, en realidad. Es lo malo de envejecer, se queda uno completamente solo. Joaquín y yo no tuvimos hijos. Me quedan únicamente dos amigas, las voy a visitar todos los días. Lunes, miércoles y viernes a una; martes, jueves y sábados a la otra. Están en unos maravillosos ancianatos franceses, los ancianatos franceses son perfectos, y perfectamente aburridos. Para colmo, son ancianatos diferentes y quedan en lugares opuestos de la ciudad. Los domingos no voy, es el día en que van a visitarlas sus hijos. Hablar con ellas me gusta, pero casi todo el tiempo soy yo la que hace la conversación. ¿Se dice así, hacer la conversación? Bueno, es igual, hace tanto tiempo que no hablo en español que quizá lo he olvidado.

—Lo habla perfectamente —dijo mi interlocutora tratando de sacar los pies del barro.

—Gracias. Sí, lo hablaba muy bien. Tuve buenos profesores —dijo con coquetería—. Joaquín era profesor de literatura española. Y su hermano, bueno, con ese acento tan gracioso que tienen ustedes, pero también me corregía algún error. Y todos los amigos, tantos amigos latinoamericanos que pasaron por aquí.

Lo dijo con tristeza pero me pareció una falsa tristeza. Su tono conmovido me recordaba al de mi interlocutora cuando se disfrazó de Irène Lenirov para engañar a Alberto Araujo.

—Como decía, casi todo el tiempo hablo yo, me refiero a mis amigas, las de los ancianatos, porque están bastante mal de la cabeza. Son muy mayores —añadió de nuevo con la misma coquetería que empezaba a cansarme.

—¿Y qué les parece París?

Dejé a mi interlocutora capear aquel temporal de aburrimiento. Las escuché hablar de París, que si había cambiado o no, que si habíamos visitado esto o aquello. Odio el turismo y sólo había aceptado aquel viaje porque tenía un motivo no turístico. Seguí de lejos la conversación hasta que me di cuenta de que estábamos parados y despidiéndonos de Irène Lenirov.

Ya estábamos por salir cuando nos llamó desde la puerta.

—¿Qué tienen pensado para el día de navidad?

En verdad no habíamos pensado nada ni nos habíamos ocupado de que fuese navidad. Inmediatamente añadió:

—Me encantaría que viniesen a almorzar conmigo, almorzamos a las doce.

Le aseguramos que estaríamos a las doce en punto el día de navidad y cerró la puerta. En el portal nos cruzamos con el odioso ser que tosió sobre nosotros dándonos a entender todo el desprecio que le causábamos.

—Quiere decir que no piensa vernos hasta entonces.

—Ésta no es nuestra verdadera e inolvidable Irène Lenirov. Ésta es una vieja aburrida a la que de pronto le han caído del cielo dos visitantes que vienen a verla a su ancianato particular. Tengo un enorme malestar y esta lluvia no contribuye a mejorarme, de modo que me voy al hotel a acostarme en mi helada habitación sencilla.

—Tiene razón. Ésta no es la verdadera Irène Lenirov. Está actuando. Nos espía. Quiere saber cuáles son nuestras verdaderas intenciones. No hablará hasta conocernos mejor.

Me arropé lo mejor que pude, me tomé dos aspirinas y una cucharada del jarabe, y traté de dormir, pero no tengo costumbre de dormir tan temprano. Abrí el librito que había comprado en la Librería Hispano-Americana y me aburrió de nuevo. Eché mano de la carpeta de *La noche sin estrellas*, y encontré un fragmento que no habíamos leído en nuestra Fragata caraqueña; había traído la carpeta porque mi interlocutora insistió en que podía ser útil para nuestra conversación-interrogatorio con Irène Lenirov. En ninguna de las dos visitas madame Miret se había mostrado demasiado entusiasmada por hablar del pasado, por lo que resultaba dudoso su interés en la lectura de los recuerdos de mi hermano.

La hacienda del general Pardo estaba emplazada en un valle de grandes cafetales, tenía un río y abundante cacería y caballos. Cuando cumplí doce años, quizá trece, mi abuelo me prestó una escopeta, una escopeta calibre 16 de un solo cañón. Hasta ese momento había presenciado cacerías o apenas cazado pájaros o lagartijos, pero a partir de entonces me incorporé a la partida como uno más de los hombres. La cacería en la hacienda era lo que llamaban en la época, lances con perro. El primer animal que maté fue un picure, me sentí como que si hubiese matado a un elefante, y le pedí a mi abuelo que me permitiese quedarme en la hacienda por más días, ya que mi viaje estaba proyectado solamente para dos semanas; él, entonces, mandó a un peón a Maracay para que se comunicara con mis padres y les advirtiera que me quedaba todo el mes. Fueron unas vacaciones en las que pasaba el día cazando, montando a caballo, subiendo montañas, conversando con los peones.

En verdad fue una situación bastante desconcertante, fue el primer momento en mi vida en que empecé a sentir sensibilidad social, y a pesar de que, acostumbrado a pensar como hijo de patrón, creía en la justicia divina del derecho de propiedad, se me ponían los pelos de punta cuando visitaba los ranchos miserables en que vivía la peonada, o cuando, a la hora del pago, veía como por unas jornadas de trabajo, que en mi presencia habían sido de diez o doce horas jalando machete, se les pagaba cuatro o tres bolívares. Eso creó en mí una conciencia contradictoria que no estalló sino muchos años después, pero en aquel momento vivía una enorme felicidad.

Me sentía un héroe en el ámbito legendario de unas tierras que habían sido fundadas en los tiempos de Garci González de Silva, viviendo la leyenda permanente de nuestras contiendas civiles, repetidas ahora por el general Pardo con pelos y señales, y por los viejos soldados que habían luchado con él, y que relataban cuentos de increíbles cacerías, de tigres míticos —pues nunca se comprobó de ninguno—, y de hazañas inverosímiles. En fin, era un mundo interior en el cual yo me encerré durante mi adolescencia, y al que quise volver cuando fui hombre.

Después de esta primera larga estadía en la hacienda del general Pardo, Caracas y el colegio de los curas me abrumaban de fastidio. Desde ese momento, en todas las vacaciones de julio y de Semana Santa, y luego de navidad, me iba a la hacienda. Me gustaba pasar allí las navidades. Temprano llegaban las parrandas, una costumbre local en la cual músicos con banderas de diferentes colores de acuerdo a cada parranda, van de casa en casa cantando aguinaldos para que se les obsequie aguardiente. Recorrían durante el día los caseríos y no llegaban a la casa de la hacienda sino en las primeras horas de la noche, entre ocho y nueve. Se les obsequiaban dos o tres botellas de ron a cada una; estaban compuestas por diez a quince personas entre mujeres, niños y hombres. En mis paseos mi compañero preferido, si mi abuelo no podía acompañarme, era Segundo García; un viejo de barba blanca, cosa rara en el campo venezolano donde la barba es escasa. Nunca he visto a nadie que pueda correr por la montaña entre bejucos, espinas y palos caídos con la velocidad con que lo hacía Segundo García. Es la única persona que he conocido que haya logrado machetear venados. No es que macheteó un venado ocasionalmente, sino que al año lograba matar siete u ocho venados con perros y macheteándolos, gracias a la velocidad y a la agilidad con que se desplazaba. Era un hombre portentoso. Cuando había gente era tremendamente tímido pero al llegar al monte se transformaba, se convertía en una fuerza de la naturaleza. Cuando maté el picure, Segundo García estaba conmigo. Vivimos un momento glorioso.

También durante mi estancia en la hacienda hacía larguísimos paseos solo, unas veces a pie y otras a caballo. Salía a las cinco o seis de la mañana de la casa con un porsiacaso en el cual llevaba dos arepas y un pedazo de queso y no regresaba hasta la noche. El deambular por la montaña, por los cafetales o por el monte virgen, era para mí el mayor de los placeres. Dedicaba todo ese tiempo a la contemplación compenetrado con la vegetación, con sus olores, con el paisaje. Eran momentos de gran recogimiento en los cuales yo me concentraba y pensaba en todas las cosas que puede pensar un muchacho que ya empezaba a aterrorizarse con la pregunta de qué le traería el futuro. Por las noches miraba los cielos estrellados, bellísimos, que se veían desde el corredor, o leía los libros que había en la biblioteca. Seguramente los dueños de la hacienda —pues aunque yo la llamaba «la hacienda del general Pardo», en realidad no le pertenecía— habían guardado algunos volúmenes para uso de los hijos de la familia. Allí leí a Mark Twain, a Julio Verne, a Dickens, y mis fantasías locales se mezclaban con aquellos héroes lejanos. A la luz de la vela, pues la planta de energía eléctrica se apagaba a las ocho, leí también unos folletones de Guy de Maupassant, y a un poeta tenebroso, Lautréamont. Aquellos días y noches en la hacienda se parecían unos a otros, pero además de la ocasión en que maté el picure, hay otra que recuerdo muy especialmente.

Un día el general Pardo y yo descubrimos unos petroglifos. Habíamos salido a pasear a caballo sin propósito muy definido. A mi abuelo le gustaba recorrer las laderas en que estaban sembrados los cafetos, y cabalgábamos conversando. Llegamos a una cima bastante alta desde la que se divisaba todo el valle, y cuando la alcanzamos, bajamos de las bestias y nos quedamos en silencio, absortos en el paisaje. El general Pardo me señaló una cueva que se veía entre los árboles y comentó que no la conocía; él se preciaba de conocer todos y cada uno de los rincones de la hacienda. Me dirigí hacia ella y él siguió atrás. La cueva era de muy poca profundidad pero estaba completamente a oscuras porque el acceso era estrecho. Sacó un yesquero que siempre llevaba consigo para encender unos cigarros amarillos que fumaba de vez en cuando y prendió unos bejucos que iluminaron durante unos segundos el interior. Sin embargo no era suficiente para poder ver y decidimos regresar a la hacienda para buscar una linterna. Estaba comenzando a anochecer cuando por fin pudimos saber que dentro de la cueva unos dibujos milenarios indicaban la presencia de la cultura indígena que allí había existido. Volvimos en silencio, emocionados, y cuando estábamos llegando de nuevo a la casa, el general Pardo me dijo: «yo creo que esto hay que decírselo a alguien». Decírselo a otro era violar nuestro más valioso secreto, y protesté. Pero él me convenció de la importancia de nuestro descubrimiento. No sé, sin embargo, si las autoridades informadas de la cueva de los petroglifos lo comprendieron así. Yo, por mi parte, regresé muchas veces.

Así, en la soledad del campo, o sentado en los muros del patio de café, transcurrió mi adolescencia, y como a todos los adolescentes, se me presentó la necesidad de definir mi porvenir. Pensaba que en otra época yo hubiera sido un militar, un caudillo, un hacendado, pero mi padre, cada vez que le planteaba la posibilidad de quedarme en Aragua, lo negaba. Consideraba que un hombre joven en una hacienda representaba el fracaso, que el campo embrutecía, que era el signo externo del que no servía para más nada que para sembrar café.

Hay en los recuerdos de mi hermano algo que salta a la vista. Su manera prolija de relatar los acontecimientos, de describir pequeñas circunstancias, de detallar personas y situaciones. Me asombra su memoria. En cambio, yo, como ya dije, tengo la impresión de haber olvidado casi todo, o quizá es que nada me pareció lo suficientemente importante como para hacer el esfuerzo de grabarlo.

De cuando vivíamos en La Pastora es muy poco lo que recuerdo. Allí me dio la poliomielitis, y lo que alcanzo a evocar de aquella enfermedad, que por lo que decía mi madre, fue bastante larga, es que pasaba acostado en mi habitación muchas horas, y que frente a la cama había una puerta con una decoración de barras entrecaladas en la parte superior, por la que se colaba el murmullo del resto de la casa y la luz del patio interior. Después nos mudamos a La Florida, una urbanización nueva para la clase media alta, en la que vivimos toda la vida. Naturalmente, esa casa la recuerdo detalladamente, pero todo lo que transcurrió en ella se ha vaciado de modo tal que ha perdido para mí interés. De todos los años que pasé en el colegio de los salesianos recuerdo las clases de matemáticas, porque, sin ser el mejor alumno, formaba parte de los más destacados. También la llegada de un alumno nuevo, en primero o segundo de bachillerato, quien, por razones que nunca pude entender, se declaró mi enemigo. Era un muchacho agresivo, resentido, mal estudiante. Un buen día me metió un puño en la boca del estómago que me sacó el aire, perdí por unos instantes el conocimiento y caí de boca sobre el patio de recreo. Llegué a mi casa sangrando y con el rostro deformado por los hematomas, en el automóvil de la madre de mi agresor. Recuerdo, por supuesto, el día de mi graduación de bachiller y una fiestecita —«picoteo», se llamaban entonces— que mi madre organizó para celebrarlo. Mi hermano no vino, no lo recuerdo en esa ocasión. De la universidad no tengo ninguna memoria digna de ser consignada. Fui un alumno razonablemente consecuente, hice algunos buenos amigos, tuve alguna novia. Un buen día me gradué de administrador y aquella época terminó. No siento ninguna nostalgia por los que se supone los años despreocupados de la juventud. Latía en el ambiente la efervescencia política de los sesenta, pero yo, probablemente saturado por la actuación de mi hermano, traté de pasar inadvertido. Ninguno de mis compañeros podría decir que me incliné a la derecha o a la izquierda. Mi padre me regaló un automóvil de segunda mano para que fuera a la universidad, y uno nuevo cuando me gradué. No, no fue él, fue mi madre, ya papá había muerto cuando terminé la universidad. Esta graduación no fue celebrada. Estábamos de doble luto, por la muerte de mi padre y el exilio de mi hermano.

Me reí de mí mismo por haber supuesto que Irène Lenirov pudiese interesarse en aquella descripción de la hacienda del general Pardo. Nada más pensar en explicarle qué es una parranda, un picure, machetear y bejuco, resultaba cómico. Por otra parte, como ya dije, los recuerdos me inspiran desconfianza. El otro día, es decir, hace un par de meses, entré en una ferretería para comprar una llave para el fregadero (soy bastante habilidoso con las manos). Me atendió una muchacha, lo que no es tan frecuente porque, generalmente, en las ferreterías atiende personal masculino. No puedo decir que me recordó a Eurídice, esta joven era muy atractiva y Eurídice era más bien corriente. Me entregó la llave, pagué y salí. Cuando estaba fuera volví la cara para mirarla de nuevo y encontré su mirada. Repito, no se parecía a Eurídice. Sin embargo, tuve un vago sentimiento de que abandonaba en la calle a un perro herido. Qué inconsecuentes pueden ser los recuerdos. Yo tuve la sensación de abandonarla, cuando fue Eurídice quien me abandonó a mí.

31

QUEDABAN POR delante casi dos días hasta nuestro próximo encuentro con Irène Lenirov. Mientras tanto me iba sintiendo cada vez peor y mi interlocutora me había desamparado. Venía por la mañana a mi habitación para comprobar si no había muerto durante la noche, verificaba si había cumplido con las indicaciones médicas (fue necesario llamar al médico del hotel porque tenía fiebre alta) y regresaba por la noche para comprobar de nuevo si no había muerto durante el día. Me informaba escuetamente de sus actividades, y la verdad que me importaban bien poco. Por un lado, el malestar de la bronquitis, por otro, el efecto de las medicinas, pasaba las horas sumido en un sopor del que apenas salía a ratos en los que trataba de entender algo de los noticieros de televisión. Había perdido el sentido del viaje. Era como una pequeña broma que me había jugado a mí mismo, ir a París a conocer a una anciana que en los años sesenta había sido amante de mi hermano, en busca de..., en busca de nada, de completar el personaje, de fabricarlo, de sostener una imagen que ya comenzaba a desvanecerse. A causa del entontecimiento en que pasé aquellos días (no encuentro otra razón) me venían muchos recuerdos de mi infancia. Recuerdos banales, más bien ráfagas de recuerdos. Por ejemplo, una cierta luz que entraba por la ventana de mi cuarto cuando mi madre me despertaba para ir al colegio; un cierto sonido de los pájaros por la tarde, cuando me sentaba a hacer mis tareas escolares; el perfil de mi hermano subiendo las escaleras apresuradamente en sus fugaces visitas a la familia, cuando ya vivía en la hacienda; la voz de mi padre preguntando si alguien tenía el riódico porque no lo encontraba; una cierta pesadez que invadía los almuerzos, mi padre, mi madre y yo comiendo en silencio mientras cada uno rumiaba sus preocupaciones particulares. De aquel niño a este hombre que ahora era, enfermo con bronquitis en un hotel de París, no encontraba otro enlace que el de aquella memoria. Porque, al fin y al cabo, sólo siendo yo, podía volver a mirar a través de la que era la ventana de mi cuarto y percibir la luz que traspasaba las persianas. Tampoco es que me siento demasiado entusiasmado por el hecho de que yo soy yo, o de que yo soy el que era. Me gusta la sensación de vacío que me invade cuando me dirijo a mi oficina, entro en el edificio de la compañía, y pulso el botón del ascensor en un estado de total inocencia con respecto a la identidad de quien ejecuta esos movimientos. De esta ciudad que no conozco me encanta el absoluto anonimato, poder perderme de mí mismo, pues en tanto no reconozco nada, nada me reconoce a mí; es más, estar aquí, tumbado en esta habitación de hotel, viendo unos programas de televisión que no entiendo, me proporciona una gran calma, un estado de extraña plenitud. Es una sensación de que estoy vivo sin estarlo mucho, vivo en una forma intemporal. Casi que no me sorprendería si entrase alguien por esa puerta que tengo frente a la cama, me llamase por otro nombre y me recordase que tengo previsto hacer algo que nunca he pensado que debo hacer. En ese sentido un almuerzo de navidad con madame Miret es casi lujurioso. Ni siquiera mi hermano conoció a la madame Miret que yo conozco. Pensar que estoy enfermo de bronquitis porque este clima húmedo y frío me hace daño, y que mi enfermedad se debe a que he venido a conocer a una anciana francesa, hija de rusos y amiga de ex exiliados latinoamericanos, viuda de Joaquín Miret, y al parecer, antiguo amor de mi hermano, fallecido o no en Turmero en época ya lejana, me causa un doble sentimiento. Por un lado, el deseo de llamarme loco, por otro, el placer de disfrutar de un modo extraño de las extrañezas de la vida. La mía ha sido tan mediocre que he tenido que inventarle algunos resquicios de extrañeza. Y ese estar hoy tumbado con fiebre en una cama del hotel Madison de París, esperando mejorarme un poco para compartir el día de navidad (los franceses no celebran la noche del 24 sino el almuerzo del 25) con Irène Lenirov, me parece una de las mejores extrañezas que mi aburrida existencia ha producido. Más aún, compromete la certeza de que yo fui el niño que veía entrar la luz por la ventana, allá en Caracas, cuando mi madre me despertaba para ir al colegio de los salesianos.

Sobre la escueta mesa que se apoyaba frente a la cama había una revista de publicidad, esas revistas que dejan en las habitaciones de los hoteles para orientar a los turistas. La hojeé con desgano y de pronto llegué a los avisos de *escort*. Estaban escritos en inglés y señalaban diferentes tipos de compañía, para el viajero de negocios, para el viajero solitario, para el viajero de turismo. Ofrecían también un servicio distinguido, de compañía refinada para asistir a la ópera y a los restaurantes de lujo. Llamé a uno de ellos y la voz que contestó en la grabadora me ordenó pulsar el número uno para idioma inglés, el número dos para alemán y el número tres para español. Pulsé el número tres y dejé mi mensaje. Me quedé dormido y me despertó la llamada. Hablaba Conchita. Conchita se informó de mis datos, preguntó si requería algún servicio especial; le dije que no, que quería una mujer, simplemente. Una mujer simple. Me dio las tarifas y contraté la de dos horas, me pareció más que suficiente. Mi horario de preferencia, dije que de cuatro a seis, porque mi interlocutora solía llegar aproximadamente a las siete, y me pareció incómodo su encuentro con Conchita, o mejor dicho, con la que enviase Conchita. Me preguntó mi idioma preferido, y dije que ninguno. No tenía ningún interés en conversar.

A las cuatro, quizá cuatro y quince, llamaron de la recepción para saber si autorizaba una visita. Tuve con ella una simple relación sexual que fue ejecutada como yo quería, de un modo simple y convencional. Antes de iniciarla me preguntó si quería pagar con tarjeta de crédito pero preferí hacerlo en efectivo. Me dio las gracias y se interesó por saber si tenía muchos días con gripe. La palabra «gripe» es fácil de entender. Le dije que tres, con los dedos. No sé si le daba lástima mi estado o tuvo temor de que mi gripe encubriera un Sida (aunque ya había sido advertido por Conchita de que el uso de preservativo era condición indispensable, y que en caso de que yo me negara, el servicio no sería prestado). Pude entender que el invierno era muy duro en París y había que cuidarse. Como noté que su acento no era francés, le pregunté en inglés de dónde era. «*Russia*», contestó. Eso me devolvía a Irène Lenirov. «*Before taxi* —hizo con las manos el gesto del que conduce un automóvil— *but no good, no good.*» Pensé que si mi hermano hubiera llegado a saber que las mujeres rusas emigraban y se prostituían después de haber fracasado como taxistas, hubiera recibido un golpe intolerable. Pero estaba muerto, o en todo caso, escondido en Turmero, así que no lo sabría. Le pregunté su nombre, no, se lo había preguntado cuando llegó. María. María salió de la habitación sonriendo, y yo volví al sentimiento de la ferretería, quiero decir, al perro herido en la calle.

Mi relación con María me mejoró el ánimo y la bronquitis. Cuando llegó mi interlocutora a las siete, como ya había calculado, me puso el termómetro y, muy contenta, anunció que no tenía fiebre, pero, dada la fragilidad de mi salud, recomendaba un día más de cama para que al día siguiente estuviera en buenas condiciones. El día siguiente era 24, y lo pasé en la habitación hasta que me tocó la puerta.

—Vamos a cenar a La Frégate. Póngase dos suéteres.

La obedecí como hacen siempre los hombres frente al poder materno, y al salir a la calle me enrolló una bufanda que dijo ser mi regalo de navidad. Me excusé de que en el estado en que me encontraba no hubiese podido comprarle nada para cumplir con la costumbre, pero ella me recordó que todo el viaje lo estaba pagando yo, y había sido el más espléndido regalo que había recibido en mucho tiempo. Entramos en La Frégate, y en virtud de ser la noche de navidad, rechacé el menú de precio fijo para pedir a la carta. Le cedí a mi interlocutora la lista de vinos y escogió uno excelente, bastante caro, pero no le di importancia. Me sentía como el mejor de los maridos, y de alguna manera era necesario combatir el sentimiento de ir abandonando perros heridos que me había perseguido el día anterior.

Debo decir que fue una noche de navidad maravillosa. Nada a nuestro alrededor señalaba que fuese noche de navidad. Solamente, al salir, el mesonero nos dijo, «felices pascuas». Los clientes, más o menos los mismos de siempre. El vino contribuyó al notable mejoramiento de mi salud, casi no tosí durante la cena, y mi interlocutora me recomendó que después del café pidiese un Calvados, cuyo poder de curar los trastornos gripales y afines parece ser altamente reconocido en Francia. Me lo tomé, y creo que tenía razón. Tuve ganas de pedir otro pero me sentía incómodo de pensar que quizá, por ser noche de navidad, querrían cerrar antes. Mi interlocutora llamó al mesonero y se lo preguntó. *«Comme d'habitude, madame»*, contestó con su sonrisa de siempre. Pedimos dos Calvados más y me sentí hasta con ganas de conversar.

—Y bien, no me ha dicho nada de sus andanzas estos días.

—Mientras usted agonizaba como un perro abandonado en la calle me he dedicado a visitar personas y lugares que hacía tiempo no veía.

—¿Cómo se le ocurrió eso, lo del perro abandonado en la calle? —era como si me hubiese leído el pensamiento.

—No sé, lo dije sin pensarlo. Bueno, debe ser porque el otro día cuando salía del Metro, era ya un poco tarde, vi un perro aplastado junto a la acera. No lo dije por nada en especial. ¿Qué le pasa?

—Nada, continúe. Es que yo también había pensado en perros abandonados.

—¿Fue una sincronía?

—No sé qué es eso —contesté molesto.

—Sincronía es cuando dos acontecimientos se producen simultáneamente sin que haya ninguna causa que lo justifique.

—Es decir, casualidad.

—No es exactamente lo mismo, sincronía es...

La interrumpí. —No importa, por favor, no sigamos hablando de las sincronías.

Pensé que el hecho de que María fuera rusa como Irène Lenirov podía formar parte de las sincronías y me irritaba.

—Bueno, ya le digo. Visité a amigos que tenía tiempo sin ver, fui de paseo por rincones de París que me gustan, y espié a Irène Lenirov. Decididamente me pareció muy raro ese asunto del anciano, esas visitas tan metódicas y regulares a sus amigas, y comprobé que mentía. Dijo que iba por las tardes, pues bien, ni una sola de estas tres tardes salió de su casa. Dijo que por las noches no salía, bueno, no lo dijo, pero lo dio a entender, y salió las tres noches, regresando bastante tarde.

—¿La siguió?

—Me tomé esa libertad.

—Es insólito. ¿Con qué derecho?

—Amigo mío, las calles de París son libres. No hay ninguna ley que impida recorrerlas por el hecho de que unos pasos más adelante camine la señora Miret. Además, sabe que tengo cierta habilidad para disfrazarme. Le aseguro que no me reconoció, que nunca me vio, y que mi marca no la perturbó para nada.

—Bien, ¿y qué supo de ella?

—Todo a su tiempo. Tómese el Calvados que le está haciendo mucho bien. Mañana es un gran día, mañana almorzamos con Irène Lenirov.

—Por cierto, no sé si lo recuerda, es un detalle quizá sin importancia, pero cuando nos invitó, dijo «almorzamos a las doce». ¿Se fijó?

—No, francamente no me fijé. Creo que es una forma de hablar, o a lo mejor es que vamos a tener la oportunidad de conocer a sus amigas del ancianato.

Pero no fue así. El 25 de diciembre, cuando tocamos el timbre en el 2eme D del 4, rue Monsieur Le Prince, no había nadie, ni nadie llegó después, salvo el catálogo de recuerdos de madame Irène Lenirov.

32

IRÈNE ENCENDIÓ la luz. El día de navidad había amanecido lluvioso y oscuro, como todos los anteriores y posteriores, y el apartamento de Joaquín Miret tiene muy mala iluminación. Da al patio interior del edificio, las ventanas son muy pequeñas, muy recubiertas por pesadas cortinas que es imposible correr del todo, y a las doce del día pareciera como si fueran las doce de la noche.

—Hemos tenido muy mal tiempo este invierno —dijo casi como si ella fuese la responsable.

La luz que encendió fue una pequeña lámpara de mesa junto a un sofá en el que nos habíamos sentado; siempre —es decir, en las dos visitas anteriores—, lo habíamos hecho frente a la mesa debajo de la cual estaban el calentador y el gato. Pero hoy la mesa estaba dispuesta para la comida. Nos sentamos en el sofá y en los cojines del piso, ese tipo de cojín forrado de tela oriental que me da mucha alergia. Irène prendió un incienso pero mi ataque de tos le hizo comprender que aquella atmósfera no sería la más recomendable para mi estado de salud y lo volvió a apagar.

—Entonces —dijo— nos gustaba mucho el aroma del incienso.

Luego puso música. Tenía, como habíamos previsto, una larga colección de discos de Mercedes Sosa, Serrat, Paco Ibáñez, los Inti-Ilimani, los Quilapayún, Carlos Puebla, Violeta Parra, poesía musicalizada de Nicolás Guillén, y hasta uno de Soledad Bravo y Gloria Martín, grabado en el Ateneo de Caracas, que supongo le había enviado mi hermano, pero escogió unos barrocos que aliviaron un poco la situación. Se había disfrazado de sus buenos tiempos y llevaba una batola hindú que le quedaba un poco apretada, y que, además, dada la temperatura polar del apartamento, requería un chal y unas medias de lana. Sirvió una botella de vino y brindamos. Brindamos por nuestro encuentro, por los tiempos pasados (aunque no los habíamos pasado juntos) y por el recuerdo de mi hermano. Me pareció que, de nuevo, estaba falsamente conmovida y busqué los ojos de mi interlocutora para que me confirmara mi apreciación. Habíamos llegado a un buen entendimiento visual, y nos era fácil, tanto a ella como a mí, saber lo que pensábamos sin utilizar demasiadas palabras; pero mi interlocutora estaba demasiado ocupada en servirse un paté que Irène había traído de la minúscula cocina y no contestó a mi pregunta visual.

—Seguramente esta navidad es muy distinta a la que ustedes celebran allá.

Dijo «allá» como si se tratara del planeta Saturno, pero no nos dimos por aludidos y ambos contestamos al unísono que, en efecto, nuestras navidades eran mucho más ruidosas, también más alegres, pero, en todo caso, ya habíamos perdido el interés por esas celebraciones y estábamos muy contentos de estar en París, de nuestro encuentro, y de aquel momento único (esto creo que lo añadió mi interlocutora).

—Oh, sí. Es fantástico —corroboró Irène—. Tener unos nuevos amigos. Antes venía tanta gente aquí... esta casa estaba llena siempre. Aquí, en este saloncito, llegaron a dormir más de diez personas a un tiempo. Era la solidaridad, la fiesta, la alegría de cambiar el mundo.

Percibí la ironía en una mirada breve de mi interlocutora. Sabía que la idea de cambiar el mundo me causaba risa, y se la devolví aprovechando que Irène estaba volteando el disco. Tenía, por supuesto, un equipo digno de un dinosaurio.

Había algo, sin embargo, que me gustaba de aquel encuentro y era la absoluta certeza (que las circunstancias desmintieron) de que no nos veríamos más. Me estaba prometiendo a mí mismo no volver a aquel lugar cuando nuestra anfitriona anunció que estaba lista la comida. Nos advirtió que era una cocinera ocasional, aunque no lo hacía del todo mal, y en efecto, la comida era excelente. Mi interlocutora le preguntó detalles acerca de la preparación, fingiendo un interés culinario que obviamente no tenía, y cuando nos tomábamos el café le dirigí otra mirada breve que quería decir: basta. Ella estaba más decepcionada que yo, de eso estaba seguro. Yo, al fin y al cabo, no esperaba nada de madame Irène Lenirov, y mi interlocutora, en cambio, esperaba revelaciones que a las tres de la tarde (miré el reloj) no se habían presentado. Se levantó de la mesa para ir al baño y comprendí que cuando regresara anunciaría que nuestra visita había terminado. Lo hizo, y yo también me levanté, pero Irène Lenirov no nos dejó ir. Ésta era una ocasión única —repitió— y no podíamos desperdiciarla. Quizá nosotros pensábamos que por su edad estaba cansada, pero no lo estaba en absoluto, y en prueba de ello se dirigió a la cocina y trajo una botella de Calvados. Yo insistí en que, por el contrario, el cansado era yo, y que mi estado de salud era muy frágil todavía, pero fue, evidentemente, un error porque dio pie a que introdujera las virtudes medicinales del Calvados para casos como el mío, y de un modo que me pareció autoritario sirvió las copas y dijo:

—Siéntense.

Nos quedamos los tres sentados en silencio, un silencio casi religioso. Irène Lenirov se tomó de un trago toda la copa y se sirvió otra.

—He visto pasar todo como una niña que se queda en el andén mientras el tren parte dejándola abandonada. Como alguien que llega tarde a un encuentro fundamental. Así han pasado de largo todas nuestras expectativas, todas las prefiguraciones de un mundo que nunca tuvo lugar sino en nuestra propia imaginación. Mi paisaje es un vendaval de frases, *prohibido prohibir, la imaginación al poder, unidos venceremos, patria o muerte*, qué sé yo. Nombres acumulados en mi memoria que fueron definitivos, absolutos, imprescindibles, y que ahora tienen una vigencia de biblioteca. ¿Quiénes son Camus, Simone, Sartre, Cohn-Bendit? ¿Dónde están Ginsberg, Marcuse, Timothy Leary? ¿En qué escenario cantarán Joan y Janis? ¿Quién dejará una flor en la tumba de Jimi Hendrix? ¿En qué cine veremos *La hora de los hornos* o *Lucía*? ¿En cuál Quai paseará Julio? ¿Dónde encontrará a la Maga? Todas las mujeres fuimos la Maga entonces. Todas quisimos encontrar a un hombre como Horacio Oliveira, que nos llevara de la mano al sufrimiento de la existencia, que nos enseñara los versos más tristes, las horas más menguadas, que supiera definir la vida, que acompañarlo fuera ser la mujer del poeta, del héroe, del revolucionario, del maldito, del iluminado. Pasan frente a mí las imágenes de aquellos días y pienso que valió la pena vivir para haber sido parte del sueño. Del SUEÑO, sí. No habrá más sueños, sólo proyectos, planes, propuestas. Pero en alguna parte debe quedar constancia de que alguna vez la humanidad soñó con un mundo nuevo, distinto, pleno, solidario, universal. El sueño, es verdad, vivió una década, no es mucho pero a la vez sí lo es, diez años es mucho tiempo para la vida de un sueño.

»Me preparo para la muerte, para entrar en la cancelación de mis recuerdos. Debería haber escrito un diario, siempre Joaquín me lo dijo pero no le hice caso. Estaba demasiado ocupada viviendo como para escribir lo que vivía. Ahora los recuerdos que me quedan, porque todos los he olvidado, son tres piedras preciosas que quiero compartir con ustedes, al fin y al cabo mis únicos testigos. Recuerdo, por ejemplo, una tarde de verano en Saint Paul de Vence. Habíamos ido a encontrarnos con un grupo de artistas para escribir un manifiesto anti-Vietnam. Estaban reunidos en la sala de conferencias de un hotel. Me senté en una terraza para contemplar un largo atardecer, la luz meridional es maravillosa. Por un momento el tiempo pareció detenerse, miraba hacia el jardín y las suaves montañas que se destacaban a lo lejos. Una enorme tranquilidad me llenó el espíritu; pensé, valía la pena vivir para estar en este momento, valía la pena todo. Yo era en aquel momento un ser pleno, mi vida tenía una validez absoluta. Cualquier miserabilidad estaba abolida. Había llegado a la plenitud de la existencia. Plenamente yo existía aquella tarde y mi existencia era tan certera como el sonido de las campanas de la iglesia de Saint Paul de Vence. Alguien, seguramente Joaquín, me llamó. La reunión estaba para empezar. Iba a hablar Buñuel inaugurando la sesión. Mi plenitud se vio conmovida, me dirigí hacia el salón donde ya todos estaban sentados. Redactamos un incendiario documento en contra de Lyndon Johnson.

»Pero mis recuerdos son heterodoxos. Veo el rostro apesadumbrado de mi madre frente a una cola para comprar pan en el París ocupado por los nazis. Estoy agarrada de su mano, firmemente, con pánico. Siento el áspero tacto de su abrigo, al que le ha dado vuelta varios inviernos, tantos como años de guerra. Las miradas grises de las otras mujeres, agarradas también de las manos de sus niños, me cercan en esa cola húmeda, triste y despojada, en que mujeres y niños esperamos nuestra ración de pan. No me importa el pan, es la mirada destruida de mi madre lo que no alcanzo a tolerar.

»Las miradas son los recuerdos más exactos que poseo. Soy también una niña, pero mucho más pequeña. Estamos en Rusia y asomada a la ventana, en brazos de mi padre, veo el campo blanco. Al fondo los ojos centelleantes de un lobo me devoran. Mi madre siempre negó este recuerdo, decía que era imposible, por mi edad, que hubiera podido fijarlo. Cierto o falso, escucho el ulular penetrante del lobo que temo, veo sus huellas en la nieve mientras se aleja. Vivo o imaginario, el ruso lobo feroz me acompañará en mis pesadillas mucho tiempo.

Hizo una pausa.

—Seguramente les ha llamado la atención que no he hablado para nada de la persona que nos une, de los recuerdos que tengo de él.

No contestamos.

—Soy muy respetuosa con mis fantasmas. No me gusta convocarlos si no estoy preparada para recibirlos.

Creo que mi mirada ha debido delatar el pánico de quien se encuentra en una sesión de espiritismo, sin saberlo. Nunca logro dominar mi mirada lo suficiente. Irène empezó a reír, se rió con mucha fuerza, en ese momento de su risa no parecía una anciana sino una mujer joven. Acto seguido empezó a llorar, y lloró con la misma fuerza con la que había reído. Mi interlocutora y yo permanecíamos en el más absoluto silencio, como si temiéramos que cualquier gesto o palabra inapropiados desencadenaran una reacción terrible.

—Es mi temperamento —dijo cuando se repuso—; los eslavos tenemos este tipo de manifestación emotiva contradictoria.

Decidimos continuar callados. No nos atrevíamos a movernos. Observé que el gato salió de su refugio, al lado del calentador, y se acostó a sus pies. Irène Lenirov me miró fijamente.

—Me apena la muerte de su hermano, sobre todo en las circunstancias en que ocurrió. Han sido ustedes muy sensibles en no mencionarlo.

Aquí mi interlocutora y yo nos miramos de frente y no pude mantener el silencio.

—Como le dije el otro día, no sé bien cuáles fueron esas circunstancias, ni tampoco la fecha precisa. No he podido tener en mis manos el acta de defunción.

—Pero, esto es ridículo, ¿cómo puede ser que yo esté informada y usted no sepa nada? El otro día mentí cuando negué saberlo, excúseme, era la primera vez que nos veíamos, ni siquiera estaba segura de su identidad.

—¿Y ahora lo está? —pregunté un tanto molesto.

—Ahora sí, pude confirmarlo.

—¿Con quién?, y le ruego me disculpe la pregunta —continué.

—Pues con Alberto, ¿con quién más?

—¿Con Alberto Araujo? —preguntó mi interlocutora.

—*Mais si*. ¿No fue él quien les dio mi dirección?

—No, no fue él —contesté.

Ahora fue Irène Lenirov la que quedó de piedra, pero se repuso enseguida.

—No tiene importancia, lo que importa es que nos hayamos encontrado.

—También es importante saber cuáles son esas circunstancias en que murió mi hermano. La mujer que vivió con él los últimos años me dijo que estaba enfermo de un cáncer.

—¡Oh no! Le mintió. Nada de cáncer.

De pronto sentí una rabia que venía encubriendo desde hacia rato. Soy, a veces, de reacción lenta, pero la rabia no pudo esperar más, y en un tono francamente agresivo, le dije:

—¿Y cómo sé que no es usted la que está mintiendo?

Mi interlocutora me dio una patadita.

—Tiene razón, podría ser yo la que miente, pero el caso es que no miento. Su hermano murió quemado, estaba preparando unos explosivos con Vicente, Vicente Roig. ¿Le suena?

—Sabemos quién es Vicente Roig —dijo mi interlocutora—. Fue deportado a España hace poco porque lo agarraron en un intento de hacer explotar un artefacto para matar al Presidente.

—Así es, entonces, se dará cuenta de que no miento. Eran dos hombres, ¿no es cierto? Apresaron a Vicente y el otro huyó, eso fue lo que dijo la prensa.

Se levantó y hurgó en la gaveta de un mueble.

—Ésta es la noticia, ¿no?

Era el recorte de prensa sobre el frustrado atentado.

—Como ven estoy bien informada. El otro hombre era su hermano y murió a consecuencia de las quemaduras que le produjo el artefacto. Creo que el pobre Vicente había perdido ya su capacidad de antes en la preparación de estas cosas. Estuvo por aquí después que lo deportaron a Madrid. No durará mucho, el pobre.

—¿Usted vio a Vicente Roig?

—Claro que lo vi. Es un gran amigo, de la época de antes. La policía española lo soltó enseguida, no les interesaba ese lío. Y además la policía de su país no logró probar absolutamente nada.

—¿Y mi hermano?, usted dijo que murió a consecuencia de las quemaduras.

—Lograron transportarlo a Tumeremo y murió allí.

Mi interlocutora tenía un insoportable aire de triunfo.

—¿Sabe a dónde lo transportaron? ¿Le suena el nombre de Chona?

—No, no me dice nada.

—Pues a mí algo me dice que pasó sus últimos días en el tercer patio de los Ruiz González.

Me sentía abatido. La vida de mi hermano había estado llena de absurdos, de contrasentidos, de traiciones, pero esto era un plato demasiado fuerte.

—¿Cómo es posible que le haya dicho a su hija que viniera a visitarme, que me dijera que estaba muerto, y que, además, me entregara la caja de zapatos?

—No sé nada de esa hija, ni de esa caja de zapatos. ¿Qué contenía?

—Sus memorias.

—Ah, no sé, de eso no sé nada. ¿Por qué le dijo que estaba muerto? —se rió—, cosas de antiguo revolucionario. Probablemente quería guardar su clandestinidad muy bien guardada.

—Eso mismo pensé yo —apostilló mi interlocutora que continuaba con su insoportable aire de triunfo.

—O quizá la que dijo ser su hija no lo es —añadió Irène.

—Y quizá tampoco haya muerto con el explosivo —dije muy molesto—. Y yo no sea yo, y usted no sea usted. Todo es posible, todo es imposible.

—Creo que, lamentablemente, es así.

—Bueno, muchas de nuestras hipótesis han sido confirmadas —dijo mi interlocutora cuando salimos a la lluvia que nos esperaba en la calle—. Alberto Araujo sabía que yo no era Irène Lenirov porque conoce a Irène Lenirov. Su hermano no murió cuando dijeron que había muerto y, obviamente, en las circunstancias en que ocurrió su verdadera muerte, Carmen Leonor evitó el levantar un acta de defunción, hubiese metido en un lío a la vieja Chona y a ella misma, por ocultar a un fugitivo de los cuerpos de seguridad. En ese tercer patio que no se puede visitar porque hay fantasmas, han debido ocurrir muchas cosas. En cuanto a su hija, creo que es inocente. Le dijeron que su padre había muerto y lo creyó. Su hermano estuvo desaparecido quince años o más, probablemente el patio del ahorcado fue su refugio, y cuando pensó que había llegado el momento de actuar de nuevo, murió en el intento.

—¿Qué interés podía tener mi hermano en hacerme llegar la falsa noticia de su muerte?

—Ninguno. Creo que fue un azar. A su hija le dijeron que había muerto, era una muchacha muy joven y temieron que no supiera guardar bien el secreto de su desaparición. Cuando decide solicitar la beca, se acuerda de que tiene un tío en Caracas y le dice a su madre que quiere conocerlo; quizá supone que ese tío pueda ayudarla en algo. Carmen Leonor ni ha pensado en usted, pero ya que la muchacha insiste, no encuentra razones para disuadirla, y sobre todo, no lo logra porque tiene poco ascendiente sobre ella. De todos modos, cuando se produce la visita a Caracas todo ha sucedido. Su hermano ha desaparecido, en Turmero lo dan por muerto. Si usted hubiera aparecido en ese momento, hubiera fabricado alguna razón que darle. Es más, pienso ahora que es posible que Carmen Leonor tampoco estuviese enterada del asunto. Alguien llegó y le dijo que él había muerto, y ella lo creyó.

—Pero eso no es lo que Carmen Leonor dijo. No dijo que él se había ido y que luego alguien le informó de su muerte. Me dijo muy claramente «los médicos no daban con el mal».

—Es cierto, lo había olvidado. Sí, lo más probable es que ella estuviera al tanto de su voluntaria desaparición.

Habíamos llegado al hotel. Subí a la habitación y cerré la puerta con disgusto. Mi interlocutora me preguntó por teléfono:

—¿No quiere que vayamos a tomarnos un trago a La Frégate?

—No, estoy esperando a María.

—¿Quién es María?

—Una prostituta —contesté, y colgué el teléfono.

A las mujeres, como bien decía mi hermano, es bueno salirles por donde no se lo esperan.

Cuando terminé con María la invité a cenar pero ella no aceptó. Estaba terminantemente prohibido contratar servicios que no hubieran sido prerrequeridos por teléfono a la oficina. Le insistí en que era una invitación personal, no incluida dentro de sus obligaciones laborales, pero María se negó firmemente. Aún no había logrado la residencia definitiva en Francia y dependía de la referencia que dieran de ella en la oficina de *escort*. No podía tomar riesgos, había emigrado con su madre, bastante enferma, y dos hermanas pequeñas. De momento era el único sostén económico de su familia. Me resigné y llamé a mi interlocutora. Necesitaba hablar con alguien. Todo lo que había ocurrido en el apartamento de rue Monsieur Le Prince me había resultado agotador. No me importaba aceptar que estaba deprimido, que necesitaba compañía.

—Es un poco tarde —contestó—. Y hace frío.

Sin embargo, tocó el timbre de mi puerta unos minutos después. Se había tapado la cabeza con un pañuelo horrible y su aspecto era lamentable.

—Tápese bien el cuello. Por ahí vienen las recaídas.

Nos encaminamos a La Frégate, temiendo que estuviera cerrada pero estaba abierta. Había muy poca gente y nuestro mesonero habitual tenía el día libre. Nos atendió otro, más joven. Ninguno de los dos tenía hambre, así que pedimos unos quesos y una botella de vino, y el muchacho los trajo desganadamente.

—Creo que esto ha sido un error. Como dijo Irène Lenirov, no deben convocarse los fantasmas si no se está dispuesto a recibirlos. No le oculto que he pasado un día aterrador. Primero, el catálogo de recuerdos de esta señora, los tres deben ser falsos. Luego, este cuento de mi hermano. Sinceramente prefiero pensar que murió de un cáncer, como cualquiera, y que Carmen Leonor lo enterró en el conuco de su casa, a la idea de que murió en un acto demencial, intentando matar al Presidente de la República, nada más y nada menos. Un broche de oro a su vida despilfarrada.

—Ése es un pensamiento burgués.

—Hablo como un burgués porque soy un burgués.

—No se altere, le hace daño para su recuperación.

—Ahora está muy preocupada por mi salud, no lo estaba tanto esta tarde. No me diga que le gustó escuchar a madame Miret porque no se lo creo. He llegado a conocerla muy bien.

—Tiene razón. Si quiere que le diga la verdad, no me gusta nada nuestra querida e inolvidable Irène Lenirov. Me la imaginaba diferente. Es una mujer falsa.

—¿Cree que ha mentido?

—No sé si ha mentido o en qué ha mentido. Hay hechos que son irrefutables. Por ejemplo, el recorte de prensa. El nombre de Alberto Araujo, el nombre de Vicente Roig. Puede ser que mienta en algunos detalles, pero cuando le digo que es falsa me refiero a otra cosa. Es una intuición femenina.

—Ya.

—¿Le puso atención a sus recuerdos? Una triste niña de posguerra en una triste cola de pan en el París ocupado por los nazis. Cuando los nazis entraron en París, Irène Lenirov había perdido algo más que la virginidad, por lo menos tenía 25 añitos, y según recuerdo, sus padres habían muerto. ¿Usted creyó en esa triste cola para el pan?

—No sé nada de colas para el pan. Nací en el próspero hogar de un fabricante de muebles en el que siempre comimos pan Holsum y los recuerdos más tristes de mi infancia están relacionados con *El derecho de nacer*.

—Y su manera de llorar. Su manera de conmoverse cuando habla de su hermano. En algunos momentos dudé de su relación, pensé que tuvieron una relación exclusivamente política. Quizás se acostaron, pero casi como parte de su trabajo.

—Vinimos a París a conocer al gran amor de mi hermano para llegar a la conclusión de que no existió esa pasión.

—La vida no es lo que era.

—Bueno, allá ellos con su desvanecido amor. Pero este asunto acerca de su muerte no lo voy a dejar así. Es necesario que volvamos a Turmero y que investiguemos bien esto. Esa vieja, la Ruiz González, tiene que decirnos la verdad como sea, o el loco de Turmero, alguien tiene que decirme qué pasó. No puedo dejar esto en hipótesis, no me parece un juego.

—Podríamos ir a España y tratar de hablar con Vicente Roig.

—No, no vamos a ir a España. Lo que pasó con mi hermano lo saben en Turmero y allí me lo van a decir.

—Ya nos lo dijo Irène Lenirov. Su hermano preparó un atentado junto con un antiguo compañero de armas. El atentado fracasó y él sufrió unas quemaduras que le ocasionaron la muerte. Es de suponer que no recibió la ayuda adecuada y que no lo llevaron al hospital a tiempo, si es que lo llevaron. El acto subversivo de dos ancianos desesperados por la situación del país, que había dejado escrito como si se tratase de un ejercicio de ficción, fue una premonición, o una obsesión que llevó a cabo más tarde.

—Por una vez es usted la que no quiere darle más vueltas a las cosas.

—Es que me parece que hemos llegado a un punto muerto. No hay acta de defunción ni la habrá. Carmen Leonor no dirá una palabra más sobre esto, y en cuanto a madame Miret, me parece de poca credibilidad. No olvide que fue espía. Dice cosas ciertas, las mezcla con las inciertas. El único cabo suelto que nos queda es Alberto Araujo. Comprometido o no con el atentado, él sabe algo. Pero de nuevo mi intuición me dice que no vamos a llegar muy lejos. Nos dio una paliza el día de la falsa Irène Lenirov. Pondría más esperanzas en el loco de Turmero o en la sirvienta de Chona, la que me abrió la puerta.

—Entonces, llame mañana mismo a la línea aérea. No estamos haciendo nada aquí.

Mi interlocutora llamó pero no pudo cambiar el vuelo. No sé si me dijo la verdad, yo no hice la llamada personalmente.

33

PASARON DOS o tres días en los que me acometió un aburrimiento mortal. Ya dije que odio el turismo pero, como mi interlocutora había desaparecido casi totalmente, no me quedaba otro remedio que salir a la calle y recorrer los lugares habituales de un turista. La bronquitis había mejorado considerablemente, y, además, llovió un poco menos. Por las tardes, generalmente, llamaba a María. De cuatro a seis era un horario cómodo. Por las noches mi interlocutora y yo cenábamos en La Frégate y luego veía la televisión, mi francés se había ampliado algo. Creo que fue al tercer día, después que regresamos de cenar, cuando me entregaron un mensaje en la recepción. Madame Miret había telefoneado. Pero en el mensaje no estaba su número y era demasiado tarde para visitarla, de modo que tuvimos que reprimir nuestra curiosidad hasta el día siguiente.

—Supongo que no hemos sido muy corteses. Deberíamos, quizás, haber pasado por allá para agradecerle su exquisito almuerzo de navidad. Su llamada es un modo de recordarnos la cortesía.

—No lo creo en absoluto —dijo mi interlocutora.

Y tenía razón. Por la mañana temprano nos dirigimos a la rue Monsieur Le Prince. Irène nos estaba esperando. Era obvio que sabía que ni teníamos su teléfono ni nos lo quería dar, de modo que no nos quedaba más remedio que ir hasta su casa. Cuando llegamos estaba preparándose para salir al ancianato. Una de sus amigas había entrado en agonía, le acababan de avisar. Sin embargo, había algo muy importante que quería decirnos. Había hablado con Vicente Roig. Vicente no estaba en condiciones de trasladarse a París pero podía llegar a algún punto fronterizo (vivía cerca de Barcelona) para encontrarse con nosotros. Ella, lamentablemente, no podía acompañarnos porque quería estar en los últimos momentos de su amiga, cuyo fin era muy próximo. Nos dio un teléfono y nos aseguró que Roig esperaba nuestra llamada.

Regresamos al hotel y efectuamos la llamada. Contestó él mismo. En cuestión de minutos mi interlocutora había concertado una cita para el día siguiente en Perpignán. Salimos corriendo a la estación de tren para comprar los billetes.

—Deberíamos pararnos en Collioure, está en la ruta —propuso.

Pero no le contesté. Llegamos a Perpignán a la hora prevista, un poco antes de la cita con Vicente Roig, la cual tendría lugar en un café, al parecer muy concurrido y fácil de localizar. Vicente Roig nos estaba esperando y, cuando nos vio llegar, se adelantó a saludarnos. Por lo visto, nuestro aspecto de extranjeros era evidente. Fue directo al grano.

—Irène me dijo que estaban en Francia y que les gustaría hablar conmigo.

Tomé la delantera en la conversación, que fue bastante breve, y noté, sorprendido, que mi interlocutora guardó silencio todo el tiempo. Sólo habló para pedir una limonada.

—Tengo entendido que usted fue amigo de mi hermano y que participó con él en un atentado contra el Presidente de Venezuela, a causa del cual usted fue deportado y él murió poco después.

—Fue una locura, pero valió la pena —se rió como un niño de su travesura.

—No sé mucho de política, pero, ¿usted cree que tenía alguna verosimilitud ese acto tan... tan fuera de foco?

—Por supuesto que sí. Era un acto con valor ético. Nunca pensamos que de verdad tendríamos éxito.

—Mi hermano perdió la vida en ello.

—Ése es el destino de un revolucionario.

Mi incomodidad iba creciendo a medida que las respuestas de aquel hombre me resultaban tan insatisfactorias. Por otro lado, fue insensiblemente cambiando el tema hasta que de pronto me encontré hablando de la política de seguridad social española, y metido en las preocupaciones de Roig por cobrar o no su pensión de jubilado, ya que, al parecer, había encontrado obstáculos burocráticos.

Mi interlocutora parecía distraída, miraba alrededor como si su presencia en la mesa fuese totalmente casual. Por último, se excusó y se levantó diciendo que iba a dar una vuelta; efectivamente la vi pasear por la plaza en la que estaba el café, mirar un puesto de periódicos, detenerse en la vitrina de una tienda. Era demasiado inusual como para que no me diese cuenta de que algo extraño sucedía, y hasta sentí pánico. De pronto pensé que Roig iba a sacar una pistola del bolsillo de su chaqueta y mi cuerpo abaleado sangraría sobre la mesa de un café de Perpignán. Efectivamente, llevó su mano al bolsillo y sacó su billetera en el falso ademán de que iba a pagar la consumición. Obviamente no permití que aquel anciano desahuciado por la seguridad social española pagara y dejé unas monedas sobre el plato. Me despedí de Vicente Roig con la alegre sensación de dejar tras de mí a alguien que me desagradaba, y deseando que la seguridad social española no le pagara un centavo. Caminé hacia mi interlocutora, estaba parada frente a una tienda de zapatos.

—En el espejo de la vitrina he podido ver el reflejo de su hermano y de Irène Lenirov, muy jóvenes, muy bellos, muy enamorados, fingiendo que se besan fingidamente en su falso viaje de novios. Pasaron por aquí cuando iban a Argelia, ¿no?

—No estoy para reflejos —contesté—. Ni me gusta Perpignán ni Vicente Roig tiene nada que añadir a lo que ya sabemos. Tiempo perdido.

—Vicente Roig no tiene nada qué decir porque no es Vicente Roig.

—¿No es Vicente Roig? —repetí como un bobo.

—No. Y en esto no hay hipótesis. Yo conocí a Roig en el aeropuerto de Maiquetía, el día que salió deportado. Hablé con él. Lo vi durante un buen rato. Este hombre se parece, es decir, tiene el mismo tipo étnico, un aspecto similar. De poca estatura, delgado, calvo, de la misma edad. Deben haber cientos de miles de hombres así en España. Pero no es Vicente Roig, o al menos, no es el que yo vi.

—Vicente Roig, ¿es un nombre corriente?

—Creo que sí. Pero ése no es el caso. No puede darse la casualidad de que en Venezuela deportan a un hombre llamado Vicente Roig, solicitado por un atentado contra el Presidente, y que en España haya otro, que también se llama igual y que también participó en un acto similar. Este hombre pretende ser el otro, o el otro pretendía ser éste.

—Y madame Miret nos mandó a una pista falsa.

—Me sorprende su falta de perspicacia. No es necesario haber conocido al primer Vicente Roig para saber que no es éste. Usted le dijo que su hermano había muerto a consecuencia del atentado, y él no pestañeó. ¿Cómo lo sabía? ¿Lo vio morir? Imposible, su compañero huyó, la policía no lo encontró cuando arrestó a Roig, luego estaba vivo, quizás herido, pero vivo. ¿Cómo supo Roig, incomunicado y luego deportado, que su hermano murió? ¿Quién se lo dijo? ¿Le escribió Alberto Araujo? Por favor..., usted le dijo que su hermano había muerto y a él le pareció muy bien. Ni un gesto de dolor, ni una palabra que delatase algún indicio de que lo conoció. Este señor se llamará Vicente Roig pero no es Vicente Roig.

—¿Y para qué Irène querría enviarnos a una pista falsa?

—Para alejarnos de la verdad, sea cual sea.

—¿Sabe algo? Me gustaba más nuestra querida e inolvidable Irène Lenirov antes, cuando la imaginábamos sentada frente a su mesa redonda y recubierta de terciopelo, abriendo la espita del gas mientras el gato saltaba entre sus piernas, y ella moría melancólica. Esta Irène es una mujer desagradable, embustera, llena de recovecos. Su gato es insoportable y Miret murió de tedio. Es una espía barata, que no encuentra otra diversión que confundir a dos personas que han venido a verla con la más pura intención de rescatar su pasado.

—Irène Lenirov no quiere que escribamos su pasado. Ya se lo sabe. Por el contrario, se ha permitido ella escribirnos a nosotros en una mala novela negra, y se ha jugado la broma de hacernos viajar en un tren (por cierto, carísimo) para visitar a un viejo a quien ella le dijo «hazte pasar por Vicente Roig, después te explico».

—Cada vez creo menos en ella. Esa confirmación telefónica de nuestra identidad con Alberto Araujo, ¡por favor! Sabía su nombre porque era el mejor amigo de mi hermano, seguramente él lo mencionó muchas veces, hasta puede ser que Alberto viajara a Francia cuando él estaba aquí. El nombre de Vicente Roig está en la noticia de prensa. Ciertamente es extraño que ella la tuviera, pero supongo que la prensa llega al consulado venezolano. Vio la noticia y le llamó la atención, o quizá sí conoció alguna vez a Vicente Roig. ¡Lo trasladaron a Tumeremo! No tiene la menor idea de dónde queda el estado Aragua, no ha visto en su vida un samán, no tiene idea de dónde se produjo el atentado y está tan segura del traslado de mi hermano como si lo hubiesen pasado en Eurovisión. El primer día no sabía cuándo había muerto y ahora resulta que había mentido porque dudaba de mi identidad. Vamos a la estación de tren. Creo que tenemos tiempo de regresar a París hoy mismo. Si me sentía estúpido allí, imagínese aquí.

—¿De verdad no quiere pasar por Collioure?

Hay preguntas que es mejor dejar sin respuesta.

En el tren cerré los ojos. No tenía ganas de hablar. Faltaba poco para llegar a París y mi interlocutora me despertó.

—He venido pensando todo el camino acerca de la noticia del periódico. Supongamos que lo mandan al consulado, ¿no es extraño que ella la encontrara? No creo que Irène vaya todos los días a leer nuestra prensa. Es demasiado absurdo. Ese recorte fue enviado por alguien. Vicente Roig. Alberto Araujo. Su hermano. Ésas son las tres posibilidades que se me ocurren. Estoy incluyendo la posibilidad de que su hermano esté vivo, por supuesto. Le envía a su antigua amante una prueba de que sigue viva en él la llama revolucionaria.

—He decidido no volver sobre este asunto, no ver más a Irène Lenirov, no indagar más acerca de mi hermano.

—¿Cuándo decidió todo eso? ¿En el tren de alta velocidad Perpignán-París?

—Sí. Por cierto, mañana es fin de año. Falta poco para irnos. He estado pensando que voy a hacer una visita a mi sobrina. Quiero creer que es mi sobrina, quiero creer en algo.

Nos bajamos del tren. La ciudad estaba más húmeda que cuando salimos por la mañana, el largo andén oscuro me llenó de malos presagios. Una vez en mi habitación llamé al *escort*, quería ver inmediatamente a María. Pero fui informado de que estaba de permiso hasta el 2 de enero, tenían disponible a otra persona que me gustaría mucho. María o nada, y colgué el teléfono. Mi hermano no hubiera podido decirme, en este caso, que soy el triste usuario de una prostitución de segunda. María había sido técnico de computación en la ex URSS, habla varios idiomas y cobra con tarjeta de crédito. Es de primera.

Me pareció apropiado llamar el 31 de diciembre. La recepcionista tuvo la amabilidad de localizarme el teléfono, pues yo solamente tenía la dirección, y me encontré a mí mismo hablando con mi sobrina. Se mostró entusiasmada con mi visita, pretendía que me fuera de inmediato para pasar con ellos el fin de año pero pude sortear ese peligro y pautamos nuestro encuentro para el día 2. Me recibirían en la estación de Bruselas-Midi, ella, su marido y sus dos hijos. Desde allí iríamos en su automóvil a Vilvoorde, donde viven. No me preguntó qué hacía en Europa, al fin y al cabo, no es necesario tener una excusa para viajar, pero de todos modos yo había previsto una buena razón por la cual sólo estaría con ellos un día. Un día me parecía más que suficiente. Llamé de nuevo al *escort* y contraté a María para el día 3. Me atendió la misma Conchita, de muy mal humor porque le había tocado guardia telefónica el día de fin de año. Quedaban solamente dos días, el 31 y el 1, luego mi sobrina el 2, María el 3, y felizmente el 4 estaría de nuevo en las aladas manos de Air France.

Había un mensaje de madame Miret. Nos deseaba un feliz año nuevo, se excusaba de no poder vernos porque debía atender intensivamente a su moribunda amiga, y quería saber si habíamos tenido suerte con el amigo de Perpignán. Verdaderamente era cinismo. No había viajado hasta allí para que aquella vieja se riera de mi ingenuidad, mi interlocutora pensó lo mismo, y de mutuo acuerdo decidimos no dar señales de vida, salvo una breve despedida el día antes de irnos.

—Quisiera hacer un último intento —dijo—. Ir al consulado venezolano para averiguar algo con respecto a la prensa y quiénes van por allá a leerla.

Inútil. Una contestadora nos advirtió que las oficinas estarían cerradas hasta el 9 de enero. Mejor, pensé.

Volví a mi pequeña rutina anterior. Es decir, recorrido turístico durante el día y nuestra habitual cena en La Frégate. Es increíble lo que amo una rutina, por corta que sea, por frágilmente que haya sido establecida. Mi interlocutora volvió a la suya, es decir, a sus furtivas visitas de las que nada decía, y a nuestro encuentro para cenar. Su lamentable pañuelo me sustituía el impermeable fassbinderiano que no había vuelto a usar. No le pregunté por él; de haberlo hecho quizás ella lo hubiese interpretado como que me gustaba o como que no me gustaba. Cualquiera de las dos posibilidades me aterraba.

34

El 1 de enero la temperatura bajó mucho y la lluvia del día anterior se heló sobre las calles de París. Había muy poco tráfico, no sólo por ser el primer día del año sino porque los automóviles corrían el peligro de deslizarse. Los transeúntes, muy pocos también, caminaban despacio, sosteniéndose de vez en cuando contra los árboles o las paredes. Mi interlocutora se había puesto unas botas, sacadas de alguna película de la Primera Guerra Mundial, que calificó de «muy apropiadas para las circunstancias». Le ofrecí mi brazo varias veces que la vi a punto de resbalar, y muy lentamente llegamos al río. Nos acodamos sobre los muros del Quai Voltaire, y miramos tratando de ver algo en la bruma.

—Es fantástico, ¿no le parece? —dijo conmovida.

Una nieve delgada parecía caer sobre el agua. Pensé en la inocencia, la inocencia parecía caer sobre nosotros. Tuve que reconocer que el escenario me impresionaba. Seguramente mi hermano lo había presenciado también en algún momento. Recordé el pasaje que había leído en el hotel. Vi al muchacho que fue, corriendo sudoroso entre los cafetales, alcanzando la cima en la que se encontraba la cueva de los petroglifos, su mirada asombrada y llena de felicidad por aquel descubrimiento. Entonces él se veía a sí mismo como un próximo dueño del mundo. La juventud debe ser eso, creer que se es un próximo dueño del futuro, probablemente yo nunca fui joven porque esa creencia fue muy tangencial en mi vida. Cuando él se asomó, años después, a la bruma del Sena, ya había comprendido que no era dueño de su aventura. Lo que le quedaba era una vida de vivirse, no de soñarse. Veo su imagen de muchacho campesino de tierra caliente perderse en la humedad del río y en la silueta de una catedral gótica que nada tiene que ver con su historia. En algún momento se habría acodado sobre aquellos muros mientras pensaba en su país, mirando la bruma con el deseo de perderse en ella. Empujar su caballo, sacarlo de los cafetales, despedirse del general Pardo, y entrar en una escena ajena; diluirse en la historia que simbolizaba aquella catedral, en otras palabras, en un tiempo infinito en el cual su verdadera identidad quedase disuelta. Pero mi hermano era un hombre con propósitos determinados, con objetivos precisos. Cuando miraba la bruma sobre el Sena, pensaba —estaba, mejor dicho—, en otra parte. Por más Irène Lenirov, no hubiera perdido el sentido de por qué se encontraba allí, y no en esa otra parte. Mientras una gabarra atravesaba aquel río silencioso y gris, él miraba el reloj recordando una cita. Alguien, en algún café, en alguna estación de metro, miraba también el reloj para encontrarse con el hombre que miraba el río. Un hombre citado con la historia no podía perder mucho tiempo en la contemplación del río.

Seguimos caminando a lo largo del quai. Despacio, para no caernos, y también porque no teníamos adónde ir. Entramos en un café, el Café Voltaire. Estaba decorado a la antigua, o era antiguo, no sé distinguir bien entre lo verdadero y lo falso.

—Sí es antiguo —constató mi interlocutora.

—¿Cómo está tan segura? La reproducción de falsos ambientes es una industria importante.

—Es antiguo —insistió, y se mojó los labios en la espuma del café con leche.

—Lo verdadero y lo falso no tienen mucha importancia. La idea de que algo es genuino ha desaparecido, y por otra parte, no hay nada que nos asegure que es más valioso que lo recreado.

—¡Caramba! No le conocía esas aficiones de crítico cultural —contestó.

—Me he refinado mucho en Europa —dije sorbiendo yo también mi café con leche.

—Creo que está preparado para que le cuente la verdadera historia de Irène Lenirov.

—¿Aquí?, ¿en el café Voltaire?

—Creo que el mejor lugar sería el hotel Pont Royal, en el bar Les Antiquaires donde nuestra querida e inolvidable emprendió su carrera de espía.

Mi interlocutora sacó de su bolso unas monedas que dejó en la mesa. No había detallado bien su bolso, no lo había usado hasta ese momento, era una especie de saco arrugado que alguna vez pareció de falsa piel.

—Es muy cerca. Vámonos.

El bar Les Antiquaires estaba francamente desolado. No soy de los que necesitan un ambiente ruidoso y que simule alegría para tomarme un trago, pero éste estaba especialmente desnudo. Éramos los únicos clientes, había un perro con cara de mesonero, y no habían encendido todas las luces. Le propuse a mi interlocutora desistir pero ya ella había pedido dos copas de champaña. Pensé que es fácil pedir champaña cuando paga otro pero recordé que era 1 de enero y nuestra celebración de fin de año había sido más que modesta. La Frégate no abrió y nos contentamos con unos sandwiches y una botella de vino que logramos comprar a última hora. Las campanadas de las doce nos encontraron dormidos, a mí por lo menos.

El perro con cara de mesonero trajo las copas, las depositó en silencio, y luego, como quien se acuerda de lo obvio, musitó «feliz año, señores». Me fui acostumbrando a la penumbra del local y detallé la barra en la que tiempo atrás se había sentado Irène Lenirov. Probablemente no habían cambiado mucho la decoración, seguía siendo medio decó, medio años cuarenta. Tenía unos espejos dorados al fondo y unas pinturas con motivos parisienses.

Entró una mujer bastante alta, cubierta con un abrigo de pieles. Se sentó en la barra y encendió una larga boquilla. Los anillos de humo flotaron en el bar Les Antiquaires. Cruzó las piernas de modo que podía vérsele hasta más arriba de las rodillas y habló con una voz ronca para pedir una bebida. Era Marlene Dietrich. Era Irène Lenirov. No, era mi imaginación. Pero la mujer era real.

—¡Qué maravillosa sincronía! —dijo mi interlocutora.

—Quizás están filmando una película —añadí.

—No, no. Es una escena real. La doble de Irène Lenirov ha venido a acompañarnos en nuestra recreación. Es un modelo vivo de la persona que intentamos recuperar.

—Habíamos quedado en que usted me iba a contar su verdadera historia. Deduzco que la que conozco es falsa.

La mujer nos estaba mirando desde la barra. Despertábamos su curiosidad. Pensé que el lamentable pañuelo de mi interlocutora no podía pasar inadvertido, y le sugerí que se lo quitase, porque si no, no notaría la diferencia cuando saliéramos de nuevo a la nievecita que estaba cayendo en París aquel 1 de enero. Para mi alivio, la convencí.

Es probable que no nos estuviera mirando a nosotros, nuestra mesa quedaba cerca de la puerta y quizá por eso dirigía la vista hacia donde estábamos, en busca de la persona que esperaba. Para mi absoluto asombro la que entró fue la verdadera Irène Lenirov. La nuestra, quiero decir. La penumbra nos protegía y le musité a mi interlocutora:

—¿Usted sabía que ella iba a venir?

—No estaba segura, pero lo ha hecho todos los días. A esta hora viene aquí, se encuentra con la mujer de la boquilla, se toman una copa y luego se despiden, cada una sale por su lado.

—¿Son amantes?

—Son sus respectivos dobles.

—Es decir...

—Es decir que nunca sabremos a cuál de las dos hemos conocido. Fíjese bien, con cuidado, no me gustaría que nos reconociera, pero son muy parecidas.

En efecto, lo eran. Lo que las diferenciaba fundamentalmente era el atuendo. La Irène 1 (la de la boquilla) estaba disfrazada de años cuarenta. La Irène 2 (la nuestra) de años sesenta. Ambas conversaban muy animadamente tanto entre ellas como con el perro con cara de mesonero, al que sin duda conocían muy bien.

—Mi hipótesis —dijo mi interlocutora cuando se fueron— es que hemos conocido a las dos. Por eso se suscitó aquella confusión cuando estábamos hablando de la muerte de su hermano. Una no tenía idea de cómo y cuándo había sucedido, la otra estaba enterada del atentado. Quizás una conoció a su hermano y la otra no. Una fue su amante, la otra no. La que pidió excusas por haber mentido, mintió a su vez.

—¿Y el recorte de prensa?

—He pensado que fue un truco barato. ¿Usted tuvo en sus manos el pedazo de periódico? No, ella lo leyó en alta voz y mencionó el nombre de Vicente Roïg. Yo no puedo recordar el texto exacto de la noticia. ¿Podría usted? Por supuesto que no se nos ocurrió la idea de quitárselo de la mano y leerlo personalmente. Nos hablaba de algo conocido y lo dimos por conocido. En cuanto a sus visitas al ancianato, totalmente falsas. Ni una sola vez. Por las mañanas salía y hacía las cosas normales que puede hacer una revolucionaria retirada, y luego, a esta hora, antes del almuerzo, viene para acá. Otra cosa. ¿Recuerda que nos llamó la atención la súbita agilidad de sus movimientos? Una es mucho más joven que la otra.

—Siendo así, tampoco hay ninguna razón para creer que verdaderamente hayamos conocido a la que fue amiga de mi hermano.

—No, eso no. Hay demasiados elementos que confirman la situación. Lo que no sabremos nunca, me temo, es cuál de las dos fue su Irène Lenirov. Recuerde aquella extraña circunstancia en que se equivocó de día, cuando la esperaba en el apartamento clandestino. Quizá él no se equivocó, ellas se equivocaron.

—¿Y por qué ellas juegan este juego?

—Amigo, no me es dado saberlo todo. Tampoco usted sabe por qué desapareció Eurídice.

—Si es una historia de dobles, quizá mi hermano también tuvo un doble. Uno que murió de cáncer o de una picada de mapanare en Los Totumos, y otro que participó en el atentado. Y Vicente Roig tiene su doble, y yo también, y usted misma. Sólo le falta el ingrediente de que Irène sea hermana gemela.

—Tienen edades diferentes, por lo menos quince años de diferencia. Y además ésa es una salida demasiado ramplona. No, Irène tuvo siempre un doble, o al menos a partir de cierto momento. Probablemente desde que su hermano la conoció. Fue una estratagema necesaria para su vida de espía, hoy por hoy no son más que dos viejas amigas que se encuentran para tomar una copa y comentar sus preocupaciones cotidianas. Cuando la Irène 1 recibió nuestra visita, se lo comunicó inmediatamente a la Irène 2, y decidieron jugar un poco con nosotros para recordar los buenos tiempos.

—Hemos sido una broma para ellas, un pequeño juego que dos veteranas espías decidieron jugar. Es insultante. Nosotros vinimos con un propósito definido, saber más de mi hermano, reconstituir su vida de exiliado.

—Yo creo que su hermano fue uno más entre los muchos hombres que Irène conoció. La sacralidad de su memoria no representa nada para ella.

—Pero, la foto. La foto de mi hermano en el campamento guerrillero, la que está sobre la consola. La foto es auténtica.

—¿Qué significa una foto? Su hermano se la dio, entre otras tantas que ella habrá guardado. ¡Cuántos regalos no le habrán hecho los poetas ecuatorianos, los revolucionarios peruanos, los combatientes árabes, los exiliados guatemaltecos! Sabía que iríamos a verla, usted dejó una nota con la conserje. Recordó a su hermano, revisó unas gavetas de papeles viejos, y por fin apareció la foto del «Turimiquiremo». Decidió ponerla en la mesa. Un golpe de escena. Una manera de ella misma recordarse entonces. El héroe de la guerrilla venezolana fue rápidamente enmarcado, quizá desplazando a un miembro del Farabundo Martí. Es una mujer de buenos sentimientos; supone, y supone bien, que usted anda en busca del hermano perdido, y le parece un toque genial. ¡Qué alegría que entre tantas fotos haya aparecido la suya!

—No incineró sus recuerdos, como yo.

—No, los europeos son más conservadores, pero se le han traspapelado bastante. Su recuerdo favorito es ella misma, en la barra del bar Les Antiquaires; lo demás, pasto para el olvido.

—De modo que mi hermano hizo bien en escribir sus memorias. De lo contrario, yo mismo, el único sobreviviente de la familia, podría dudar de su existencia.

—Vámonos. Esta tarde pasan *El acorazado Potemkin* en el Saint-André-des-Arts.

—La vi hace poco.

—No importa. Debemos verla de nuevo. Es indispensable para nuestra seguridad interior saber que *El acorazado Potemkin* existe.

—Probablemente seamos los únicos espectadores.

Nos dirigimos al cine y entramos. No éramos los únicos, otros habían tenido la misma idea. Comenzó la película y yo cerré un rato los ojos. Me aburría verla otra vez, aparte de que ya dije que no me gustan los clásicos. De pronto se escuchó un ruido y abrí los ojos. Ante mi vista la pantalla mostraba una mancha que se iba desfigurando. Encendieron las luces y un empleado se acercó y nos habló.

—¿Qué dice? —le pregunté a mi interlocutora.

—Que somos los últimos espectadores de *El acorazado Potemkin*.

35

REGRESÉ DE BÉLGICA por la noche. Seguía lloviendo en París, como había llovido en Bélgica, y cuando bajé del tren y tomé un taxi en dirección al hotel, me sentí muy contento de que nuestro viaje llegara a su fin. No quería seguir mojándome en aquella lluviecita oscura, menuda y culta. Quería un aguacero, un sonido grueso de mucha agua cayendo y agitando los árboles, y que después saliera un sol esplendoroso. Pensé que debía comprar algunos regalos para mis compañeros de oficina, unos pequeños recuerdos de mis vacaciones. Era el primer viaje que había hecho en los diecisiete años que llevo en la compañía y había levantado mucha expectativa.

Mientras el taxi seguía el recorrido hacia el hotel recordé a mi sobrina, a su marido y a sus hijos. Me sentía muy contento, aliviado sería más exacto, de haberlos dejado en Vilvoorde, en su pequeña ciudad gris, mojada y ordenada. No deseaba verlos nunca más. Estaba orgulloso de no tener nada que ver con ellos, de no necesitar de sus vidas para aburrirme, de tener mi propio aburrimiento sin que ellos me ayudasen a cultivarlo. La visita había sido, como hubiera podido suponerse, muy amable, muy formal, quizás excesivamente larga para mi gusto. Por otra parte, bastante incomunicada. El marido y los hijos no hablan una palabra de español, se limitaron, pues, a algunas sonrisas, gestos corteses y rubicundos, a servirme té continuamente (he llegado a odiar el té), y a intentar una cierta conversación en inglés, que yo hablo más o menos y ellos menos o más. En cuanto a mi sobrina, palabra un poco excesiva ya que nuestro parentesco biológico no va acompañado del afectivo, hizo todo lo posible por aparentar su felicidad. El empeño puesto en ello me hizo dudar de su consistencia, pero al fin y al cabo, no es un asunto que me preocupe. Cuando le dije que había estado en Los Totumos y había visitado a su madre, se sorprendió. No dijo nada, no hizo ningún comentario, se limitó a sorprenderse. Repuesta de su sorpresa, me preguntó por ella, por Carmen Leonor, y le dije que estaba bien, aunque al parecer había tenido algunas preocupaciones de salud. «Nunca le escribo», dijo un poco apenada. Yo no estaba dispuesto ni a aumentar ni a disminuir sus sentimientos de culpa, de modo que guardé silencio y cambié de tema.

En una mesita de su sala había colocado las fotos que yo le había regalado cuando nos conocimos, la de mis padres y la de mi hermano. Su enorme y rubicundo marido tomó una, con disparador automático, en la que salíamos los cinco, y sentí cierta aprensión ante el hecho de que pronto yo estaría para siempre en la mesita de la sala de aquella gente. Pero éste es un detalle que olvidaré. Finalizada la visita se quejaron del poco tiempo que había dispuesto para ellos, ya que por fin había viajado a Europa, y me dediqué a mentir a placer inventando toda suerte de circunstancias por las cuales mi visita a su ciudad había solamente durado un día. Un eterno día, diría yo. Llegué aproximadamente a las once de la mañana, almorzamos en un restaurante muy bueno en Bruselas, y luego fuimos a su casa y tomamos mucho té. Me enseñaron todos los álbumes de fotos acumulados a lo largo del crecimiento de sus hijos (el marido tiene afición por la fotografía) y un video que tomaron en unas vacaciones en Italia. Sobreviví a todo esto y me dieron una vuelta por la ciudad en automóvil, finalmente me depositaron de nuevo en la oscurísima estación en la que la aparición de un puntualísimo tren me llenó de una felicidad inexplicable.

No hablamos de mi hermano. Mi sobrina parecía haber satisfecho toda su curiosidad al respecto en la ocasión en que nos conocimos, y no teníamos otras referencias comunes que intercambiar. Nada nos unía, salvo unas preguntas que ella me hizo acerca de la situación de Venezuela, de la que no sabía absolutamente nada porque nunca en los periódicos belgas salen noticias de nuestro lejano país, y que contesté someramente porque me pareció comprender que sus preguntas eran sólo un gesto de cortesía y que no tenía el más mínimo interés por recordar un país tan lejano. Yo, en cambio, estaba ávido de regresar a mi lejano país y de volver a mi rutina alterada por Irène Lenirov.

Llegué al hotel aproximadamente a las once y media, subí a mi habitación y llamé a mi interlocutora pero no contestaba y supuse que había salido. A los pocos minutos alguien tocó la puerta y volví a suponer que era ella pero era un empleado. Entendí que querían saber si continuaba necesitando las dos habitaciones. Dije que sí, que estaríamos dos noches más. El hombre me invitó a pasar por la recepción. Esperé un rato porque la recepcionista que hablaba español comenzaba su turno a las doce de la noche. Por fin llegó y me volvió a preguntar lo mismo, que si necesitaba las dos habitaciones. Yo también repetí lo mismo, que nos íbamos dentro de dos días. «Madame ya se fue —me informó—, pagó su cuenta y se fue». Sin embargo, había dejado algunos objetos personales y por eso querían saber si yo continuaba con las dos habitaciones.

El empleado me abrió la puerta. Esta vez la habitación no estaba en desorden. Evidentemente yo estaba protagonizando la misma película que ya había vivido en Nueva York, pero ahora en francés. Revisamos las gavetas en las que permanecía guardada toda su ropa, luego un pequeño escaparate en el que vi el impermeable fassbinderiano, que había traído aunque no usado. Abrí un pequeño escritorio, pegado a la ventana, desde la cual, por cierto, se veía la Torre Eiffel y unas palomas, y encontré su pasaporte, el pasaje de avión, y un sobre dirigido a mí.

—Es necesario avisar a la policía —dije.

Observé un gesto de incomodidad en la muchacha de la recepción. Aquella inesperada circunstancia le desagradaba profundamente. Argumentó que no veía la razón. Madame había pagado su cuenta perfectamente, no adeudaba nada, se había ido sin ningún problema, en fin, todo era muy normal. Yo continuaba en mi habitación hasta dentro de dos días, como estaba previsto, y no añadirían ningún suplemento a mi cuenta por el hecho de que madame hubiese dejado algunas cosas en la habitación.

—¿Algunas cosas? —dije indignado—. ¿Llama usted algunas cosas a dejar toda la ropa, la maleta, el pasaporte, el pasaje de avión?

—Quizá madame vuelva a buscarlos.

En su tono yo leía claramente que ella leía en el mío una disputa amorosa, y que su experiencia le hacía prever que madame, después de una teatral huida, volvería a reconciliarse en mis brazos.

—Ninguna persona deja un hotel abandonando su pasaporte, su pasaje, la totalidad de la ropa.

—Puede ser que haya comprado ropa nueva, a veces los clientes hacen eso, compran ropa nueva y dejan la vieja de regalo a la empleada de la limpieza.

—¿Y el pasaporte y el pasaje? —insistí—. ¿También los dejan de regalo para comprarse unos nuevos?

—Esperemos a mañana que venga M. Juniot.

A las nueve de la mañana apareció M. Juniot que no hablaba español pero sí inglés y le repetí que era indispensable llamar a la policía. Yo había pasado casi toda la noche sin dormir, salvo un par de horas en que pude hacerlo, incómodo, sin quitarme la ropa. M. Juniot volvió a informarse de los hechos y presencié un largo interrogatorio a la muchacha del turno de la noche, que miraba el reloj impaciente, y del que creí entender que se quejaba de que su horario terminaba a las ocho y llevaba una hora de más en aquel tonto incidente, como es que desaparezca una persona que no le importa a nadie, salvo a otra que se va al día siguiente al fin del mundo. M. Juniot, sin embargo, consideró que la fama del hotel no podía verse comprometida por ningún incidente dudoso y que si yo insistía en llamar a la policía, así se haría.

Subí a mi habitación de nuevo, me bañé, me vestí con ropa limpia y pedí el desayuno; desafortunadamente eran pasadas las diez y después de esa hora, las diez y doce exactamente, no se servían los desayunos en las habitaciones. Como el hotel no tenía cafetería, salí a la esquina a comerme algo y tomarme un café. Me vi en la vitrina del café, ojeroso, envejecido, el nudo de la corbata mal hecho. No sería extraño que cuando llegara la policía yo fuera encarcelado por homicidio en primer grado. Lo primero que hizo la policía fue preguntarme qué referencias podía dar de mí en París. Pensé en Irène Lenirov pero deseché la idea. Me pareció demasiado injusto con ella meterla en la historia de mis desapariciones. Pensé también en María pero me pareció más injusto todavía. Así que di el nombre de mi sobrina en Bélgica, y el policía, un tipo altísimo que se parecía a De Gaulle, hizo un gesto dudoso. ¿Por qué estaba en Francia si mi sobrina vivía en Bélgica? Decirle que no podía contestar a esa pregunta hubiese sido más que difícil, imposible. Todo este diálogo era traducido por la joven recepcionista, a quien ya M. Juniot había calmado ofreciéndole el pago de sus horas extras. Revisaron la habitación, tomaron huellas dactilares, y me dieron un papelito citándome a la prefectura al día siguiente. Le pedí desesperado a la recepcionista que llamara por mí a la línea aérea para aplazar mi vuelo unos días.

Me encontré a mí mismo tocando el timbre de Irène Lenirov. Era la única persona que conocía en Francia, y la única, además del mesonero de La Frégate, que podía testimoniar que yo era un hombre ajeno a la violencia de matar a mi compañera de viaje. Estaba obsesionado por la idea de que yo iba a ser inculpado. El pánico no me dejaba pensar en otra cosa. Irène Lenirov se rió mucho de mis pesimistas elucubraciones.

—¿De dónde ha sacado esa conclusión tan absurda? Usted insistió en llamar a la policía, y ahora la policía le retribuye la invitación. Cortesía francesa. Le tomarán sus declaraciones, le darán otro papelito, pedirán su dirección. Nada ocurrirá. Además, si jugamos a Hercule Poirot, usted tiene el perfecto *alibi.* Su sobrina puede atestiguar que estuvo en Bélgica.

Me tranquilizó mucho. Había olvidado que mi sobrina y su rubicundo esposo podían dar fe de mis pacíficos pasos en Vilvoorde. Irène me ofreció un té y me permití decirle que necesitaba algo más fuerte, de modo que se dirigió a la cocina y trajo una botella de un excelente cognac que hasta ese momento había ocultado.

—A su hermano le gustaba mucho este cognac —dijo.

Nos sentamos frente a frente, el gato se enroscaba en mi zapato derecho. Odio este tipo de animal erótico, además los gatos me dan alergia, comprendí ahora que los pelos del gato de Irène Lenirov habían tenido mucho que ver con la bronquitis que me había dado al llegar a París.

—Y bien —dijo después de un rato que pasó hablándole al gato—, es bien extraña la desaparición de su amiga. No me gustó nunca, para decirle la verdad, demasiado curiosa.

Me vi en la situación de defenderla. Sí, un poco entrometida pero era una buena persona.

—Seguramente se conocen hace tiempo.

No podía creer lo que estaba ocurriéndome. La capacidad de mentir que había desarrollado desde que conocía a mi interlocutora me hizo decirle que sí, que éramos muy buenos amigos, que ella trabajaba en mi compañía y que había enviudado el año pasado.

Estaba muy deprimida por la pérdida de su esposo y me había propuesto el viaje, ya que ambos teníamos vacaciones. Esta hipótesis tranquilizó a Irène Lenirov.

—Lo comprendo. Yo también estuve muy triste cuando murió Joaquín.

Hice un silencio de pésame, como si me sintiera culpable de no haber asistido al entierro del profesor J. Miret, y quedamos de nuevo frente a frente, sin hablar. O mejor dicho, sin hablarnos, porque ella siguió hablándole a su gato en francés. El hecho de no entender sus ronroneos me hizo recordar que al día siguiente yo tenía un interrogatorio en la prefectura de la policía y le dije que me preocupaba mucho un interrogatorio en un idioma del que había llegado a aprender dos o tres frases hechas para dar las gracias y pedir la comida.

—Oh, no se preocupe. Ellos tendrán un buen intérprete. Aquí mucha gente habla español. No será difícil.

Me atreví a pedirle que me acompañara.

—Lo haría con mucho gusto pero siento horror por la policía. De la época política, ¿comprende? No he podido superarlo. En el 68 me hicieron muchos interrogatorios, Joaquín y yo estuvimos varios días detenidos, su hermano también, por cierto. Claro, ha pasado mucho tiempo, pero aun así no puedo olvidarlo, y quizás ellos tampoco me han olvidado a mí.

A pesar de que los archivos de la policía francesa deben remontarse al siglo XII, estaba casi completamente seguro de que nadie recordaba a madame Miret por sus supuestas complicidades en los hechos del lejano mes de mayo de 1968, ni a nadie, por otra parte, le preocupaba en lo más mínimo aquel dichoso mes, pero ya que para ella era un motivo de orgullo creerlo así, no quise insistir.

—Por otra parte, mañana es martes, y la amiga que me toca visitar los martes, en el ancianato, no ha estado nada bien de salud. Temo que su fin esté próximo, ¿comprende?

Lo comprendía perfectamente. Y no estaba dispuesto a confrontarla con el hecho de que no iba nunca a visitar a esa anciana amiga, que, por cierto, llevaba varios días en estado agónico. No soy una persona con mentalidad policial. Me estaba despidiendo cuando pensé que, generalmente, las confesiones se producen en la puerta, en el momento en que la gente se está despidiendo.

—No hay ninguna razón por la cual usted deba confiarme sus sentimientos, pero ya que hoy estoy solo me gustaría preguntarle quién fue mi hermano para usted.

Me miró con su mirada de rusa que vive en Francia y fue amiga de exiliados latinoamericanos. Se apoyó en el quicio de la puerta y comprendí que, como había previsto, se iba a producir el síndrome de despedida en la puerta.

—Su hermano fue un gran amigo, un hombre solidario, un magnífico compañero de luchas. Me parece un poco indecente que una mujer de mi edad cuente sus lejanos amores.

—No quiero molestarla, no le pido que me cuente su vida privada, solamente quería saber si él fue tan importante como usted pareció serlo para él.

—Pensar ahora en la importancia de todo aquello... se confunden las cosas, ¿comprende? Entonces no pretendíamos la propiedad privada de nuestras vidas.

—¿Fue usted a México con él?

—¿A México? No, nunca. Nunca he estado en América Latina. Sólo sé de ustedes lo que me decían los compañeros. Ha cambiado todo mucho, creo. Leo en la prensa que tienen muchos problemas con el narcotráfico.

—¿Y a Collioure? ¿Fue usted a Collioure?

—Pues no creo. Collioure... ¿Es allí dónde murió este poeta español?... Machado.

—Encontré en los papeles de mi hermano una referencia a Collioure, en relación con usted.

—¿Decía que habíamos estado allí? No lo recuerdo, en fin, le diría que no. Su hermano tampoco era un santo, sabe, es muy probable que haya ido con otra mujer.

—Decía que usted no le perdonaba que no hubiesen ido juntos a Collioure.

—¿Decía eso? —Irène Lenirov se rió con su risa de mucha tristeza—. No sé por qué lo diría. Para mí Collioure no es nada. Joaquín sí estuvo una vez. Fue a un congreso de escritores españoles que se reunieron allí para el aniversario del poeta. Era un acto antifranquista. Pero ya su hermano se había marchado de Europa.

—¿Fue usted a despedirlo a la estación?

—Es usted muy divertido. Pregunta cosas insólitas. ¿Si fui a despedirlo a la estación?... Es probable, o quizás él vino a casa a despedirse de nosotros. Apreciaba mucho a Joaquín.

—¿Y a Argelia? Hubo un viaje a Argelia para una cuestión de unas armas.

—Quedamos en que quería hacerme unas preguntas personales, de la política no quiero hablar. ¿Vio al pobre Vicente? Está acabado, ¿verdad?, bueno, todos estamos acabados. No puedo quedarme más tiempo con usted, tengo que ir al ancianato. Le deseo suerte con la policía, no tenga miedo, ya verá que todo se arregla bien, lo de su amiga. Debe haber una explicación para su ausencia. ¿Pelearon?

No pude resistir la sonrisa de anticuada picardía con que Irène Lenirov había dicho esas palabras y me despedí de ella definitivamente. Salí del 4, rue Monsieur Le Prince, abatido por la adversidad. Tropecé en un adoquín mal puesto y metí el pie en un charco de agua. Seguía lloviendo, lloviendo infinitamente sobre el aire de París, y mi interlocutora había desaparecido como una vez Eurídice. Era tanto el miedo que había sentido ante De Gaulle tomando mis huellas que no había tenido el tiempo de pensar en ella. Revisé mis sentimientos para ver si estaban en orden. No podía en aquel momento permitirme ni debilidades ni fragilidades. Estaba seguro de no haberla asesinado, entre otras razones porque estuve en Bélgica aquel día, y cuando me despedí de ella en la puerta del hotel Madison estaba viva y quedamos en vernos por la noche, cuando yo regresara de mi visita en el tren Bruselas-París de las 20:48. Estaba bastante, razonablemente, seguro de que nadie la había asesinado. Me recriminé el haber llamado a la policía pero ya no tenía remedio. Mi interlocutora había desaparecido de mi vida porque, al fin y al cabo, no estaba en la obligación de darme ninguna excusa para estar presente ni ausente. El azar nos había unido y ahora nos separaba. ¿Por qué había abandonado su pasaporte y su pasaje de avión? Quizá porque pensaba quedarse clandestinamente en Francia, porque tenía otro pasaporte y yo lo ignoraba, porque pensaba volver a buscarlo cuando yo me hubiera marchado a nuestro lejano país. O simplemente en un acto de demencia, un acto irresponsable, injustificado. O en un acto normal para alguien que no sea tan maniático como yo con mis papeles. Cuando regresé al hotel me pasaron un mensaje: «María estuvo a las 16:30». Era día 3, lo había olvidado completamente. También olvidaré a María, pensé.

Efectivamente, el interrogatorio en la prefectura transcurrió como lo había vaticinado Irène Lenirov. Un gesto de cortesía para que esos asquerosos extranjeros no digan que la mejor policía del mundo abandona a sus turistas cuando desaparecen. De Gaulle no estuvo presente, y el policía que me atendió hablaba mejor castellano que Cervantes. Le dije todo lo que sabía, a excepción de un detalle que decidí conservar para mí. Me preguntó si madame no había dejado ninguna nota, y sin titubear contesté que no, que eso era lo más extraño. En ese momento preciso recordé y negué que en su habitación había un sobre dirigido a mí, y que yo lo había guardado mientras esperábamos a M. Juniot.

La recepcionista me informó que había hablado con Air France, y que si quería viajar a mi lejano país debía hacerlo esa misma noche. De lo contrario tendría que esperar una semana. Era hoy o en una semana. No lo dudé y le rogué casi con lágrimas en los ojos que por favor confirmara mi viaje esa misma noche. Cervantes me había perdonado. Cervantes me había autorizado a regresar a mi lejano país ya que no había nada contra mí. Pidió, eso sí, mi dirección para hacerme saber cualquier noticia de mi acompañante, y se la di seguro de que nunca me escribiría. Nada me retenía ya en París. Había conocido a Irène Lenirov y ella me había regalado sus tres recuerdos. Poco o nada tenían que ver con mi hermano, pero al fin y al cabo, eran los únicos que le quedaban. Pensé en despedirme de ella pero seguía sin saber su número de teléfono, y ya había comprobado que su nombre no sale en la mejor guía telefónica del mundo. Pensé también en ir a su casa pero era tarde y no había hecho la maleta. Le escribí una breve carta agradeciéndole la oportunidad de haberla conocido y de recordar con ella a mi hermano, y excusándome por no pasar a despedirme, pero, infortunadamente, debía partir de inmediato ya que... etc. La entregué en la recepción, metí apresuradamente mis cosas en la maleta —sin dejar nada, porque no soy del tipo de clientes que compra ropa nueva y regala la vieja—, pagué mi cuenta, me alegré mucho de no tener que seguir gastando aquellas sumas que se habían comido considerablemente mis ahorros, pedí un taxi, llegué al aeropuerto, y después, como todos los otros pasajeros del 916 de Air France, me embarqué en un aparato que esperaba me devolviese al lejano país del que no debería haber salido por ninguna Irène Lenirov del mundo.

36

CUANDO ME ABROCHÉ el cinturón de seguridad observé que había muchos asientos libres. Por qué debía viajar aquel día, y si no, sólo en una semana, no lo entendí. Me imagino que la recepcionista bilingüe del hotel Madison mintió, siguiendo instrucciones de M. Juniot, para que me fuera lo antes posible. Al lado mío no viajaba nadie y me estiré a gusto. Anunciaron la cena y el video. Pensé de nuevo en la película de Polanski, con Harrison Ford, el médico a quien se le desaparece la esposa en un viaje a París, por obra de una intrincada red de narcoterrorismo, pero no dieron ésa sino *The Golden Pond*, una película que me aburrió mucho cuando la vi por primera vez. Decidí no repetirla y busqué en mi malctín algo para leer. Mi mano tocó algo, era el sobre que me había dejado mi interlocutora. Pensé que un avión era un buen lugar para leerlo. No sé por qué no lo había hecho antes. Había frenado la obligante necesidad de hacerlo, que había sentido varias veces. Quizá porque esperaba a estar, yo también, esparcido en el aire infinito que me separaba de París.

Leí la nota escrita a mano: «Querido amigo. Encontré la imagen de cierre que me faltaba. ¿Recuerda que le hablé de ella el día que nos conocimos en La Fragata? Sí, la encontré. No tenía nada que ver con Irène Lenirov, pero me gustó conocerla. Gracias por todo». Había esperado que su despedida fuese más larga pero no decía sino eso. Volví a buscar en mi maletín y allí estaba el librito que había comprado en la Librería Hispano-Americana de la rue Monsieur Le Prince, y que seguía sin leer. Era una novela titulada *Otra vez Eurídice*, de un tal Richard Crooks, traducida al español por Ana Torres.

Existe una explanada. El templo de las cariátides ha sido abandonado por los turistas que apresuradamente montan en sus autobuses, la atmósfera sagrada vuelve a su recinto, se extiende de nuevo el tiempo de siempre. Las estatuas pueden regresar al reencuentro de su origen; dejadas solas, las recubre el mito como la luz que desciende sobre ellas. Su abandono les es necesario para revivificarse, libradas de la contemplación masiva, del ojo abusivo. Eurídice avanza entre las piedras y la tierra reseca, la brisa refresca un poco el ascenso de la subida, camina hacia las estatuas que no la miran. Ella también desea dejar de ser objeto de mirada para el mundo omnividente. Llega al centro del templo y se acuesta sobre la tierra, apoyando el cuerpo en el pedestal roto de una estatua ausente. El sufrimiento ha cesado. La conciencia ha cesado. Eurídice ha sido arrebatada por las sombras.

Había empezado por el final porque la primera parte me había aburrido mucho; ésta también. Observé que se parecía demasiado a los fragmentos de la supuesta traducción de mi interlocutora. Richard Crooks. No podía ser casualidad. Como bien sospeché entonces, mi interlocutora me había mentido. No traducía nada, simplemente me había leído unos capítulos de ese libro, como yo le había leído los de *La noche sin estrellas*. El auxiliar de vuelo me depositó la bandeja de la comida, me preguntó si quería vino y acepté una botellita de tinto. Guardé el libro en la solapa del asiento para disponerme a comer, y me di cuenta después, cuando desempaqué el maletín en mi apartamento, que lo había dejado olvidado en el avión.

37

AL DÍA SIGUIENTE de mi llegada volví a mi rutina y comprobé que todo seguía más o menos en su lugar. Mis compañeros de trabajo me recibieron con aprecio pero no se ocuparon mucho de preguntarme por el viaje. Durante mi ausencia varias compañías de seguros habían sido intervenidas por sospecha de fraude financiero y había pánico general de que la nuestra también lo fuera. El director me llamó a su oficina y me comunicó en *top secret* que la compañía iba a ser adquirida por un consorcio bancario. «¿Sabes quién es el negociador?» Chalón, le contesté por bromear. Se me quedó viendo fijamente. «¿Cómo lo supiste si estabas fuera?» Últimamente me ha dado por hacer deducciones, le contesté. Nunca he sido un tipo intuitivo ni me ha gustado dármelas de vivo, así que prefiero volver a mi forma de ser habitual.

Mi secretaria me pasó los mensajes acumulados en mi ausencia, entre ellos varios de la muchacha promotora de seguros, que había llamado insistentemente para preguntar qué día me reincorporaba al trabajo. La conserje me ratificó que todo estaba en orden y que me debía bañar entre cinco y cinco y media de la mañana porque desde el 1 de enero los racionamientos de agua se habían puesto peores. Le agradecí haberme pagado el recibo de la luz y del teléfono. Verifiqué que mi equipo de video funcionase y funcionaba perfectamente. Mi vida me estaba esperando donde la había dejado y me reinstalé en ella, contento de volverla a encontrar. Por la tarde, cuando regresé del trabajo, me tumbé en el sofá y me sentí aliviado de no tener enfrente la puerta de la habitación del hotel Madison, sino un pedazo del Ávila que se logra ver por el balcón. Me alegraba también de no estar citado en La Fragata; me alegraba, en suma, de existir dentro de una rutina diseñada por mí, en la que no sucedería nada extraño, y dentro de la cual podía esperar la muerte con tranquilidad. No quiero decir que me gustaría morirme, sino que quiero hacerlo dentro de mi rutina. Por ejemplo, un día la conserje se dará cuenta de que no he salido del apartamento en todo el día y tocará la puerta. O me hospitalizarán por alguna enfermedad definitiva y moriré en la clínica. O alguien me esperará en la puerta del edificio y disparará sin darme tiempo a entregarle el reloj. Pero mientras alguna de esas posibilidades ocurre, mi vida me ha acogido, mi vida y yo nos hemos acogido después de esta absurda temporada en que yo permití que una desconocida me impusiese preocupaciones que en realidad no tengo. Es cierto que logró evocar en mí muchos recuerdos que había perdido, pero al respecto pienso dos cosas. La primera es que no sé diferenciar mi memoria de mi imaginación, y la segunda, que he comprobado la inutilidad de todo este recurso. En eso soy también muy diferente a mi hermano. Él escribió *La noche sin estrellas* como si un lector histórico estuviese esperando aquellos testimonios, como si el juez del Juicio Final le reclamase la consignación de su vida para el Archivo Total de la Aventura Humana. Y consignó todo aquello como si de los más preciados recuerdos de la humanidad se tratase. Yo he llegado a ese lector histórico, a ese juicio final. Los he desenmascarado: no existen. Son una impostura. No hay Juicio Final. Los salesianos lo inventaron para evitar que me masturbara, preocupación fundamental que tenían con respecto a todos sus alumnos, y para impedirlo usaban dos métodos, jugar fútbol incansablemente y hablarnos del Juicio Final. Creí perder la fe en Dios cuando salí del colegio pero no pude perder la fe en el Juicio Final. Continué creyendo en la existencia del juez histórico, de alguien que, al final de los tiempos, tendría una verdad que contrastar. Esa creencia me hizo aceptar todas las hipótesis que mi interlocutora fue proponiendo. Algo, no suficientemente borrado dentro de mí, me llevó a pensar que alguna vez sabríamos la verdad. ¿Cuál? No hay nada que saber. No hay un final. Todo se ha ido desvaneciendo, mejor dicho, todo se desvanece una vez que ocurre. Su ocurrencia es simultánea al desvanecimiento de la circunstancia. La capacidad de memoria que los seres humanos poseemos, nos lleva a creer que lo desvanecido existe, pero no hay tal. Es solamente una grabación, un video imperfecto que conservamos después que el programa ha sido transmitido. Algunos conservan su video, otros prefieren desecharlo; otros, quizá, tienen uno de tan mala calidad que no ven en él nada. Por cierto, otra alegría que tuve al regresar fue que instalaron un nuevo club de video muy cerca de mi oficina. Parecen tener buenas películas y aceptan todas las tarjetas de crédito. Alquilé *La flor de mi secreto*, la había visto anunciada en París, pero francamente no estaba de Almodóvar.

Para comprobar una vez más la tesis de que el Juicio Final no existe, decidí ir de nuevo a Turmero. Tenía la intención de presentarme ante Carmen Leonor y decirle varias cosas. Que había visto a su hija en Europa (cierto), que le mandaba muchos saludos (falso), que le había mentido cuando le hablé de la herencia de mi padre y que necesitaba la partida de defunción de mi hermano (cierto), que tenía dudas acerca de su muerte y quería conocer las circunstancias en las que se produjo (más o menos cierto) y que me sentía culpable de no haberle dicho la verdad desde el principio (falso). No pude hacerlo. En mi visita a Turmero comprendí que muchas cosas habían cambiado. Por ejemplo, la vieja Chona había muerto. Pasé por delante de su casa sin intención de entrar, por supuesto, y vi un letrero que decía «Se vende». Me acerqué a la pastelería y pregunté por Ramoncito, el loco de Turmero. A Ramoncito no lo veían desde hacía tiempo. Me dirigí, entonces, a Los Totumos. Pensé que la casa estaría derruida o que Carmen Leonor no estaría pero no fue así. Ella y la casa estaban. Me recibió un hombre quien dijo ser su hijo, no sé si era el jefe civil. Le expliqué quién era y que quería saludar a su madre para darle noticias de mi sobrina. Noté cierto desconcierto en su mirada pero tampoco estoy seguro de ello, luego me condujo al interior y entré en la habitación donde estaba Carmen Leonor mirando al vacío.

—Ya no conoce —dijo el hombre—. Ha estado muy enferma.

—Lo lamento mucho —contesté, sin saber si de verdad lo lamentaba—. ¿Hace mucho que está así?

—Desde el 25 de diciembre. Se estaba comiendo una hallaca cuando le dio el ataque.

Había estacionado el automóvil algo lejos de la casa y el hombre me acompañó en silencio.

Un tiempo después decidí volver a La Fragata. La muchacha promotora de seguros no se había desvanecido y venía con frecuencia a visitarme a la oficina. La intervención de varias compañías de seguros hacía su situación cada vez más desesperada. Le aconsejé un cambio de ramo y me dijo que ya lo había pensado, precisamente tenía una cita con una compañía de puertas de seguridad, como promotora de ventas, pero de momento seguía sintiendo el mismo irrefrenable deseo de comer en una tasca, así que le dije que fuera a La Fragata por la noche para encontrarnos allí.

Entré en el bar y busqué la mesa pero estaba ocupada. Me pareció normal, al fin y al cabo habíamos dejado de ir desde el año pasado. Vi al dueño de lejos y le hice un gesto que contestó muy levemente. También me pareció normal, estaba muy ocupado y no soy el único cliente. Era viernes y había esa noche bastante gente, pero no vi a don Silverio ni a las muchachas de la Nueva Trova, ni al profesor ni a la señorita Violeta, ni al colombiano hombre-orquesta. La música era ensordecedora (de haber estado con mi interlocutora, no hubiésemos podido intentar una conversación), la producía un equipo de sonido y las parejas bailaban merengues. Un tipo de clientela diferente. El mesonero me preguntó qué quería y eso sí me extrañó porque siempre tomaba el mismo whisky, pero, también pensé, al fin y al cabo, ha pasado bastante tiempo y no es tan difícil que se le haya olvidado. Luego volvió y preguntó si esperaba a alguien, le dije que sí. La futura promotora de puertas blindadas no había llegado, supuse que se le había presentado algo mejor, y debe ser así porque no apareció.

Cuando me levantaba para irme, el dueño estaba secando unos vasos detrás del mostrador, como siempre lo hacía, al final de la noche. La esposa, con su bata de siempre, cerraba cuentas. Me acerqué a ellos.

—¿Qué, y cómo han estado las cosas por aquí?

Me contestó que bien.

—Tenía tiempo que no venía. Estuve fuera, de viaje.

No me contestó. Tuve una duda.

—¿Se acuerda de mí? Venía todas las noches, con mi amiga, la señora del impermeable.

Trató de ser amable.

—Disculpe, es que viene tanta gente...

—Pero, ¿se acuerda o no se acuerda?

—Sí, creo que sí. Es que ha habido mucha clientela, sabe. La situación está mala pero en los bares, la gente todavía quiere gastar.

Tenía la sensación de que no me recordaba en absoluto. Llamé al mesonero.

—Dígame una cosa. ¿Usted se acuerda de mí?

El hombre me miró fijamente.

—No sabría decirle...

—Sí, sí sabe. No le va a pasar nada. Dígame sinceramente si me recuerda y si recuerda a una señora que siempre venía conmigo, y nos sentábamos en aquella mesa —señalé nuestra mesa habitual.

—Para decirle la verdad, no lo recuerdo.

Miré a mi alrededor. Quizás era yo el que me había equivocado de bar. Pero no, era el mismo, dos cuadras a la derecha bajando de mi edificio. La decoración era la misma, las sirenas, la columna en el centro en forma de tritón, el cuadro de la fragata al fondo, los mantelitos rojos que ya el dueño estaba levantando de las mesas. Pasé la mirada por el suelo y observé que había mucho polvo. No barrían bien los escombros en ese bar.

Caracas, 1996

ÍNDICE